한국의
스타트업

혁신을
혁신하는 법

데스밸리를 넘어 위대한 기업으로 도약하기까지

한국의 스타트업

혁신을 혁신하는 법

STARTUP

임성준 지음

유노
북스

이 책을 현재 폐암으로 투병 중인 어머니께 바칩니다.

우리는 기업들의 혁신을 통해 삶의 많은 변화를 체감하는 4차 산업 혁명 시대에 살고 있다. 혁신은 기업들에게만 필요한 것이 아니라 모든 분야에서 새로운 가치 창출의 원천이고 미래의 생존과 성장에 필수 조건이라는 것을 생각하게 된다. 이 책은 혁신을 주도하는 스타트업들의 사례와 미래 트렌드를 흥미롭게 다루었다. 창업에 도전하는 사람은 물론 인생의 혁신을 원하는 모든 사람에게 권하고 싶다.

김앤장법률사무소 회계사 **서창우**

많은 이가 창업을 하지만, 왜 모두가 성공에 이르기 어려울까? 반짝이고 독창적인 아이디어만으로 성공할 수 있는 시대는 지났다. 시장과 산업의 가치 사슬을 근본적으로 바꿀 파괴적 혁신이 당신의 스타트업을 유니콘에 이르게 할 수 있다. 이 책은 당신의 뜨거운 열정과 번뜩이는 아이디어에 혁신 한 스푼을 더한다.

카카오 전략 기획실 부사장 **이우성**

저자의 전작이 창업의 교과서였다면 이번 책은 국내외 스타트업의 성공과 실패 사례가 풍부하게 녹아든 참고서이자 비법 노트이다. 비법 노트를 공개하며 단순하지만 체험에서 우러난 원칙을 강조한다. 도전과 실패 없이는 성공도 없다고.

네이버 JP스마트플레이스기획 프로젝트 리더 **최현진**

저자가 강조하는 혁신은 창업자가 수많은 실패 과정에서 얻은 교훈을 읽는 통찰력 그리고 재기하려는 집념과 노력의 중요성을 의미하며, 창업자 및 이해 관계자들이 기억해야 할 명언으로 각인될 것이다. 실제 벤처 투자 집행 후 피투자 기업을 바라보며 가장 공감하는 부분은 창업보다 그 이후의 성공을 위한 과정이 훨씬 더 어렵다는 것이다. 세부 경영 기법을 논하기 전에 긍정적 마인드셋을 위한 책으로써 문샷의 기회와 가능성을 늘린다는 측면에서 학생, 예비 창업가, 사업가들에게 도움이 될 것이라 확신한다.

SB파트너스 이사 **진재훈**

스타트업의 성공률이 1%라고 한다. 99%의 성공하지 못한 이들이 이 책을 봤더라면 실패 확률을 많이 줄일 수 있었을 것이다. 지금 창업을 꿈꾸고 있거나 창업한 자라면 반드시 책상 위에 두고 봐야 할 스타트업 필독서이다. 사업이 막힐 때마다 차근히 읽어 보면 얽힌 실타래를 풀어 줄 것이다.

커뮤즈파트너스 이사 김지민

저자의 첫 번째 책이 실전 비책 A부터 Z까지의 스타트업 전술이었다면, 이번 두 번째 책은 승리를 위한 위대한 스타트업 전략을 품고 있다. 스타트업을 넘어 이 시대 새로운 비즈니스 혁신을 꿈꾸는 모두에게 자신 있게 추천한다.

신한카드 DataBiz챕터 컨설턴트 김준호

의료계는 변화가 느리며 보수적인 특징을 갖고 있다. 이런 보수적인 세계에서도 정해진 틀을 깨는 사례들, 안정적인 의대 교수의 직을 버리고 창업자의 길로 나가거나 또는 높은 보수가 보장된 전문의로 가는 길이 아닌 의학과 접목할 수 있는 다른 여러 분야의 스타트업에 도전하는 젊은 의사들의 소식은 더 이상 낯설지가 않다. 결국 이런 노력들이 성공하기 위해서는 얼마나 혁신적인 사고를 하는지 그리고 성공한 스타트업들이 어떻게 혁신적인 사고를 하고 이를 구체화했는지를 타산지석으로 살펴볼 필요가 있다. 남들과 다른 길을 가 보고 싶었던 많은 의료인에게도 이 책은 용기 있게 한 발을 내디딜 수 있는 좋은 가이드라인이 될 것이다.

강북삼성병원 · 성균관대학교 의과 대학 교수 조영삼

스타트업의 리더는 하루에도 수많은 의사 결정을 한다. 그 의사 결정의 기본이 기업가 정신이다. 기업가 정신은 스타트업의 생존을 좌지우지하는데 이 도서는 한국의 스타트업에서 사람 중심의 신기업가 정신을 훔쳐볼 수 있다. 스타트업의 리더들이 신기업가 정신을 잊지 않고 시행착오를 줄일 수 있으며 현명한 결정을 내릴 수 있도록 도와주는 실전 비책이다.

한국외국어대학교 AI교육원 교수 오세종

현실과 가상이 공존하는 메타버스 세계가 펼쳐지고 있는 시대에 기업 혁신의 정점인 스타트업에서 생존하며 부르짖는 '저자의 혁신'이 간절하고 생생하게 전달된다. 그것은 다양한 이론과 경험을 바탕으로 현장에서 수많은 혁신을 만들어 냄과 동시에 스타트업들의 멘토로 함께 혁신에 혁신을 거듭하고 있기 때문이다. 기업뿐 아니라 사회와 개인에게도 울림을 주는 책이다.

맨체스터 메트로폴리탄대학교 Creative AR/VR Hub 박사 **서민정**

아주 재미있는 소설을 읽는 것처럼 흥미로웠다. 휴대폰의 벨소리가 계속해서 울리는 중에도 책장을 넘기고 있었다. 가볍게 읽기 시작했지만 여운이 오랫동안 남았다. 아마도 실생활에서 많이 접한 기업들의 보이지 않았던 성공 전략과 혁신에 대한 설명이 마음속 창업 DNA를 자극했던 것 같다. 이 책은 창업을 시작하기 전후 어느 때 읽어도 감명을 받을 것이다. 마치 〈삼국지〉를 읽는 독자가 나이대별로 다른 감동을 받는 것처럼.

악어디지털 AI DX 부문 이사 **윤정환**

혁신은 기존의 산업과 서비스에 대한 파괴로부터 시작된다. 그 과정은 처절하지만 핵심은 단순하다. 저자는 생생한 창업 경험을 바탕으로 그 핵심을 짚어 냈다. 고객 중심적인 비즈니스 모델로 새로운 시장을 창출한 스타트업의 성공 방정식을 탐구해 볼 수 있을 뿐만 아니라 다가올 미래 트렌드에 대한 통찰도 제공한다. 파괴적 혁신을 원하는 기업과 창업자, 모두가 읽어야 할 책이다.

네이앤컴퍼니 대표 **심성보**

진정한 혁신을 만들고 있는가? 창업가들에게는 맹목적인 혁신에 갇혀 있지는 않은지, 과연 진정한 의미의 새로운 가치를 제공하고 있는지 자문하고 각성하는 계기를 제공할 것이다. 그리고 어떠한 가치를 위해 도전을 멈추지 않아야 하는지 이 책이 그 답을 찾는 데 훌륭한 길잡이가 될 것이다. 혁신을 위한 도전을 앞둔 사람이라면 지금 바로 이 책을 펼쳐 보길 바란다.

스테이즈 공동 창업자 · 이사 **장아영**

스타트업의 시대, 시작하는 많은 이에게 다시 묻는다. 지속 가능할 수 있겠느냐고. 혁신을 만들어 낼 수 있겠느냐고. 지속 가능한 비즈니스를 위해 근본적인 혁신을 만들어 낼 수 있는 근력을 키워 주는 지식과 영감 충전소! 이 책은 스타트업의 시작부터 미래까지 모두 품고 있다.

스푼잉글리쉬 대표 **진은정**

이 책을 읽어야 하는 이유   007

오늘의 도전과 실패가
내일의 혁신과 성공을
만들어 낸다

2020년 12월에 첫 번째 도서 《스타트업 아이템 발굴부터 투자 유치까지》를 내고 더는 책을 쓸 기회가 없을 것이라고 생각했다. 인생을 살면서 한 권의 책을 낸 것만으로도 큰 영광이라고 생각했고 회사 일을 하면서 야간이나 주말에만 글을 쓴다는 것이 생각보다 많이 힘들었기 때문이다. 하지만 인간은 망각의 동물이라고 했던가. 출판사와 이 책의 기획 의도와 콘셉트에 대한 이야기를 나누기 시작할 무렵 과거에 얼마나 힘들었는지는 잊어버린 채 뭔가에 이끌리듯 이 책을 써야겠다는 생각에 휩싸였다. 정확한 비유는 아닐지 모르지만, 너무도 흔하게 쓰여 정확한 뜻을 아무도 잘 모르는 '사랑'이라는 단어처럼 비즈니스 세계에서도 '혁신'이라는 단어가 난무하지만 어느 누구도 명확하게 구체적으로 짚어 주지 못하는 것에 안타까워한 적이 많았기 때문이다. 그래서 두 번째 책을 출판하는 일에 도전하게 됐다.

혁신의 의미를 찾아보면 잘못된 것, 부패한 것, 만족스럽지 못한 것 등을 개선하거나 고치는 것이라고 한다. 즉 묵은 관습, 조직, 방법 등을 좀 더 효율적이고 생산적인 방법으로 새롭게 바꾸는 것이다. 혁신 앞에 '기술'이 붙으면 기존의 시장 질서에 큰 영향을 줄 수 있는 새로운 제품이나 서비스 또는 공정 과정으로 정의된다. 혁신이 이렇게 좋은 의미임에도 불구하고 언젠가부터 올드하고 진부하게 들릴 때가 많이 있다. 참으로 역설적이고 모순된 일이다.

기업에게 혁신을 요구하는 것은 직원들에게 열정을 요구하는 것처럼 뻔하고 고리타분하게 들릴 수 있다. 혁신이라는 단어는 수십 년, 아니 수백 년 전부터 존재했고 변화가 필요할 때마다 또는 변화에 적응하기 위해 많은 사람과 미디어에 의해 남용됐다. 예전에 직장에 근무할 때도 경영진으로부터 '혁신이 필요하다'는 말을 들으면 처음 든 생각이 '또 저 소리네'였다. 동료들도 대부분 비슷한 생각이었다. 과거의 나를 포함하여 혁신은 자기와 상관없다고 생각하는 사람이나 조직이 많이 있다. 혁신은 미국의 아마존, 애플, 구글, 테슬라나 한국의 삼성전자, 네이버, 카카오 같은 빅테크 기업들만의 것처럼 생각되기도 한다.

하지만 혁신은 사람이 모여서 어떤 일을 하고 성과를 만들며 생존과 성장을 해야만 하는 모든 조직과 모든 사람에게 필요한 개념이다. 작은 카페나 식당을 하는 자영업자부터 스타트업, 중소기업, 대기업, 대학, 중앙부처와 지자체, 병원 할 것 없이 모든 기업과 모든 조직이 살아남고 지속 가능한 성장을 하기 위해서는 혁신이 필요하다. 백종원이 진행하는 SBS 프로그램 〈골목식당〉도 결국 말하고자 하는 바는 골목 상권에서 살아남기 위해서는 고객들이 찾아오도록 혁신이 필요하다는 것이다. 아주 작은 식당에서도 메뉴 구성이나 식자재 관리, 청소나 서빙, 손님을 대하는 태도와 결제 방식에 이르기까지 끊임없는 노력과 변화를 통해 작지만 강한 혁신을 만들어 내는 모습을 우리는 많이 지켜봐 왔다. 고인 물은 썩기 마련이다. 현재 아무리 좋고 인기가 많은 제품이나 서비스도 6개월에서 1년이 지나면 슬슬 구시대의 유물이 되고 소비자들의 마음에서 멀어진다. 따라서 지속 가능한 성장을 하기 위해서는 결국 지속적인 혁신이 있어야만 가능하다. 마이크로소프트의 창업자 빌 게이츠가 이런 말을 했다.

"모든 기업은 끊임없이 제품을 혁신한다. 성공하는 기업은 다른 기업이 자신의 제품을 도태시키기 전에 스스로 자신의 제품을 도태시킨다."

이 책은 사람들이 혁신을 좀 더 친숙하게 느끼며 혁신의 필요성을 깨닫게 되길 바라는 마음으로 집필했다. 1부에서는 혁신적인 아이디어와 기술로 시장의 판도를 바꾸고 우리의 삶을 풍요롭게 만들고 있는 한국의 스타트업들을 소개함으로써 한국 경제의 혁신 현장을 생생하게 보여 주고자 노력했다. 고객의 페인 포인트를 해결하고 사회적 가치를 만들어 내기 위해 오늘도 불철주야 고군분투하면서 혁신을 만들어 내는 스타트업들은 어벤저스처럼 회자되는 실리콘 밸리의 거대한 빅테크들이 아니라 우리가 일상생활에서 보고 듣고 말하며 사용하는 제품이나 서비스를 개발한 한국의 혁신가들이다. 이 중에는 여러분이 알 만한 유니콘 스타트업도 있지만, 아직은 많이 알려지지 않았으나 특정 산업에서 자신만의 자리를 만들어 가며 성과를 내고 있는 잠재력이 무궁무진한 기업도 포함돼 있다. 영원한 것은 없다. 지금의 유니콘이 조랑말이 될 수도 있고 지금의 망아지가 유니콘으로 거듭날 수도 있다. 투자 유치 금액이나 매출 규모를 떠나서 그들이 해결하고자 하는 문제와 그 해결책이 우리에게 주는 혜택을 생각하면서 어떤 선입견도 없이 읽어 주길 부탁드린다. 2부에서는 스타트업에 필요한 혁신의 다양한 개념과 담론을 소개하고 3부에서는 그동안 혁신에 실패했던 다양한 기업의 사례를 통해 반면교사할 수 있도록 구성했다. 마지막으로 4부에서는 전 세계적으로 메가트렌드가 된 6가지 혁신 트렌드를 소개함으로써 미래에 대한 준비를 하고자 했다.

혁신은 어느 날 갑자기 뉴턴의 사과처럼 하늘에서 떨어지는 것이 아니다. 뉴턴 역시 밤낮으로 물리학을 연구했기 때문에 떨어지는 사과를 보며 만유인력의 법칙을 발견하지 않았던가? 혁신은 수많은 도전과 실패가 어우러져 경험이 쌓였을 때, 포기하지 않고 매일매일 앞으로 나아갈 때, 그리고 그러한 노력들이 어느 임계점에 도착해 특이점이 나타날 때 비로소 빛을 발하게 되는 것이다. 인텔 전 회장 르네 제임스는 "실패를 하지 않는다는 것은 위험을 무릅쓰지 않는다는 것이다"라고 말했다. 결국은 오늘의 도전과 실패가 내일의 혁신과 성공을 만들어 내는 것이다. 이제 혁신은 옵션이 아니라 필수이며 가끔씩 먹는 디저트가 아니라 매일 먹는 쌀밥과 같은 주식이 돼야 한다.

인류 역사 이래 가장 큰 위기임에 틀림없는 팬데믹은 수많은 기업을 생사의 기로에 서게 했고 지금껏 많은 기업이 역사 속으로 사라졌거나 여전히 힘겨운 시간을 보내고 있다. 하지만 위기는 위험과 기회를 합친 단어라고 한다. 전 세계적인 위기 역시 우리는 잘 이겨내고 있다. 그리고 포스트 코로나 시대에 혁신적인 아이디어와 제품 그리고 기술력으로 이 위기를 극복하고 살아남은 기업들이 미래의 산업을 주도하며 새로운 시대를 열어 갈 것이다. 혁신은 하나의 혁신에서 그치지 않고 수많은 사람과 기업에게 영감을 주며 또 다른 혁신을 만들어 낸다. 그러면서 거대한 혁신의 물결이 만들어지고 사회가 풍요로워지며 발전한다. 부디 이 책이 혁신을 추구하는 다양한 사람과 기업들이 위기를 극복하고 성장하여 혁신의 물결을 만들어 내는 데 조금이나마 도움이 될 수 있기를 진심으로 바란다.

끝으로 이 책을 집필할 때 도움을 주신 많은 분에게 감사를 전하고 싶다. 이 책의 콘텐츠를 기획, 구성, 집필하는 데 아낌없는 조언과 피드백을 준 유노북스에 진심으로 감사의 말씀을 드린다. 출판사의 노력이 아니었다면 이 책은 세상에 나오지 못했을 것이다. 또한 여전히 많이 부족한 남편을 믿고 끝까지 기다려 주며 책에 대한 아이디어와 집필에 큰 도움을 준 아내 서민정과 언제나 아빠에게 가장 큰 에너지를 주는 승빈, 우빈 두 아이에게도 감사 인사를 전한다. 그리고 항상 뒤에서 든든하게 지원해 주시는 양가 부모님과 동생에게도 진심으로 감사하다. 특히 자식을 위해 평생을 헌신하고 현재는 폐암으로 투병 중인 어머니께 모든 마음을 담아 감사의 말씀을 전한다. 부디 잘 이겨 내시어 남은 여생을 자유롭고 행복하게 사실 수 있기를 진심으로 기원한다.

1부 · 한국의 스타트업 성공 전략 훔쳐보기

4부 · 스타트업의 다음 혁신을 위한 전략

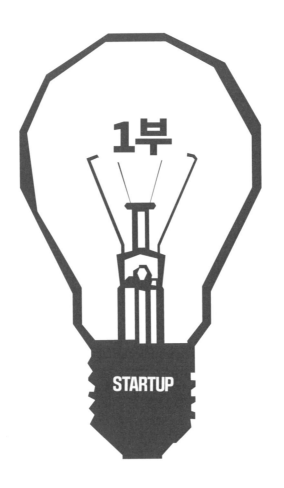

한국의 스타트업 성공 전략 훔쳐보기

사람들은 혁신을 창의적인 아이디어를 갖는 것으로 생각한다.
그러나 혁신은 빨리 움직이고 많은 것을 시도해 보는 것이다.

마크 주커버그(페이스북 창업자)

무엇을 입을 것인가?
[패션테크 스타트업]

외출 준비를 하던 A 씨는 옷을 입고 스마트 미러 앞에 서서 인공 지능에게 스타일이 괜찮은지 물어본다. 인공 지능은 스마트폰에 저장된 오늘 일정의 목적이 비즈니스인 것을 이야기하며 너무 캐주얼하다고 조언하고 옷장에 있는 옷들 중에서 최적의 스타일링을 보여 준다. 그때 마침 구독형으로 가입한 퍼스널 스타일링 서비스 업체에서 보내 준 의상이 문 앞으로 도착했다는 알람이 왔다. A 씨는 그 옷으로 갈아입고 이전에 배송받은 옷들은 반품하기 위해 문 앞에 걸어 둔다. 점심시간에는 오랜만에 맞춤 양복을 구매하기 위해 회사 근처에 있는 3D 사이즈 측정 부스에 들렀다. A 씨는 카메라 앞에 5초간 서서 신체 사이즈를 재고 스마트폰으로 전달받는다. 그리고 맞춤 제작 양복점에 온라인으로 접속하여 자신의 신체 사이즈를 공유한 후 양복의 색상과 패턴, 스타일 등을 선택한다. 맞춤 양복은 당일 제작되어 내일 아침에 새벽 배송으로 받을 수 있다.

이런 풍경이 아직은 낯설 수 있지만 수년 이내에 우리가 경험하게 될 일들이다. 실제로 스마트 미러는 아직 고가이긴 하지만 이미 상용화되어 피트니스 센터나 가정에서 많이 사용되고 있다. 아마존이 2017년에 출시한 아마존 에코 룩이라는 제품은 사용자에게 옷을 추천해 주거나 스타일링에 대해 조언해 주는 기능을 갖고 있다. 아직은 활성화되지 않았지만, 우리가 잘 알고 있는 네이버 클로바나 아마존 에코 같은 인공 지능 스피커에 카메라가 달린 제품으로 이해하면 되겠다.

패션테크란 패션(Fashion)과 기술(Technology)의 합성어로 섬유나 기성복과 관련된 기술은 물론이고 소비자의 의류 구매 경험을 편리하게 만드는 모든 것을 포함하는 개념이다. 초창기에는 앱이나 웹사이트를 통해 고객에게 맞춤형 추천 상품을 제공하는 큐레이션 형태로 시작됐다가 이제는 IT 기술을 활용하여 의류의 제작부터 유통, 구매, 스타일링, 구독 등 모든 영역으로 확산되고 있다.

무신사
의류 패션 이커머스 최초의 유니콘

요즘 MZ 세대에게 가장 인기 있는 패션 플랫폼이 무엇이냐고 묻는다면 아마도 무신사를 꼽을 것이다. 이를 보여 주듯 국내 최대 패션 플랫폼 무신사가 2021년 기준으로 거래액 2조 3,000억 원, 매출액 4,667억 원을 기록했다. 전년 대비 각각 90%, 41%가 늘어난 수치다. 국내 패션 플랫폼 중에서 거래액이 2조 원을 돌파한 곳은 무신사가 최초다. 특히 직매입 상품과 자체 브랜드인 '무신사 스탠다드'의 매출 비중이 꾸준히 늘고 있어서 무신사의 취약점으로 꼽혀 왔던 입점 브랜드 거래 수수료에 대한 의존도를 줄이는 동시에 수익성을 올려 두 마리 토끼를 모두 잡게 됐다. 약 45조 원 내외의 국내 패션 시장의 규모에서 무신사의 시장 점유율은 아직 5% 이내지만, 무신사의 성장세를 고려할 때 향후에도 성장 잠재력이 무궁무진하다는 평가를 받는다.

무신사는 단순한 이커머스 플랫폼을 넘어 테크 기업으로 성장하기 위한 노력을 지속적으로 하고 있다. 2022년 3월에 배달의민족 출신의 개발자를 CTO(최고 기술 경영자)로 영입하고 개발 조직을 강화하기 시작해 네이버, 쿠팡, SKT 등 주요 기업을 거친 인재들을 대거 영입하고 개발 인력을 지속적으로 충원하며 전열을 정비하고 있다. 그동안 무신사는 기술보다는 다양한 브랜드와 제품, MD(Merchandiser) 역량에 집중해 왔으나 이제는 기술 중심의 글로벌 패션 플랫폼 기업으로 거듭나겠다는 전략으로 해석된다.

무신사는 2020년 11월에 기업 가치를 2조 원 이상으로 인정받으며 10번째 유니콘으로 등극했다. 이커머스 업체가 유니콘으로 선정된 것은 쿠팡과 위메프에 이은 3번째이고 의류 패션 전문 이커머스로는 최초라는 역사를 만들었다.

무신사는 '무지하게 신발 사진이 많은 곳'의 줄임말로 대표 조만호가 고등학생 시절이던 2001년, 포털 사이트 프리챌에 커뮤니티를 오픈하면서 시작했다. 신발 덕후였던 조만호가 한국에서 구하기 힘든 희귀한 운동화를 구해 사진과 정보를 올리면서 입소문이 나기 시작했고, 그 영향으로 다양한 연령대의 구매력 있는 회원들이 모여들었다. 커뮤니티 이용자가 점점 많아지자 2009년에 '무신사 스토어'를 론칭하면서 온라인 패션 편집 숍* 사업에 진출했다. (*한 매장에 2개 이상의 브랜드 제품을 모아 판매하는 유통 형태를 말한다. 멀티숍, 셀렉트숍이라고도 하며 소비자가 자신의 취향에 맞는 물건을 다양한 범위에서 고를 수 있다는 장점이 있다.)

2011년 무신사는 입점 브랜드가 100개를 돌파하며 플랫폼으로서의 성장 잠재력을 보여 줬고, 2013년에 연간 거래액이 100억 원 수준이었는데 파죽지세로 성장하여 2021년에는 2조 원을 돌파했다. 또한 2017년도부터는 자체 브랜드인 무신사 스탠다드를 론칭하면서 유니클로, 자라, H&M 같은 기존 SPA 브랜드들과 본격적인 경쟁에 돌입했다. 무신사는 2020년도와 2021년도에 세콰이어캐피탈과 IMM인베스트먼트로부터 2조 5,000억 원 수준의 기업 가치를 인정받아 3,300억 원의 투자를 받았다. 2023년에 증시 상장을 고려하고 있는데 기업 가치가 약 4조 원일 것으로 예상된다.

무신사는 6,000개 이상의 브랜드가 입점해 있고 월간 이용자가 1,200만 명에 달하는 국내 최대 규모의 패션 유통 플랫폼이 됐다. 특히 2020년과 2021년에 코로나19로 패션 업계 전반이 역성장한 반면, 무신사는 무신사 스탠다드, 한정판 마켓, 명품, 골프 웨어 등의 신사업을 추진해 사업 모델 다각화에 성공하여 수익성이 증대됐다.

콘텐츠는 뻔하면 죽는다는 고민이 낳은 재미

무신사는 단순히 제품의 정보를 제공하는 쇼핑몰을 넘어서서 패션 트렌드, 스타일링 팁, 브랜드와 디자이너에 대한 정보 등 다양한 콘텐츠를 제공하는 곳이다. 주요 콘텐츠 중의 하나인 〈무신사 매거진〉에는 직접 제작한 화보, 인터뷰, 리뷰, 기획 기사 등을 담아 제공한다. 전문 작가와 포토그래퍼들이 회사 내부의 스튜디오에서 콘텐츠를 안정적으로 생산할 수 있는 구조를 만들었다.

또한 패션, 문화, 음악, 스포츠, 영상, 이벤트 등에 대한 일일 단신을 담은 뉴스 콘텐츠가 활성화돼 있는데 주로 공식적인 보도 자료와 해외 뉴스들이 실린다. 이 밖에 매주 전국 각지와 해외에 있는 리포터들이 직접 거리의 패셔너블한 사람들을 촬영한 콘텐츠인 '거리 패션'을 매주 업데이트하고 있는데 무신사닷컴에서 가장 인기 콘텐츠로 업데이트될 때마다 높은 조회 수를 보인다. 업계 관계자들은 무신사는 커머스가 메인 비즈니스임에도 불구하고 콘텐츠 역량을 키우기 위해 상품 기획자보다 에디터가 더 많다는 우스갯소리도 한다.

플랫폼의 경쟁력은 수요자와 공급자를 많이 보유하고 있으면서 그들이 거래할 수 있도록 장터를 만들어 주는 데 있다. 이런 의미에서 보면 패션 분야에서 무신사를 능가하는 플랫폼은 당분간 나오기 힘들 것이다. 월 1,200만 명의 사용자(수요자)와 6,000여 개의 브랜드(공급자) 간에 끊임없이 거래가 발생하기 때문이다. 또한 무신사는 압도적인 사용자 트래픽을 바탕으로 파트너 브랜드와 함께 상품의 기획 단계부터 마케팅, 홍보, 판매 전략까지 함께 고민하고 전략을 실행하면서 매출을 올리는 것으로 유명하다.

무신사가 MZ 세대에 대한 이해도가 높고 충성도가 높은 고객들을 많이 보유하고 있기 때문에 유명 브랜드들과 컬래버를 많이 진행하고 있다. 한정판 참이슬 백팩이나 곰표 패딩은 출시 5분 만에 완판되는 기록을 세웠고 심지어 이 상품들은 중고 거래 사이트에서 프리미엄이 붙어 고가에 거래되고 있다. 이렇게 소비자의 반응이 뜨겁기 때문에 무신사에는 유명 브랜드들이 제휴를 하기 위한 러브콜이 이어지고 있다. 기업의 미래 고객인 MZ 세대를 잡기 위한 마케팅 전략이다.

6,000개의 브랜드를 끌어모은 K-시장판

무신사는 2017년에 자회사인 위클리웨어를 통해 무신사 스탠다드를 론칭했고 놀라운 속도로 성장하고 있다. 무신사 스탠다드의 2020년 매출액은 1,100억 원으로 전년 대비 76%가 증가하면서 무신사의 가장 강력한 성장 동력으로 자리 잡았다. 코로나19로 인한 경기 불황에 국내외 SPA 브랜드들이 힘든 와중에서도 온라인 단일 유통 판매로 거둔 성과라는 점이 주목할 만하다. 무신사 스탠다드의 매출 외형이 점차 커지자 2021년에는 좀 더 효율적인 조직 운영을 위해 위클리웨어의 모든 업무를 무신사 내로 통합하기도 했다. 무신사 스탠다드는 폭발적인 성장세에 힘입어 대한민국 대표 베이식 패션 브랜드로 자리매김할 계획이다. 좋은 품질과 합리적인 가격대로 가성비가 좋은 제품을 지속적으로 선보이면서 브랜드의 정체성을 명확히 하고 고객과의 접점을 확대하기 위해 홍익대학교 인근에 오프라인 거점 스토어도 오픈했으며 강남에도 진출할 것이다.

무신사의 고속 성장 비결 중 하나는 패션업계 트렌드를 선도하는 신생 브랜드를 발굴하는 능력이다. 특히 한국 1020 세대가 좋아하는 브랜드를 유치하고 동반 성장하는 전략이 주효했다는 평가를 받는다. 디스이즈네버댓, 커버낫, 마크곤잘레스, 로맨틱크라운 등이 무신사로 이름을 알린 대표 브랜드들이다. 2018년부터는 패션 생태계를 건강하게 만들고자 무신사 파트너스라는 벤처 캐피탈을 설립하여 가능성이 보이는 패션 브랜드에 투자하고 성장할 수 있도록 지원하고 있다. 2021년 12월 기준으로 50여 개의 중소 브랜드 및 스타트업에 약 530억 원을 투자했다.

무신사는 2021년 5월에 3,000억 원을 들여 여성 의류와 패션, 가전제품 등에 강점을 보인 29㎝와 스타일쉐어를 인수했다. 이는 젊은 남성에 집중된 소비층을 넓히면서 무신사의 취약점으로 지적되는 여성복 부문의 경쟁력을 강화함과 동시에 글로벌 시장 경쟁력을 확보하겠다는 계획이다. 무신사의 회원은 절반 이상이 1020 세대 남성인데 패션업계 핵심 소비자인 2030 세대 여성에 비해 구매력과 충성도가 낮은 편이다. 구매 수요도 중저가 상품에 집중돼 있어 수익성도 좋지 않다. 무신사는 이런 상황을 극복하기 위해 2016년 자체 여성복 플랫폼 '우신사'를 론칭하는 등 선제적 조치를 취했다.

무신사는 2023년 기업 공개를 목표로 강점으로 꼽혀 온 20대 패션뿐만 아니라 40, 50대와 키즈를 위한 의류, 코스메틱, 명품 등 사업 영역을 전방위로 확대하고 있다. 2021년 말에는 명품을 직매입해 판매하는 무신사 부티크 서비스를 시작했고, 4050대 여성들을 겨냥한 중년 패션 사업도 준비하고 있다. 또한 화장품이나 골프용품 등의 신규 카테고리 확장, 물류 시스템 확충, 입점 브랜드의 해외 진출 사업에 투자금을 투입할 계획이다. 2022년 4월에는 일본 시장을 겨냥해 일본의 패션 플랫폼 디홀릭커머스를 인수했다. 'K 패션 세계화'의 원년으로 삼아 해외 진출에 나서겠다는 포부를 밝힌 후 단행한 첫 인수 합병이다. 앞으로 무신사는 장전된 총알을 바탕으로 넘버원 사업자로서의 경쟁력을 더욱 강화할 것이다.

지그재그
쇼핑의 시작부터 끝까지 철저한 고객 맞춤

2021년 4월 패션 업계에 엄청난 소식이 전해졌다. 카카오가 '지그재그'를 운영하는 크로키닷컴을 인수한다고 발표한 것이다. 카카오는 2021년 3월에 이베이코리아 인수 예비 입찰에 참여할 유력한 후보로 거론됐지만 불참하고 유니콘급 패션 스타트업을 인수하기로 결정했다. 인수 대금은 주식 스와프가 활용됐는데 비율은

1:0.758(카카오커머스:크로키닷컴)이다. 인수 과정에서 크로키닷컴의 기업 가치는 1조 원에 육박한 것으로 알려졌다. 크로키닷컴과 카카오스타일의 합병 법인은 카카오 자회사로 편입됐으며 크로키닷컴의 대표 서정훈이 합병 법인의 대표를 맡았다. 크로키닷컴은 지난 2015년에 시작한 지그재그 서비스를 통해 2021년 10월 기준으로 3,200만 다운로드 수를 기록했고 2020년 매출액은 400억 원에 당기 손실액은 250억 원이다.

2022년 3월 취임한 카카오의 신임 대표 남궁훈은 카카오의 커머스 전략을 새롭게 재편하고 있다. 사내 기구 '커머스위원회'를 설치하여 커머스 관련 계열사의 전략 수립을 협의하고 계열사 간 시너지를 극대화하고자 한다. 대표 남궁훈이 위원장을 맡고 카카오스타일 대표 서정훈과 그립컴퍼니 대표 김한나가 위원으로 참여한다. 여러 계열사가 각자 운영하는 커머스 사업을 본사 주도로 규합하고 연계해 네이버를 추격하겠다는 전략이다.

2021년 연간 커머스 거래액은 네이버가 34조 원 이상이었던 반면에 카카오는 6조 원 수준에 그쳐 크게 밀렸다. 검색 서비스를 최대 무기로 스마트스토어라는 커머스 플랫폼을 구축한 네이버처럼 카카오도 앞으로 본사 주력 서비스인 카카오톡을 앞세운 커머스 전략이 필요한 시점이다. 카카오스타일의 대표 서비스인 지그재그는 2021년 연간 거래액이 전년보다 30% 이상 증가해 1조 원을 넘어섰다. 뷰티 상품을 판매하는 '뷰티관'도 출시해 패션 너머로 외연을 확장할 계획이다. 카카오는 2022년 커머스 거래액 10조 원 돌파를 목표로 잡고 있다.

고객이 원하는 대로 다 보여 주는 인공 지능 쇼핑몰

크로키닷컴은 2012년에 대표 서정훈과 CTO 윤상민이 의기투합하여 만든 회사로 처음부터 성공 가도를 달린 것은 아니었다. 회화기법인 크로키처럼 사업 기회를 빠르게 포착해 성공하겠다는 취지로 회사명도 크로키닷컴으로 지었으나 현실은 생각처럼 되지 않았다. 창업 후 최초에 시작한 아이템은 스포츠 팀 관리 앱이었는데 사용자 수는 매우 저조했고 자금이 고갈되면서 두 사람의 멘탈도 조금씩 흔들리기 시작했다.

이들은 다시 심기일전하여 '비스킷'이라는 영어 단어장 앱을 만들었다. 다행히 두 번째 아이템은 가시적인 성과가 나와서 출시 첫 주부터 교육 분야 앱 10위 안에 들었고 2013년 9월에는 미국 샌프란시스코에서 열린 에버노트 개발자 대회에서 3위도 했다. 하지만 얼마 지나지 않아 수익성과 성장성에 대한 문제가 발생했고 마침 옐로모바일그룹에서 인수 제안을 받아 매각했다. 그 이후 약 2년간 이른바 죽음의 계곡을 넘기면서 절치부심하여 만든 서비스가 바로 지그재그다.

지그재그는 작은 의류 매장인 소호 몰들을 모아 놓은 포털 형태의 모바일 쇼핑 서비스다. 현재 지그재그는 6,500개 이상의 온라인 패션 쇼핑몰이 입점해 있고 매월 370만 명이 사용하는 대형 패션 포털이 됐다. 놀라운 점은 2020년에 2,000만 다운로드를 기록했고 대한민국 20대 여성의 70%를 충성 고객으로 확보하여 여성 의류 시장에서 압도적인 1위를 차지하고 있다는 것이다. 지그재그의 거래액은 2016년에 2,000억 원 수준이었으나 매년 급성장하여 2021년에는 1조 원을 넘어섰다. 이는 2020년 대비 30% 정도 성장한 수준이다. 거래 수수료(약 4%)와 광고 등으로 올리는 매출은 2020년 311억 원에서 2021년 652억 원으로 2배 이상 증가했다. 현재까지 누적 거래액은 3조 원 이상이고 누적 다운로드 수는 3,500만 건이다. 이런 성과로 알토스벤처스와 스톤브릿지캐피탈로부터 약 100억 원의 투자를 받았다.

지그재그는 단순히 쇼핑몰만 모아 놓은 편집 숍의 형태가 아니다. 국내 업계 최초로 인공 지능 추천 기능을 도입해 개인 맞춤 쇼핑을 가능하게 한 기술 기반의 스타트업이다. 지그재그가 단시간에 폭발적으로 성장한 가장 큰 이유는 사용자들이 좋아하는 상품을 쉽게 찾을 수 있도록 연령별, 스타일별, 인기도별로 여성 쇼핑몰을 분류해서 보여 주는 것뿐만 아니라 인공 지능 기술을 활용해 선호 쇼핑몰, 관심 상품, 구매 이력 등에 따른 개인 맞춤형 추천 상품을 제공하기 때문이다.

지그재그의 Z결제는 여러 쇼핑몰의 상품을 장바구니에 담고 한 번에 결제할 수 있는 통합 결제 서비스다. 네이버 스마트스토어에서 제품을 장바구니에 담고 네이버페이로 한 번에 결제하는 것과 유사한 개념이다. 그동안에는 지그재그에 입점한 쇼핑몰 여러 곳에서 제품을 구매할 경우 쇼핑몰별로 각각 결제를 해야 했는데 이런 불편함을 해결하고자 한 번에 결제하는 시스템을 개발한 것이다. 다양한 쇼핑몰의 상품을 모아서 보여 주는 방식인 쇼핑 메타 플랫폼으로는 지그재그가 국내 최초이자 유일하게 개발한 통합 결제 서비스다. 지그재그는 2019년 10월에 Z결제를 론칭한 이후에도 지속적으로 계좌 간편 결제, Z포인트, Z리뷰 등 다양한 기능을 추가하며 사용자들의 편의성을 높이고 있다. Z결제는 출시 1년 만에 200만 명 이상이 사용하고 있고 계속해서 증가하고 있다. 현재 지그재그 전체 거래액 중 Z결제를 통한 결제 비중은 80% 이상이다. Z결제를 도입한 이후 월 매출이 22배나 상승한 업체도 있고 월 매출 1억 원을 달성한 셀러가 150곳을 돌파하는 등 성공 사례도 속속 등장하고 있다.

국내 최대 정보 기술 기업과 패션 빅데이터의 결합

카카오커머스의 스타일 사업 부문과 크로키닷컴이 합병한 카카오스타일은 2021년 7월 1일에 공식 출범했다. 합병 법인은 카카오로부터 1,000억 원의 자금을 확보하여 지그재그가 보유한 패션 빅 데이터에 카카오의 기술력과 플랫폼을 결합해 글로벌 스타일 커머스 플랫폼으로 거듭나겠다는 전략이다. 패션 분야에 특화된 빅 데이터를 통해 고객 경험의 혁신을 이루어 낸 지그재그와 전 국민이 이용하는 국내 최대 정보 기술 기업 카카오가 만나 최상의 시너지를 낼수 있을지 많은 사람의 관심이 쏠리고 있다. 가장 기대되는 부분은 역시 글로벌 패션 사업 진출이다. 현재 외국인들이 현지에서 국내 쇼핑몰이나 브랜드 제품을 구매할 수 있는 서비스도 준비하고 있는

데 '동대문을 글로벌로'라는 비전하에 일본에서 다양한 테스트를 해왔고 2022년부터 지그재그의 일본 버전 '나우나우'를 본격적으로 전개할 예정이다. 카카오가 보유한 글로벌 콘텐츠 및 팬덤의 영향력과 시너지를 통해 국내 패션과 뷰티 브랜드 등을 해외에 알리고 북미, 일본, 중국 등 전 세계로도 사업을 확장하여 글로벌 패션 플랫폼으로 도약할 수 있기를 기대한다.

트렌비
명품 정보의 제약을 없앤 기술

이른바 명품 플랫폼 전쟁이다. 온라인에서 명품을 판매하는 플랫폼이 급성장함에 따라 기존의 백화점이나 면세점 같은 오프라인 중심에서 온라인으로 유통 채널이 다각화되고 있다. 백화점보다 가격이 저렴하면서 정품 인증 제도로 보장되는 데다가 소비 연령대도 점점 낮아져 MZ 세대의 수요를 엄청나게 끌어들이고 있다. TV를 틀면 김희애(트렌비), 김혜수(발란), 주지훈(머스트잇) 등 유명한 배우를 모델로 한 명품 버티컬 플랫폼의 광고를 자주 볼 수 있다. 한국광고총연합회의 동향 분석 자료에 따르면 2021년 광고비 집행 상위 50위에 트렌비(9~10월)와 발란(10~11월)이 이름을 올리기도 했다. 이들은 두 달 동안 각각 52억 원, 55억 원을 TV 광고에 쏟아부었다. 스타트업이 하는 광고 금액으로는 역대급이라고 볼 수 있다. 치킨 게임이라는 의견도 있으나 새로운 시장이 열리면 업계 선두를 차지하기 위한 경쟁이 치열할 수밖에 없다.

여러 명품 플랫폼 중에서 유일하게 인공 지능 기술을 활용하는 테크 기업이자 현재 업계의 선두를 달리는 트렌비를 소개하고자 한다.

보수적인 명품 시장을 대중적으로 끌어내다

트렌비는 전 세계의 리테일러*들과 합리적 소비를 원하는 고객들을 연결하는 패션테크 스타트업이다. (*소매상인의 총칭으로 상품의 생산자 측에서 보는 백화점이나 전문점 등의 소매업자를 말한다.) 전 세계 명품 브랜드의 공식 홈페이지, 글로벌 편집 숍, 해외 주요 백화점과 아웃렛 등 200개 이상의 웹 사이트를 검색해 약 150만 가지의 제품 중 가장 저렴한 가격의 물건을 찾아 소비자에게 안내하고 판매하는 서비스로 폭풍 성장하고 있다. 전 세계의 항공권을 검색하여 저렴한 가격으로 구매할 수 있도록 하는 스카이스캐너와 유사한 콘셉트다. 자체 개발한 인공 지능 기술을 바탕으로 세계 곳곳에 퍼져 있는 최저가 명품을 제공한다.

트렌비는 2017년 2월에 서비스를 개시한 이후 약 4년 만에 월간 활성 사용자 수 450만 명, 월 거래액 150억 원을 달성했다. 특히 2020년 7월 110억 원의 시리즈B 투자를 유치한 지 7개월 만에 추가로 220억 원의 시리즈C 투자를 유치해 내서 업계 관계자들을 놀라게 했다. 2021년 말 기준 월 활성 사용자 수는 450만 명을 넘었고 2021년 거래액은 3,000억 원대를 기록해 전년보다 3배 성장했다. 누적 투자 금액은 약 430억 원 수준이다.

트렌비는 재미있게도 한국이 아니라 영국에서 시작된 회사다. 2016년 옥스퍼드대학을 다니는 유학생들이 모여 명품 시장에서 만연하게 발생하는 정보의 격차와 지리적 문제로 인한 소비자의 페인 포인트를 해소해 주고자 트렌비를 창업했다. 명품 시장에는 여전히 수요와 공급의 불균형, 일반인이 구분하기 힘든 수준의 가품, 아직 온라인화되지 않은 수많은 브랜드와 상품에 대한 접근성, 그리고 언어와 가격 정보의 제약 등 많은 문제가 존재하는데 이를 해결하고자 한 것이다.

트렌비의 대표 박경훈은 옥스퍼드대학교 졸업생, 최연소 마이크로소프트 MVP 프로그래머, 한국 최대 규모 개발자 커뮤니티의 운영자, 프로그래밍 도서 저자, 앱 개발 스타트업 캠든소프트 대표 등으로 이미 유명세를 떨치고 있었다. 그런 그가 'IT 기술을 활용해 전 세계 명품들의 최저가를 찾아 주겠다'는 비전으로 명품 산업에 도전장을 던졌다. 영국에서 설립된 트렌비는 해외 6개의 주요 글로벌 쇼핑 거점에 자회사를 설립하여 물류 센터를 직접 운영한다. 해외 지사들은 파트너십 확장을 통해 가격 경쟁력을 확보하고 정가품 검수 역할을 담당하며 고객들이 합리적이고 안심할 수 있는 쇼핑 환경을 제공하고 있다.

명품관 오픈런의 수고를 완전히 없앤 트렌봇

트렌비는 직접 구매, 직접 검수, 직접 배송까지 명품 구매의 전 과정을 책임짐으로써 짝퉁을 없애고 완벽한 정품만을 취급하는 것으로 유명하다. 다른 명품 플랫폼들이 오픈 마켓을 통해 판매자와 구매자를 연결하는 방식으로 운영하는 것과 달리 트렌비는 판매 상품의 60%에서 70%를 직접 구매하여 정품 감정을 하고 직접 배송하기 때문에 명품의 가품 유통을 원천 차단한다. 심지어 가품이 판매된 경우 200%의 보상금을 지급하는 정책을 유지하며 고객들을 안심시키고 있다. 그래서 창업 이래 단 1건의 가품 판매 사례도 발생하지 않았다.

트렌비의 핵심 경쟁력은 자체 개발한 인공 지능 솔루션 '트렌봇'이다. 트렌봇은 한국을 포함한 전 세계의 최저가 상품을 찾아 주고 단한 번의 결제로 세계 각지에 있는 상품을 배송받을 수 있는 서비스를 제공한다. 해외에 직접 가지 않아도 한국에서 모바일로 명품 쇼핑을 즐길 수 있도록 지원해 주는 것이다. 또한 최저가 스캐너는 구매자가 사고 싶은 상품을 올려 두면 해당 상품의 가격 변화를 주기적으로 구독할 수 있고 이미지 스캐너는 구글의 이미지 검색 기능처럼 상품명을 모를 때 이미지로 검색할 수 있다. 이 모든 것이 트렌봇이라는 기술이 있기에 가능하다.

트렌비는 전 세계 온오프라인 판매 채널을 대상으로 정보를 얻기 때문에 우리나라에 수입되지 않는 제품들도 구매가 가능하다. 예를 들어 구찌가 전 세계에서 판매하는 품목이 5,000개라면 한국에는 500개만 유통하는데 트렌비는 나머지 4,500개 제품의 정보까지 찾아 주는 것이다. 현재 트렌비에서 확보한 브랜드는 구찌, 루이비통, 프라다, 샤넬, 에르메스를 포함해 5,000여 종이며 제품 수는 150만

개 이상이다.

　최근 몇 년 사이 4050 세대뿐만 아니라 MZ 세대도 구매력이 강해지고 명품에 눈을 뜨기 시작하면서 명품 버티컬 시장이 폭발적으로 성장하고 있는데 트렌비는 MZ 세대를 사로잡을 수 있는 가성비, 가심비*, 정품 보장 등 다양한 요소를 갖췄다. (*가격 대비 성능의 준말인 가성비에서 파생된 용어로 가격 대비 마음의 줄임말이다. 소비자가 가격이 높고 구하기 어렵더라도 마음에 드는 제품을 구매한다는 뜻이다.) 명품은 더 이상 백화점에서 길게 줄을 서야 살 수 있는 물건이 아니라는 인식이 강해지면서 앞으로 명품의 온라인 판매가 계속 증가할 것이다. 트렌비의 최종 목표는 '패션계의 아마존'이 되는 것이다. 비싼 명품을 온라인에서 가장 합리적인 가격에 살 수 있는 플랫폼을 만드는 것과 동시에 장기적으로는 패션 외에 디지털 기기 등으로 제품군을 확대할 계획도 있다.

　트렌비는 국내 명품 플랫폼 중 유일하게 해외 6개국에 글로벌 지사를 둔 기업이다. 미국, 영국, 이탈리아, 독일을 비롯해 프랑스, 일본까지 비즈니스 영역을 확장하여 운영하고 있다. 해외 지사와 물류센터를 설립해 유럽 현지의 제품을 소싱하는 역량과 가격 경쟁력을 강화하고 국내에서 운영 중인 정품 감정 프로세스를 각 해외 물류센터에 도입해 가품에 대한 우려를 원천적으로 없앤다는 전략이다. 특히 일본, 미국, 동남아의 명품 시장에 진출하기 위한 로드맵을 차근차근 실행하고 있는데 일본어 버전을 시작으로 다양한 국가의 해외 고객이 사용하도록 글로벌 앱을 출시할 계획이다. 트렌비가 명품의 유통 과정에 만연하게 존재하는 문제를 해결하고 한국을 넘어 전 세계적인 패션 회사로 성장하기 바라 본다.

2장

무엇을 먹을 것인가?
[푸드테크 스타트업]

푸드테크는 식품(Food)과 기술(Technology)을 합성한 단어로 식품의 생산과 가공, 구입부터 유통, 배달, 음식점 정보 및 예약까지 다양한 영역에 걸쳐 있다. 최근 〈이코노미스트〉가 발표한 '2022년에 두각을 나타낼 신기술 22'에 선정된 수직 농업, 배달 드론, 맞춤형 영양, 인공 육류 · 생선 제조 기술도 모두 푸드테크의 범주에 포함된다. 국내에서는 기존의 모바일 앱을 통한 주문과 배달 서비스 측면에서 진일보하여 인공 지능을 이용한 배달 최적화나 예약 시스템을 통한 수요 예측, 키오스크를 활용한 무인 매장, 서빙 로봇, 드론 배달 등 다양한 기술이 고도화되고 있다. 특히 미래를 배경으로 한 영화에서만 볼 수 있었던 요리하는 로봇도 많이 개발되어 수년 이내에 대중화될 것으로 보인다. 이미 커피를 제조하는 로봇 무인 카페나 로봇이 치킨을 튀기는 치킨집은 주변에서 찾아볼 수 있다. 이 덕분에 식당 주인은 식자재를 준비하거나 가게 홍보, 고객 응대에 더 집중할 수 있어 서비스의 질이 향상된다고 한다.

이런 기술은 외식업 분야에서 먼저 적용이 되고 있지만 머지않은 미래에는 요리 로봇이 식기세척기처럼 필수 혼수품이 될 수도 있다. 또한 인공 지능을 활용한 배달 로봇과 드론이 상용화되어 갓 요리한 따끈한 음식을 5분 이내에 받아 볼 수도 있게 될 것이다.

마켓컬리
세계 최초 새벽 배송의 창시자

2015년, 세상에 없던 서비스가 출시됐다. 마켓컬리는 고객이 밤 11시 전에 주문을 하면 다음 날 아침 7시 이전까지 배송해 주는 혁신적인 서비스로 전 세계 최초의 신선식품 이커머스 플랫폼이다. 마켓컬리의 '샛별배송'이라는 물류 시스템은 출시되자마자 큰 화제가 됐으며 혁신적인 배송 시스템은 대한민국 유통 패러다임에 변화를 가져왔다. 이후 쿠팡과 SSG도 로켓배송, 쓱배송 등 이름만 다를 뿐 비슷한 서비스를 시작했다. 마켓컬리는 다소 가격이 비싼 신선식품의 수요가 많다고 생각한 서울 강남에서부터 시작하여 현재는 전국망 배송 시스템을 구축했다. 우유나 계란, 야채, 과일, 육류 등 신선식품부터 HMR*, 각종 생활용품과 전자제품까지 판매하면서 상품의 라인업을 확대하고 있다. (*짧은 시간에 간편하게 조리하여 먹을 수 있는 가정식 대체 식품을 말한다. 여성의 사회 진출이 활발해지고 1인 가구가 증가하면서 HMR 시장이 점점 더 커지고 있다.)

마켓컬리는 2022년 3월 영국 〈파이낸셜 타임스〉와 글로벌 리서치 기관 스태티스타가 선정한 '아시아 태평양 지역 고성장 기업' 중 23위에 선정됐다. 2017년 매출이 10만 달러 이상이고 2020년 매출이 100만 달러 이상인 기업 1만 5,000곳을 대상으로 연평균 성장률과 비즈니스 모델, 수익성 등을 종합적으로 평가한 결과라고 한다. 또한 글로벌 기업 정보 플랫폼 크런치베이스가 발표한 2021년 여성 창업 유니콘 스타트업 중 기업 가치 기준으로 세계 2위를 차지하는 등 높은 성장세와 성과도 인정받았다.

마켓컬리는 창업 초기에 신선식품을 새벽에 배송하는 것이 불가능하고, 하더라도 수익을 내기가 어려울 거라는 의견이 많았다. 심지어 시리즈A 투자 유치를 할 때 80여 군데의 투자자로부터 거절을 당하기도 했지만, 2022년 1월 기준으로 회원 수가 1,000만 명을 넘어섰고 약 4조 원의 기업 가치로 9,000억 원의 투자를 받은 유니콘 기업이 됐다. 창업한 지 불과 7년 만에 엄청난 성과를 만들어 낸 것이다.

마켓컬리의 사업 아이템은 대표 김슬아의 개인적인 경험에서 시작됐다. 세계적인 투자 은행인 골드만삭스에 다니던 김슬아는 먹거리를 중요하게 생각했기 때문에 신선한 식재료를 사기 위해 주말마다 대형 마트에 가서 몇 시간씩 투자해야 했다. 많은 사람이 주말에

쉬고 싶지만 직접 장을 보지 않고는 다른 방법이 없기 때문에 이렇게 불편하게 식재료를 구매했을 것이다. 김슬아는 이런 생활 속의 불편함을 그냥 지나치지 않고 창업 아이템으로 연결하여 마켓컬리를 창업했다.

상품 재고, 협력 관계의 리스크를 없앤 구조와 시스템

마켓컬리는 새벽 배송을 개척한 선도 업체다. 업체마다 제품마다 조금씩 다르겠지만, 기존의 쇼핑몰이나 이커머스 플랫폼은 소비자가 결제를 하고 택배를 받기까지 보통 2일에서 3일 정도가 소요됐다. 특히 신선식품은 다른 제품군에 비해 쉽게 상해서 보관과 배송이 어렵기 때문에 온라인으로 구매하는 것이 불가능했다. 배송에도 별도의 냉동 창고나 냉장차 같은 특수한 인프라가 필요하여 비용이 많이 들기 때문에 기존의 유통 업체들도 섣불리 진입하기가 어려운 시장이었다. 이러한 상황에서 마켓컬리가 자체 물류 서비스인 샛별 배송으로 소비자에게 신선한 제품을 새벽에 배송해 주는 비즈니스 시스템과 유통 구조의 혁신을 만들어 냈기 때문에 사람들이 마켓컬리에 열광하는 것이다.

마켓컬리는 샛별배송을 위해 기존의 다른 물류 회사에 위탁하지 않고 직접 콜드 체인 물류 역량을 갖췄고 현재는 5개의 자체 물류 센터를 운영 중이다. 콜드 체인이란 신선식품과 의약품 등 온도에 민감한 제품군의 품질을 위해 생산부터 보관, 유통, 판매까지 전 과정을 저온으로 유지하는 물류 시스템을 말한다. 참고로 코로나19 백신도 모두 콜드 체인으로 이동된다. 콜드체인이 과거에는 수요가 적고 너무 많은 비용이 들었기 때문에 소수의 업체만 운영했으나, 코로나 발 비대면 소비의 확산으로 글로벌 시장 규모가 수백조 원대로 커지면서 물류 업계의 투자도 점점 느는 추세다. 물류 전문가들은 앞으로 중국 등 신흥국의 육류 소비가 늘고 신선식품에 대한 수요가 빠르게 확대하면서 글로벌 콜드 체인 시장이 커질 수밖에 없다고 전망한다.

또한 마켓컬리는 고객들의 주문을 예측하는 알고리즘을 개발하여 재고 관리를 최적화하고 비용의 효율성을 높였다. 신선식품은 제품을 구매하고 재고를 관리하고 폐기하기까지 모든 과정에서 많은 비용과 노력이 발생하는 분야다. 특히 일반 제품들과 달리 쉽게 상하기 때문에 주문 예측이 제대로 되지 않을 경우 막대한 손실이 발생한다. 마켓컬리는 주당 약 260만 건의 데이터 예측을 통해 일반 유통업체의 절반 수준인 1% 내외의 폐기율을 유지하고 있다. 주문 예측 알고리즘을 통해 공급사(제품 판매 업체)에 실시간 주문을 넣는 방식으로 재고와 폐기에 대한 리스크를 최소화하고 효과적으로 관리한다.

대부분의 이커머스 플랫폼사는 공급사와 갑을 관계가 형성돼 있다. 플랫폼사가 막대한 트래픽과 영향력을 갖고 있어서 여기에 입점해야만 사업을 유지할 수 있는 공급사가 많다. 그러다 보니 입점 단계부터 세일즈 프로모션이나 광고, CS 처리에 이르기까지 갑질 논란이나 부당 행위가 부지기수로 일어난다. 업계의 관행처럼 자리 잡은 적폐. 마켓컬리는 이런 불합리한 관행을 없애기 위해 사업 초기부터 노력했고, 공급사로부터 상품을 구매하고 검수하여 물류 센터에 입고되는 순간부터 마케팅, 세일즈, CS 등에 발생하는 모든 비용을 마켓컬리가 책임지는 구조를 만들었다. 공급사는 제품의 품질에만 집중하고 판매는 회사가 모두 맡아서 책임진다는 건강하고 생산적인 구조를 만든 것이다. 이런 상생을 위한 파트너십이 빛을 발하여 공급사들은 같은 상품이라도 더 나은 품질의 제품을 마켓컬리에 납품하는 것으로 알려졌다.

퀄리티와 스케일에 투자하는 리테일 브랜드

마켓컬리의 2021년 매출은 1조 5,614억 원으로 전년 동기 대비 64%가 증가한 것으로 나타났다. 2015년에 서비스를 론칭하고 샛별배송, 차별화된 상품, 고품질 등을 앞세워 6년 만에 매출 1조 원을 넘으며 이커머스 시장에 빠르게 안착했다는 평가를 받는다. 2021년에는 코로나19로 인해 온라인으로 장을 보는 소비자가 폭발적으로 늘어남과 함께 김포 물류 센터가 가동됐으며 충청, 대구, 부산, 울산으로 샛별배송이 확대되면서 거래액이 2조 원을 넘어섰다. 동기 대비로는 65%가 증가한 수준이며 이는 통계청이 발표한 2021년 온라인 쇼핑 거래액 증가율인 21%보다 3배 이상 높은 수치다.

다만 수익성 개선은 여전히 숙제로 남아 있다. 2021년의 영업 적자는 2,177억 원으로 전년 동기 대비 84%가 증가했다. 주요 원인은 물류 인프라 구축과 대규모 인력 충원 때문이다. 향후 샛별배송이 전국으로 확대되면서 신규 고객이 지속적으로 유입되면 매출 성장과 함께 수익성 개선도 가능할 것으로 예상된다.

마켓컬리는 단순 식자재 유통 플랫폼이 아니라 테크 기업으로서 플랫폼 고도화에 집중하고 있다. 고객 경험을 개선하기 위해 UX(고객 경험) 고도화, 주문 및 결제 편의성 제고 등 다양한 기술을 개발하고 지속적으로 전문 인력을 채용할 계획이다. 이와 함께 상품 발주, 재고 관리, 주문 처리, 배송, 콜드 체인 등 물류 서비스의 전반에 걸쳐 효율성과 정확성을 제고하고 데이터 인프라 고도화에 집중적으로 투자하고 있다. 그동안 서울과 수도권에서만 배송이 가능했는데 김포, 장지, 화도, 죽전 4개 풀필먼트 센터를 통해 충청, 대구, 부산, 울산 지역까지 샛별배송을 확대했으며 2022년 하반기에는 물류 센터를 추가로 운영할 계획이다. 샛별배송 지역이 확대될수록 고객의 편의성이 증대되고 신규 회원이 더 쉽게 확보될 것으로 보인다.

마켓컬리는 증시 상장을 통해 자금을 조달하여 샛별배송의 전국망 서비스를 구축할 계획이다. 그동안 해외 증시와 한국 증시 상장을 동시에 탐색한 마켓컬리는 사업 모델과 국내외 증시 상황 등 다양한 조건을 면밀히 검토한 후 2022년 하반기에 한국 증시 상장을 추진하기로 결정했다. 2021년 10월에 NH투자증권, 한국투자증권, JP모건을 공동 대표 주관사로 선정하고 한국거래소에 예비 심사 청구서를 제출한 뒤 기업 공개를 차근차근 준비하고 있다. 증시에 상장하려면 수익성, 매출액, 영업 현금 흐름 등 다양한 조건을 충족해야 하는데 조금씩 퍼즐이 맞춰지는 것이다. 마켓컬리는 창사 이래 연평균 100% 이상의 매출 성장, 2021년 말 기준으로 누적 회원 수 1,000만 명 달성과 재구매율 75% 돌파 같은 엄청난 성과를 만들어 냈다. 그동안의 혁신과 성과를 생각해 보면 앞으로 마켓컬리가 어떤 도전과 혁신으로 역사를 만들어 갈지 더욱 기대된다.

정육각
대기업 계열사를 인수한 축산 스타트업

당신은 한 번이라도 마트에서 사 먹는 고기의 유통 과정이나 유통 기간에 관심을 가져 본 적이 있는가? 생선회나 야채, 과일의 신선도를 많이 따진다면 육류의 신선도도 고민해 본 적이 있는가? 만약 육류의 신선도, 맛, 유통 과정 등에 관심이 있다면 이 업체를 주목하길 바란다.

2022년 3월 축산물 유통 스타트업 정육각이 대상그룹의 유기농 식품 유통 회사 초록마을을 900억 원에 인수하기로 하면서 세상을 놀라게 했다. 인수 금액이나 회사의 규모는 몇 백 분의 1도 안되겠지만 아마존이 미국 최대 유기농 식료품 체인인 홀푸드를 인수한 것과 유사하다. 6년밖에 안 된 스타트업이 대기업의 계열사를 인수하는 일은 국내에서 정말로 보기 힘든 일이다. 1999년에 설립된 초록마을은 우리나라의 친환경 유기농 식품 시장을 개척해 온 선구자로 전국에 470여 개의 매장과 온라인 쇼핑몰을 운영하고 있다. 사업 초기부터 전국의 주요 입지에 매장을 오픈하여 강력한 네트워크를 구축했고 판매와 유통에 대한 다양한 노하우를 보유하고 있다. 정육각이 초록마을을 인수한 이유는 소고기와 돼지고기 중심의 축산물에 국한된 상품의 라인업을 확대하고 온라인으로만 판매하던 방식에서 전국 가맹점에서의 오프라인 판매로 넓히는 방식으로 고객 접점과 판매 채널을 확대하기 위한 전략으로 해석된다.

동네 정육점의 방식에 IT 기술을 더하다

정육각은 2016년에 설립된 회사로 업계 최초로 신선육이라는 개념을 도입했다. 정육각의 대표 김재연은 카이스트에서 수학을 전공했고 졸업 후 미국 국무부 전액 장학생으로 미국 유학길에 오를 예정이었다. 유학을 가기 전에 몇 개월간 여유가 남아서 친구들과 재미 삼아 작은 정육점을 열었는데 신선한 돼지고기를 바로 파는 모델로 엄청난 인기를 끌자 결국 미국 유학을 포기하고 창업의 길로 들어서게 됐다. 정육각은 보기 드문 축산업 스타트업으로 D2C* 모델을 기반으로 스마트 팩토리를 구축했다. (*Direct to Customer, 기업이 만든 제품을 전통적인 소매 회사나 유통 회사 혹은 그와 유사한 중간 거래상을 끼지 않고 소비자에게 직접 공급하는 것을 말한다.) 정보통신 기술을 바탕으로 제조, 유통, 판매를 수직 계열화해 복잡하고 긴 유통 과정을 혁신적으로 줄인 덕에 대형 유통업체가 따라 할 수 없는 '재고가 없는 유통업체'가 됐다.

축산물품질평가원 자료에 따르면 돼지의 경우에는 도축 후 3일에서 5일 내에 소비하는 것이 가장 맛이 좋다고 한다. 하지만 생산자 중심의 축산 시장 구조 때문에 소비자는 맛있는 돼지고기를 구매하기가 어렵다. 정육각은 이런 문제를 해결하고자 온디맨드* 생산 판매로 재고 관리 문제를 해결함과 동시에 폐기율을 제로에 가깝게 만들어 가격 경쟁력을 확보했다. (*소비자의 요구에 따라 즉시 제공과 공급을 하는 주문형 방식을 말한다. 모바일 기술과 IT 인프라를 통해 소비자의 수요에 즉각적으로 제품과 서비스를 제공하는 경제 활동을 통칭하기도 한다.) 또한 실시간으로 도축 데이터베이스를 구축하고 공장 하향식 생산을 통해 소비자가 원하는 주문에 시간을 맞출 수 있다. 기존의 유통 구조는 '농장 → 도축장 → 육가공 업체 → 다수의 유통업자 → 소매점 → 소비자'로 도축 후 소비자에게 전달되는데 45일 정도가 소요된다. 정육각은 이런 유통 구조를 '농장 → 도축장 → 정육각'으로 대폭 간소화하여 도축 후 최대 5일 이내에 소비자가 맛볼 수 있도록 했다.

정육각의 축산물 유통 혁신이 가능한 배경에는 빅 데이터와 인공지능 같은 IT 기술이 있다. 정육각은 도축 이후 소비자에게 3일에서 5일 만에 신선한 육류를 공급하기 위해 전사적 자원 관리(ERP), 공급망 관리(SCM), 생산 관리 시스템(MES), 디지털 패킹 시스템(DPS) 등을 직접 개발하여 축산 유통 과정에 도입했다. 이런 기술로 기존에 불가능했던 신선육을 소비자가 맛볼 수 있게 됐다. 이제 소비자는 정육각 앱을 실행만 하면 농장에 가지 않아도 갓 잡은 신선한 고기를 먹을 수 있는데, 더욱 놀라운 점은 고기를 주문하면 7시간 안에 집 앞으로 총알 배송된다는 것이다. 정육각 공장에서는 사람이 작업을 지시하지 않고 인공 지능이 작업 지시를 내린다. 전국 각지에서 들어오는 주문을 취합 후 주문량과 배송 지역까지 고려해 소비자에게 가장 빨리 전달할 수 있는 방법을 실시간으로 계산해 찾는다. 신선도를 유지하기 위해서 주문을 예측해 고기를 미리 썰어 놓거나 포장해 놓지도 않는다. 도축 후 고객의 식탁에 오르기까지 걸리는 시간을 최소화해 초신선 제품을 판매한다.

자체 개발한 신선페이 기능 또한 주목할 만하다. 신선페이는 주문 시 바로 결제를 진행하지 않고, 생산을 완료하고 해당 상품의 무게를 정확하게 달아 금액을 확정한 후 결제하는 정육각만의 결제 시스템이다. 마트에서 고기를 살 때 저울에 무게를 재고 결제하는 방식을 온라인으로 옮겨 놓은 것이다. 신선식품은 정량 생산이 어렵다. 그래서 대부분의 이커머스 정육점은 기준 무게보다 조금 더 담는 대신 그 오차만큼을 가격에 녹인다. 결과적으로 상품 가격이 상승할 뿐만 아니라 주문마다 같은 돈을 지불하지만 다른 무게의 상품을 배송받는 문제도 생긴다. 정육각은 이를 해결하기 위해 생산과 결제를 연계한 정확하고 합리적인 결제 시스템을 만들었다. 고객으로부터 상품 주문이 들어오면 바로 생산에 들어가는데 기준 무게는 플러스, 마이너스 10% 수준으로 생산, 배송되면서 측정된 무게에 맞게 정확한 금액이 청구되는 방식이다.

생산자와 소비자가 모두 윈윈하는 식자재 장터

정육각 역시 다른 이커머스 업체들처럼 코로나19 이후 매출이 많이 늘었다. 2021년 말 기준 회원 수가 약 81만 명에 매출이 400억 원으로 2020년 162억 대비 150% 가까이 성장했다. 2021년 초반에만 해도 대부분의 고객이 IT나 이커머스에 익숙한 30대와 40대였으나 코로나19 이후에는 50대와 60대까지 소비자 연령대가 확대되어 매출이 10배 가까이 증가했다. 온라인에서 생필품이나 옷을 구매하는 것은 어느 정도 익숙해졌으나 육류를 구매하는 것은 어색하고 낯선 어르신들, 고기를 눈으로 직접 보고 사야만 안심하는 사람들조차도 정육각의 고객이 되고 있다. 이런 성장으로 2022년 4월 기준 정육각의 누적 투자 유치 금액은 약 700억 원 수준이다.

정육각은 달걀, 우유, 밀키트까지 상품 라인업을 확대했고 2021년 4월에는 '초신선 활전복'을 선보이며 수산물 시장에도 진출했다. 앞서 언급한 초록마을 인수로 축산물 분야에서 구축해 온 스마트팩토리 제조 역량과 D2C 노하우를 기반으로 친환경 유기농 식품 시장의 혁신을 선도하겠다는 전략이다.

서비스 지역의 확대도 준비하고 있다. 서울을 중심으로 하던 배송 시스템을 경기, 인천, 대전, 세종 등으로 확장하고 장기적으로 정육각 내부에서 개발한 IT 물류 솔루션 정육각 런즈*를 통해 전국으로 확대할 예정이다. (*자차를 이용하여 정육각의 신선식품을 배송하는 일반인 배송 서비스를 말한다. 쿠팡 플렉스와 같은 개념으로 원하는 시간, 원하는 장소를 골라서 원하는 만큼 일할 수 있다.) 향후에는 신선식품의 품목과 지역을 지속적으로 넓혀 가면서 좋은 식자재를 제공하여 전국의 모든 소비자가 행복한 식사를 할 수 있도록 하는 것이 목표다.

현재는 단순 형태의 머신러닝 기술을 적용하고 있지만 장기적으로 '식재료 비서 서비스'를 지향한다. 고객의 구매 데이터를 분석해 장바구니에 알아서 담기도록 서비스를 제공하며 밀키트 제품 등으로 만족스러운 식문화까지 제안하는 것이다. 또한 그동안 농가에서는 식재료의 질과 관계없이 도매상에게 박스당 판매를 해야 하는 불합리성이 존재했는데 정육각은 이런 문제를 해결하기 위해 자동화된 기술로 품질에 따라 가격을 책정하는 서비스를 개발하는 것을 목표로 한다.

정육각은 현재 폐쇄적인 온라인 쇼핑몰이지만 식자재를 직거래하는 플랫폼이 될 것이다. IT 지식이 없는 농어민들도 플랫폼을 통해 판매가 가능하도록 하여 중간 유통 과정에서 발생하는 과도한 비용을 없애 생산자와 소비자 모두 원원하는 장터를 만들려는 계획이다. 공급자 중심의 불합리하고 낙후된 유통 과정을 혁신해 나가는 정육각의 도전에 박수를 보낸다.

프레시코드
카카오와 삼성도 애용하는 샐러드 배송 서비스

고기 이야기를 했다면 이제는 샐러드 이야기를 해 볼까 한다. 예전에는 샐러드가 밥을 먹기 전에 가볍게 먹는 애피타이저나 주된 요리에 곁들이는 사이드 디시 정도로 여겨졌으나 최근 들어 한 끼 식사로 자리 잡아 가고 있다. 전 세계적으로 편리성을 추구하는 소비 트렌드가 확산됨에 따라 샐러드를 포함하여 건강 간편식 시장이 점점 커지고 있기 때문이다. 샐러드를 식사로 먹는 문화는 외국에서 먼저 보편적인 식습관으로 자리 잡았는데 국내에서도 점점 샐러드를 식사로 생각하는 문화가 형성되고 있다. 특히 MZ 세대가 다이어트와 건강에 대한 관심이 커지면서 샐러드가 엄청난 인기를 끌고 있다. 영국의 시장 조사 기관 캐나딘의 자료에 따르면 세계 신선 편의 식품 시장 규모가 2019년 기준으로 약 333억 달러에 달한다고 한다. 한국농촌경제연구원이 분석한 〈신선 편의 식품 보고서〉에 따르면 2018년 8,894억 원, 2019년 9,369억 원, 2020년에는 1조 1,369억 원으로 성장했다.

리스크 높은 상품의 리스크를 없애는 것이 전략

프레시코드는 프리미엄 샐러드와 다양한 건강 편의식을 온라인으로 주문받아 거점 배송 시스템을 통해 고객에게 배송하는 푸드테크 스타트업이다. 신선함을 뜻하는 프레시(Fresh)와 취향을 뜻하는 코드(Code)를 합성한 이름인 프레시코드는 건강한 라이프스타일을 찾는 사람이 많아지면서 2016년 창업 이래 매년 폭발적인 성장을 경신하고 있다. 창업 초기에는 공동 창업자 2명이 직접 샐러드를 배송하던 작은 스타트업이 2021년 말 기준으로 회원 수 20만 명에 누적 판매량 200만 개를 기록하는 회사로 성장했다. 현재는 서울 등 수도권 지역을 중심으로 거점 배송지를 확보했고 새벽 배송 서비스와 전국 택배 배송 서비스도 제공 중이다.

프레시코드의 대표 정유석은 코트라 IT 사업단에서 인턴으로 일하면서 스타트업에 관심이 생겼는데, 해외 외국인 친구들이 식사 대용으로 자주 먹었던 샐러드에서 아이디어를 얻어 사업을 시작했다. 일반적으로 샐러드는 유통 주기가 짧아 편의점이나 대형 마트 샐러드 매장 등 오프라인 채널에서 구매할 수 있지만 프레시코드를 이용하면 신선하고 질 좋은 샐러드를 집이나 회사로 배송받아 편하게 먹을 수 있다. 샐러드에 대한 고객의 다양한 니즈에 빠르게 대응하면서 페인 포인트를 해결한 것이 회사가 폭발적으로 성장한 비결이다. 프레시코드는 단순히 샐러드 제품을 판매하는 것을 넘어 건강한 삶의 가치를 전파하겠다는 큰 그림을 그리고 있다.

프레시코드는 2021년 3월에 다수의 벤처 캐피탈로부터 60억 원의 투자를 받아 시리즈A 투자 라운드를 마무리했다. 누적 투자 유치 금액은 약 70억 원이다. 일반인들은 그저 샐러드를 판매하는 회사일 뿐인데 어떻게 이렇게 많은 금액의 투자를 받을 수 있는지 의아해할 수 있겠다. 하지만 배달의민족이 단순히 전단지를 보여 주는 회사가 아닌 것처럼 프레시코드도 그들만의 핵심 경쟁력과 기술을 갖추고 있다.

샐러드의 핵심은 신선함이다. 샐러드는 유통 과정이나 날씨의 영향을 많이 받고 자칫 배송이 늦어지면 금방 시들해져 상품 가치가 떨어지고 그로 인해 고객의 클레임이 생기기도 한다. 그래서 이커머스 업체들이 제일 힘들어하는 상품이 바로 샐러드이기도 하다. 프레시코드는 샐러드의 신선도를 유지하기 샐러드 개발부터 상품 기획, 식재료 반입, 샐러드 제조, 마케팅, 배송까지 꼼꼼하게 진행한다.

프레시코드의 핵심 비즈니스 모델인 '프코스팟'은 프레시코드가 수요에 기반한 거점별 배송지로 배송한 상품을 고객이 정기적으로 직접 수령할 수 있는 특정 장소를 의미한다. 프코스팟을 이용하면 6,000원 이상 주문 시 샐러드를 1개라도 무료로 배송해 준다. 고객 입장에서는 큰 장점이다. 온라인에서 구매할 경우 샐러드가 6,000원인데 배송비가 3,000원이라 부담스러워 구매하지 못하는 사람들의 페인 포인트를 해결해 준 것이다.

프코스팟은 일반 기업 및 공유 오피스 전용인 프라이빗 프코스팟과 카페나 헬스장 등 누구나 이용할 수 있는 퍼블릭 프코스팟으로 나뉜다. 프라이빗 프코스팟은 위워크, 패스트파이브, 야놀자, 쿠팡, 카카오, 우아한형제들 같은 스타트업부터 삼성, 한샘 같은 대기업까지 다양한 회사가 이용하고 있다. 직장 동료나 지인을 5명 이상 모집해 원하는 장소를 프라이빗 프코스팟으로 신청할 수 있고, 본인이 운영하거나 자주 이용하는 편의 시설을 퍼블릭 프코스팟으로 신청할 수도 있다.

프레시코드는 수요가 많은 곳의 주문을 모아 거점으로 배송하기 때문에 운영 효율을 높이고 가격 경쟁력을 확보할 수 있다. 이렇게 물류 비용을 절감하는 만큼 상품의 품질을 올릴 수 있다는 장점이 있다. 주로 서울과 수도권에서 운영되는 프코스팟은 사업이 본격적으로 시작된 2016년에는 단 3곳에 불과했으나 2021년 10월 기준으로 2,000곳을 돌파했다. 2022년 1월에는 세븐일레븐과도 협업하여 강남3구에 있는 세븐일레븐 100여 개 점포를 프코스팟으로 활용할 수 있게 됐다. 프레시코드는 현재 매일 4,000개에서 5,000개의 샐러드와 건강 간편식을 프코스팟으로 배송한다.

건강해지고 싶은 MZ 세대에게 사랑받는 법

프레시코드는 샐러드의 낭비를 줄이기 위해 100% 예약제로 판매하고, 프코스팟에서 발생되는 다양한 구매 관련 데이터를 분석하여 샐러드 또는 건강 편의식을 소비하는 고객들의 수요를 사전에 파악할 수 있다. 수요 예측이 가능하다는 것은 제조 과정에서 식재료의 폐기가 거의 없다는 것도 의미한다. 미리 확보한 고객 주문 정보를 기반으로 샐러드를 생산하기 때문에 재고 부담을 최소화할 수 있다. 또한 공동 구매 형태이다 보니 고객 접점을 광범위하게 확보할 수 있는 것은 물론 바이럴 홍보 마케팅 효과까지 거둘 수 있다.

프레시코드의 매출은 매년 가파르게 성장하고 있다. 2017년 1억 원대이던 매출은 2020년 65억 원, 2021년에는 120억 원에 가깝게 상승했다. 창업 5년 만에 회원 수 20만 명을 돌파했고 누적으로 250만 개의 샐러드를 판매했다. 사회 전반적으로 건강식에 관심이 높아지고 특히 자신을 아끼고 관리하려는 MZ 세대 고객이 많아졌으며 코로나19로 인한 비대면 문화까지 자리 잡으면서 프레시코드를 이용하는 고객이 폭발적으로 증가한 결과다. 현재 프레시코드 회원 중 2030세대 비율은 64.5%로 MZ 세대를 중심으로 두터운 회원층을 보유하고 있고 40와 50대 회원 수도 빠르게 증가하는 추세다.

프레시코드는 지속적으로 배송지와 배송 시간을 확대하면서 고객 접점을 넓히려고 한다. 서울과 경기에 집중된 배송을 광역시 단위로 확대함과 동시에 3,000개 이상의 프코스팟을 확보할 예정이다. 2021년 11월에는 코레일유통과 협업하여 출퇴근 시간 유동 인구가 많은 철도 역사 내 편의점 및 카페를 새로운 프코스팟으로 확대했다. 또한 점심시간만 운영했던 프코스팟 배송을 서울 전 지역 대상으로 저녁 시간까지 확장하고 있다. 오전 11시까지 주문을 완료하면 당일 오후 5시에 프코스팟으로 신선한 상품을 배송받을 수 있다. 향후에는 우버이츠, 요기요, 배달의민족 등 주요 배달 플랫폼과 마켓컬리에도 서비스를 론칭할 계획인데 아침, 점심, 저녁 시간대 모두 신선한 샐러드를 배송하겠다는 전략이다.

다이어트와 건강에 대한 관심이 많아지면서 건강식에 대한 고객의 니즈 또한 증가하고 있다. 프레시코드는 이러한 니즈를 충족시키기 위해 샐러드를 시작으로 샌드위치, 도시락, 간편식, 각종 음료 등 상품 라인업을 지속적으로 확대하고 있다. 또한 안정적인 매출을 확보하고 고객 편의성을 높이기 위해 자체 쇼핑몰에 샐러드를 정기적으로 배송받을 수 있는 정기 구독 상품을 출시했다. 카카오 정기 구독 플랫폼 구독온에 입점했고 지속적으로 입점 플랫폼을 확대할 계획이다.

프레시코드의 궁극적 목표는 단순히 샐러드를 파는 곳이 되는 게 아니라 건강한 삶의 생활 방식과 가치를 공유하는 기업이 되는 것이다. 프레시코드가 샐러드라는 건강 식단을 중심으로 간편식 배송 플랫폼으로 성장하여 건강한 식문화를 만드는 데 큰 역할을 하기를 바란다.

3장

어디에서 살 것인가?
[프롭테크 스타트업]

프롭테크는 부동산(Property)과 기술(Technology)의 합성어로 디지털 기술을 활용하여 온라인으로 부동산 서비스를 제공하는 산업을 말한다. 초기에는 인터넷이나 모바일 앱을 통해 단순한 부동산 정보를 제공하며 부동산 거래의 중개 역할만을 하다가 이제는 부동산 거래 및 계약뿐만 아니라 건물의 설계, 시공, 건축, 인테리어, 부동산 관리 등 다양한 영역으로 역할이 확산되고 있다. 또한 인공 지능, VR, 빅 데이터, 블록체인 등 최신 기술을 활용하여 부동산에 대한 평가, 대출, 온라인 계약, VR 매물 보기, 가상 인테리어 등으로 사용 범위가 점점 더 확대되고 있다.

과거에는 집을 구하기 위해 실제로 가서 확인하는 임장이라는 것을 해야만 했다. 하지만 이제는 임장을 하지 않아도 VR 기술로 구현된 집의 내부를 꼼꼼히 확인할 수 있고 3D로 구현된 편의 시설이나 단지 내부, 주변 교통 상황 등 대부분의 정보를 확인할 수 있다. 또한 AR 인테리어 플랫폼으로 벽지, 바닥재, 가구, 소품들을 집의 면적과 구조와 같은 가상 공간에 배치해 보고 색상이나 자재 등을 선택해 봄으로써 가상의 인테리어를 해 볼 수 있게 됐다.

직방
대한민국 프롭테크의 선두 주자

직방이 3,000억 원 규모의 프리 IPO(상장 전 자금 조달)를 추진하고 있다. 기업 가치는 3조 원에 육박한다. 2019년에 진행된 시리즈D 투자 유치에서 기업 가치가 약 7,150억 원으로 평가된 것을 고려하면 3년 만에 4배 이상 성장한 셈이다. 2021년 6월 구주 거래에서는 이미 1조 1,000억 원의 기업 가치를 인정받았다. 2023년 상반기에 상장을 목표로 주관사 선정 작업을 진행 중인데 업계 전문가들은 2021년에 유니콘(기업 가치 1조 원 이상 비상장 회사) 등극에 이어 상장에 성공하면 데카콘(기업 가치 10조 원 이상)이 될 것으로 전망한다.

직방의 상장에 회의적인 시선도 있다. 기업 가치는 너무 많이 오른 데 비해 수익성이 따라오지 못한다는 이유다. 직방의 2021년 매출은 559억 원으로 전년 458억 원 대비 소폭 증가했지만 영업 이익은 82억 원 손실을 보며 적자 전환했다. 2018년에 13억 원 흑자를 냈다가 2019년에는 42억 원 적자, 2020년에 38억 원 흑자를 기록했다가 2021년에는 다시 적자가 된 것이다. 지속적인 외형 성장과 수익 개선이 직방의 시급한 숙제다.

직방은 명실상부 대한민국 대표 프롭테크 스타트업이다. 2012년 직방 대표 안성우는 삼일회계법인에서 공인 회계사로 근무하다가 벤처 캐피탈 블루런벤처스로 이직해 투자 심사역을 하면서 창업의 꿈을 키웠다. 이후 방을 구하려는 1인 가구나 대학생 등의 고객과 공인 중개사를 연결하는 부동산 중개 플랫폼으로 서비스를 시작했다. 동네 부동산을 통해서 방을 구할 때 정보의 비대칭성과 비효율이 존재하고 온라인에는 허위 매물이 너무 많다는 고객의 페인 포인트를 해결하고자 한 것이다. 관악구에서 시작한 서비스는 구로구와 영등포구를 거쳐 1년 6개월 만에 서울 전역으로 확대됐다. 현재는 원룸뿐만 아니라 빌라와 아파트부터 사무실, 상가까지 모든 부동산 매물 데이터를 확보하고 서비스하고 있다.

직방은 다양한 서비스를 하고 있지만 메인 비즈니스는 공인 중개사들이 돈을 내고 매물 정보를 등록하면 이를 사용자들에게 노출해주는 마케팅·광고 플랫폼*이다. (*플랫폼에서 광고주들이 광고 상품을 구매하여 광고를 등록하면 노출된 광고를 보고 사용자들이 연락하여 거래가 이루어지는 방식이다. 직방을 비롯해 네이버, 카카오, 쿠팡 등 대부분의 온라인 플랫폼 사업자가 이런 방식으로 수익을 창출한다.) 따라서 방을 구하는 사람이 연락을 하면 직방이 아니라 매물을 올린 공인 중개사가 전화를 받고, 방에 대한 안내와 계약 또한 해당 공인 중개사와 직접 하게 된다. 직방은 지금까지 3,000만 명이 앱을 다운로드했고 누적 투자 금액은 약 2,300억 원이다. 원룸 중개로 시작한 직방은 2018년에 호갱노노(아파트) 인수를 시작으로 셰어 하우스 우주, 네모(상가), 호텔리브, 모빌 등을 인수하며 부동산 상품의 라인업을 강화하면서 고객에게 편의성을 제공하고 있다.

공인 중개사가 최고의 집을 소개해 주는 방법

예전에 방을 구하던 과정을 생각해 보자. 우선 구하려는 방의 조건을 정리하고 살고자 하는 지역에 있는 부동산에 찾아가야 한다. 부동산에 가서 원하는 조건의 방을 이야기하면 공인 중개사가 수첩에 적어 둔 매물들 중에서 조건에 맞는 곳들을 추린다. 그리고 공인 중개사가 집주인에게 전화하여 방을 보러 가도 되는지 묻는다. 집주인이 허락하면 공인 중개사는 고객을 데리고 여기저기 보러 다닌다. 대여섯 곳만 봐도 하루 종일 걸린다. 공인 중개사도 피곤하고 고객은 더 피곤하다. 이렇게 해서 마음에 드는 방을 찾으면 다행이지만 모두가 알듯이 마음에 드는 방은 쉽게 나타나지 않는다. 방이 좋으면 임대료가 너무 비싸고 임대료가 싸면 어딘가가 마음에 들지 않는다. 그럼 다시 날을 잡고 다른 부동산에 가서 동일한 과정을 똑같이 반복해야 한다.

Z 세대는 이해하기 어렵겠지만 불과 10여 년 전만 해도 이런 방식으로 방을 구해야만 했다. 물론 지금도 이런 방식은 존재하는데 고객의 시간과 노력이 너무나 많이 필요한 비효율적이고 불합리한 방

식이다. 방을 구하는 사람은 원하는 조건이 정리됐다면 직방 앱을 실행하여 살고자 하는 지역의 매물을 검색하고 마음에 드는 방을 선택한다. 사진, VR, 지도 등 상세 정보를 확인할 수 있다. 그런 다음에 선택한 방의 정보를 등록한 부동산에 연락하여 방문 일정을 잡고 자신이 선택한 방만 공인 중개사와 함께 보러 다니면 된다. 실제로 봤는데 마음에 들지 않으면 다시 직방 앱에서 원하는 방을 찾는다.

직방은 다양한 매물의 상세한 정보를 모아서 보여 주기 때문에 고객은 컴퓨터나 스마트폰으로 사전에 방을 보고 마음에 드는 곳에만 연락하여 약속을 잡고 보면 된다. 지도 기반으로 정보를 제공하기 때문에 원하는 지역의 집 정보를 한눈에 확인할 수 있고, 다양한 검색 필터를 통해 원하는 보증금과 집 구조를 쉽게 찾을 수 있다. 또한 업계 최초로 직접 찍은 실제 사진을 제공하여 발품을 팔아야 했던 이용자들의 불편함을 해소했다. 부동산 정보를 상세하게 제공하기 때문에 고객은 아무런 정보 없이 공인 중개사의 손에 이끌려 이 방 저 방 볼 필요 없이 원하는 방을 사전에 선택할 수 있고 더욱 투명하고 효율적으로 방을 구할 수 있게 됐다. 이렇게 직방은 고객의 시간과 노력을 줄여 줌으로써 가치를 창출하고 있다.

그런데 온라인을 통해 방을 구하는 고객이 많아지고 공인 중개사들의 고객 확보를 위한 경쟁이 치열해지면서 허위 매물을 등록하는 사례가 많아졌다. 허위 매물이란 거짓 또는 과장된 정보로 등록된 매물을 말하는데 존재하지 않는 좋은 조건의 방을 낚시성으로 등록하여 고객이 그 방을 계약하기 위해 방문하도록 많이 활용된다. 고객이 찾아오면 허위로 올린 매물은 다른 고객이 계약했다면서 실제 보유한 다른 매물을 보여 주며 계약을 유도하는 식으로 진행된다. 어찌 보면 중고차 시장과 유사하다. 이런 허위 매물이 점점 많아지자 피해를 보는 고객이 많아졌고 사회적 이슈가 됐다.

직방은 이런 문제를 바로잡기 위해 자율적인 정책을 수립해 운영하며 허위 매물을 등록한 공인 중개사들을 별도로 관리하고 있다. 공인 중개사가 허위 매물을 등록하여 3회 이상 신고가 접수될 경우 1년간 직방을 통해 광고를 할 수 없도록 하는 것이다. 공인 중개사들이 지불하는 매물 등록 비용이 직방의 가장 큰 수익 모델이기 때문에 허위 매물이든 진성 매물이든 많이 등록할수록 직방은 돈을 번다. 그럼에도 불구하고 건전한 부동산 거래를 위해 자정 노력을 하고 있는 것이다. 특히 '헛걸음 보상제'를 시행하여 허위 매물로 인해 피해를 본 고객에게 현금 3만 원과 직방 홈키트를 제공하고 있다. 헛걸음 보상제는 2014년에 도입됐고 현재까지 총 6,000여 명이 보상을 받았다. 이 또한 자신의 기존 비즈니스 모델을 스스로 혁신한 사례라고 볼 수 있다.

직방은 2021년 6월 10주년 미디어데이에서 향후에는 단순한 부동산 중개 플랫폼에서 벗어나 부동산 분야 전반의 디지털 트랜스포메이션을 선도하는 종합 프롭테크 기업으로 도약하겠다고 발표했다. 그 일환으로 새로운 프롭테크 모델인 '온택트 파트너스'를 발표했다. 온택트 파트너스는 부동산에 관련된 각 분야의 전문가들이 직방을 디지털 도구로 활용해 이용자들에게 편의를 제공하는 파트너십 모델이다. 온택트파트너스는 부동산 거래에서 주거 관리까지 주거에 대한 모든 것을 종합적으로 서비스하겠다는 전략으로 부동산 중개, 청소, 집 수리 및 보수, 보안, 인테리어 등 다양한 분야로 지속 확대하고 있다. 앞으로 공인 중개사, 청소 전문가, 집 수리 전문가, 인테리어 전문가 등이 직방과 파트너십을 맺고 온택트 파트너스로 활동할 수 있다. 사용자의 관점에서 직방 앱 하나로 의식주 중 '주'에 관한 모든 것을 해결할 수 있게 되는 것이다.

현실과 가상을 넘나드는 프롭테크 기업

직방은 창업 초기부터 매물 정보를 투명화하고 플랫폼을 고도화하기 위해 끊임없이 노력해 왔다. 기존의 시스템에서는 아파트 매물이 고층인지 저층인지 정도만 대강 알 수 있고 고객이 직접 현장에 방문해야만 동과 호수를 정확히 알 수 있었다. 이렇게 애매하고 부족한 매물 정보는 결국 고객들이 불필요하게 발품을 팔고 시간과 비용을 낭비하도록 만든다. 직방은 이 같은 문제를 해결하기 위해 모든 매물에 대해 정확한 정보를 제공하고 3D로 공간을 구현했다. 직방 앱에서는 아파트를 3D로 둘러보면서 정확히 몇 동 몇 호가 매물로 나와 있는지 투명한 정보를 확인할 수 있고 해당 매물을 클릭해 내부를 VR로 둘러보면서 전망, 시간대별 일조량, 시세 등을 확인할 수 있다. 또한 교육을 받은 파트너 공인 중개사들이 직방을 통해 들어오는 매물에 대한 영상을 만들어 라이브 커머스처럼 판매하는 방식도 준비하고 있다. 이처럼 직방은 플랫폼을 통해 고객과 공인 중개사가 부동산 거래를 직접 할 수 있도록 지속적으로 고도화하고 있다. 지금까지는 공인 중개사들이 등록한 매물을 통해 시세 정보와 매물 정보를 제공하는 마케팅·광고 플랫폼이었다면 앞으로는 부동산 매물을 실제로 판매하는 이커머스 플랫폼 되겠다는 전략이다.

2022년 1월 직방은 삼성 SDS의 홈 IoT 사업 부문을 인수한다고 밝혔다. 삼성 SDS는 그동안 홈 IoT 사업을 강화하여 홈 네트워크의 역할을 하는 스마트 월패드, 도어락 등의 상품을 선보이며 시장 경쟁력을 높였다. 특히 데이터 분석 인공 지능과 대화형 인공 지능 플랫폼을 공개하고 다양한 센서와 디바이스에서 나오는 데이터를 체계적으로 수집, 저장, 관리하는 자체 IoT 플랫폼 기반의 사업화도 준비하고 있었다. 직방은 삼성 SDS의 월패드, 도어락 하드웨어 및 생산 공정, 홈 IoT 기술력과 인재들을 확보하기 위해 인수하기로 결정했고 직방의 주거 콘텐츠와 함께 스마트 홈 허브로 키울 계획이다. 이번 인수로 인해 직방의 소프트웨어 역량과 삼성 SDS의 하드웨어 역량이 시너지를 낼 수 있다면 국내는 물론 해외까지 스마트 홈 시장의 혁신을 일으키며 글로벌 종합 프롭테크 기업으로 성장할 것이 예상된다.

직방은 2021년부터 현실 세계의 부동산 서비스뿐만 아니라 가상 오피스 서비스를 론칭하여 다양한 시도를 해 왔다. 직방의 가상 오피스에는 이미 직방뿐만 아니라 아워홈, AIF 등 기업 20여 곳이 입주해 매일 2,000여 명이 출퇴근하고 있고 2022년 내에 '소마'라는 브랜드로 글로벌 진출을 시도할 예정이다. 소마는 일하는 공간은 메타버스로 옮기면서 일하는 방식은 오프라인 사무실과 똑같은 환경을 추구한다는 점에서 기존의 다른 온라인 협업 프로그램이나 메타버스 플랫폼들과 구분된다. 오프라인 근무와 온라인 재택근무의 장점을 모은 서비스로 근무의 새로운 기준을 제시하겠다는 전략이다.

앞으로 직방은 공인 중개사 자격증은 취득했지만 사업 기회를 찾지 못하는 공인 중개사에게 창업의 기회를 제공하려고 한다. 직방이 보유한 VR, 3D 등의 정보 기술을 활용하여 매물을 광고할 수 있도록 공인 중개사들을 지원하고, 더 나아가서 직무 컨설팅과 초기 사업 지원금까지 제공할 계획이다. 직방은 다양한 파트너와 협력을 강화해 최종 고객에게 중개비가 아깝지 않을 정도로 양질의 부동산 중개 서비스를 지원하는 것을 목표로 한다. 하지만 이와 관련하여 기존에 개업한 공인 중개사들이 골목 상권 침해라며 반발을 하고, 한국 공인중개사협회에서 청와대 청원까지 하며 경계하는 상황이다. 배달의민족이나 야놀자처럼 플랫폼에 종속되지 않을까 우려하는 것이다. 직방이 '타다 사태'처럼 되지 않고 현명한 방식으로 기존의 공인 중개사들과 상생하며 지속적으로 성장할 수 있기를 기대한다.

스테이즈
한국에 사는 모두를 위한 코리빙하우스

우리가 유학이나 주재원 파견 등의 이유로 해외에서 수개월 이상 체류하게 될 때를 상상해 보자. 의식주 중에서 가장 해결하기 어려운 문제가 바로 집이다. 옷을 사거나 식사를 하는 일은 조금만 검색해 보거나 돈을 쓰면 쉽게 해결할 수 있다. 잘못된 선택을 했을 때의 리스크도 그리 크지 않다. 하지만 장기간 살 집을 구한다는 것은 입고 먹는 일보다 복잡하고 리스크가 많은 일이다. 일단 그 나라 사람과 말이 잘 통하지 않고 부동산 관련 법규나 문화가 다르기 때문에 어디에서 어떻게 집을 구해야 할지 잘 모른다. 어렵사리 집을 구하더라도 계약 과정이 너무 복잡하여 이해하기가 어렵고 사기를 당할 수도 있다. 또한 입주를 한 이후에도 집주인과 소통하기가 어려워 여러 가지 불편을 겪게 된다. 스테이즈는 이런 고객들의 페인 포인트에 착안하여 사업을 시작했다.

스테이즈는 1인 가구를 대상으로 주거 공간을 제공하는 프롭테크 스타트업이다. 앞서 소개한 직방이 공인 중개사들을 대상으로 한 마케팅·광고 플랫폼이라면 스테이즈는 자체 확보한 매물을 직접 웹사이트에 등록하고 중개하는 부동산 D2C 서비스이다. 사람들이 익숙하게 알고 있는 동네 부동산과 온라인 플랫폼의 장점만을 살려 보다 체계적이고 효율적으로 부동산 서비스를 제공한다.

스테이즈의 시작은 한국에 거주하고자 하는 외국인, 특히 유학생을 위한 부동산 O2O 서비스였다. 스테이즈의 대표 이병현은 유학 시절에 주거 공간을 찾기 위해 겪은 경험을 바탕으로 외국 유학생들의 페인 포인트를 해결하기 위해 창업을 결심했다. 창업 초반에는 국내에 거주하는 유학생을 대상으로 원룸 중개 서비스를 했고, 2018년부터 국내 1인 가구를 대상으로 한 코리빙하우스 사업도 함께 병행하고 있다. 스테이즈는 온라인 상담, 룸 쇼, 계약, CS까지 한국어, 중국어, 영어로 고객을 지원함으로써 세입자와 집주인 간의 언어 장벽을 없애는 데 중요한 역할을 하고 있다.

스테이즈는 고객의 접근성과 편의성을 높이기 위해 온라인 플랫폼뿐만 아니라 서울 내 주요 지역에 오프라인 지점을 설립했다. 스테이즈 소속의 부동산 전문가들은 직접 철저하게 검증하는 과정을 거쳐 더 나은 품질의 매물을 제공하며 안전한 계약을 위해 노력하고 있다. 스테이즈는 주거 공간이 삶의 질에서 가장 중요하다는 믿음 아래 단순한 부동산 중개 서비스를 넘어 고객들이 더욱 편안한 주거 생활을 누릴 수 있도록 노력하고 있다. 2022년 4월 기준으로 누적 투자 금액은 약 100억 원이다.

내국인부터 외국인까지 거쳐 가는 빅 데이터 중개 서비스

스테이즈는 유학생 대상 중개 서비스에서 시작하여 고객의 니즈에 맞게 사업 영역을 점점 더 확장하고 있다. 중개 서비스를 하다 보니 고객들이 어떤 방을 원하는지 알게 되어 스테이즈가 직접 방을 임차하여 제공하는 임대 관리업을 시작했고, 현재는 직접 건물을 매입하고 리모델링을 해서 1인 가구를 대상으로 한 코리빙하우스까지 운영하고 있다. 현재까지 전 세계 50여 개국 145개 도시에서 온 1만여 명의 사람이 스테이즈를 통해 저렴한 가격으로 양질의 주거 공간을 이용했다. 공부나 일을 할 수 있는 공용 공간에 대한 니즈가 점점 강해지고 있기 때문에 코리빙하우스에는 1층에 공용 라운지와 회의 실을 만들어 입주민들이 마음껏 활용할 수 있도록 하고 있다.

또한 빅 데이터 분석을 통해 대학생이나 결혼 직전의 30대 사회 초년생들에게 적합한 가격대를 잘 알고 있기 때문에 세입자의 사정에 맞춰 보증금과 월세 비율을 조정할 수 있는 유연하고 탄력적인 가격 정책을 펼치고 있다. 보증금의 비율에 따라 차이는 있지만 일반적으로 월세가 주변 신축 대비 10% 정도 저렴해 1인 가구들의 만족도가 높은 편이다. 스테이즈는 현재 서울 대학가 중심으로 23개 단지, 600여 실을 운영 중이다.

스테이즈는 창업 초기부터 데이터의 중요성을 인지하고 데이터를 확보하기 위해 많은 노력을 했다. 원룸 중개 사업을 하면서 유학생 및 1인 가구가 선호하는 주택 형태와 임대료 데이터를 축적한 것이 코리빙하우스를 운영하는 데 큰 도움이 되고 있다. 특히 스테이즈는 그동안 축적한 중개 데이터를 바탕으로 고객이 어떤 인테리어를 좋아하는지 잘 안다. 예를 들어 여성은 방이 작아도 수납 공간이 넉넉하고 안전한 대로변에 위치하는 신축 원룸을 찾는다. 반면 남성은 건물의 노후화 정도는 많이 신경 쓰지 않지만 가능하면 넓은 원룸을 원한다. 스테이즈의 연평균 중개 계약 수는 약 3,000건이며, 이를 통해 얻은 고객 데이터베이스는 약 4만 건, 매물 데이터베이스는 약 5만 호실에 이른다. 이러한 데이터와 플랫폼을 통해 세입자가 원하는 지역과 가격대, 방 타입, 내부 인테리어 등에 대한 수요를 예측하고 고객들을 만족시켰다.

스테이즈가 가장 공을 들이는 부분은 언어다. 유학생 고객의 80%

가 중국인이기 때문에 고객의 편의성을 높이기 위해 중국인 직원 20여 명이 근무를 하기도 했다. 부동산 계약서 역시 영어나 중국어 번역본을 제공하면서 상세하게 설명하기 때문에 고객들이 안심하고 계약할 수 있다. 스테이즈는 고객들이 계약하고 입주한 이후에도 사후 관리를 잘하기 위해 별도로 CS 센터를 운영한다. 외국인 고객의 경우 주거 공간에 문제가 발생하면 직접 집주인과 소통하기가 어려우므로 스테이즈가 중간에서 커뮤니케이션 서비스를 제공하는 것이다. 한국 문화에 익숙하지 않은 유학생 고객들을 위해 직접 제작한 한국 주거 문화 매뉴얼이 담긴 책자를 제공하는데 여기에는 보일러 사용법, 종량제 쓰레기봉투 사용법, 분리 수거법, 애완견 관련 규칙 등이 영어와 중국어로 자세하게 설명돼 있다. 기존의 부동산에서는 계약이 되고 나면 신경 쓰지 않는 경우가 많은데 스테이즈는 사후 관리까지 세심하게 신경 쓰다 보니 입주민과 집주인들의 만족도가 높다.

다양한 취향, 생활 방식, 주거 문제를 해결할 옵션 하우스

스테이즈는 고객의 취향을 만족시킬 수 있는 다양한 형태의 맞춤형 코리빙하우스 1호점을 신촌에 오픈했고 지속적으로 확장할 예정이다. 첫 번째로 성별에 맞춰 내부 옵션을 다양화했다. 여성 고객들을 위해 수납 공간이 많고 화이트나 파스텔 등 고급스러운 색감의 가구를 배치한 옵션과 남성 고객들을 위해 가구를 최소한으로 배치하여 공간 활용도를 높인 옵션이다. 성별이나 개인의 취향에 따라 선택할 수 있는 타입의 방을 2가지에서 3가지 정도로 준비하여 1인 가구의 선택 폭을 넓힐 계획이다.

두 번째로는 최근 애완동물을 키우는 1인 가구가 증가함에 따라 펫 프렌들리 코리빙하우스를 공급할 계획이다. 우리나라 집주인들은 아직까지 애완동물을 키우는 세입자를 받지 않으려는 성향이 강하다. 애완동물을 키우면 벽지나 바닥재가 손상되고 냄새가 밴다고 생각하기 때문이다. 집주인뿐만 아니라 동물을 키우지 않는 세입자들 또한 소음이나 냄새 등의 문제로 동물을 키우는 세입자를 꺼려해 같은 건물에 함께 살 경우 여러 이슈가 발생하기도 한다. 스테이즈는 이런 문제를 해결하기 위해 애완동물을 키우기에 특화된 주거 시설을 만들고 있다. 건물 1층에 애완동물과 함께 걸을 수 있는 산책로를 만들고, 주택 바닥은 일반 장판 대신 우레탄을 써서 동물 발톱으로 인한 스크래치를 방지하며, 벽은 잘 찢어지는 벽지 대신 타일이나 페인트로 마감하는 등 세심하게 준비했다.

스테이즈는 국내 1인 가구, 특히 청년 세대들의 주거 빈곤 문제를 해결하는 데 앞장서고 있다. 주거 빈곤이란 최저 주거 기준에 미달하는 지하, 옥탑방, 고시원 등 주택 이외의 기타 거처에 거주하는 것을 말하는데 통계청에 따르면 서울에 홀로 사는 청년 10명 중 4명이 주거 빈곤이라고 한다. 스테이즈가 합리적인 가격에 양질의 주거 공간을 제공하는 코리빙하우스를 만들려는 포부도 여기에서 시작됐다. 아파트는 래미안, 자이, 힐스테이트 같은 브랜드가 많지만 1인 가구를 위한 주거 공간은 대표할 만한 브랜드가 아직 없다. 스테이즈는 1인 가구가 주거 공간을 선택할 때 '스테이즈'라는 브랜드만으로도 믿고 선택할 수 있는 공유 주택 브랜드를 만들려고 한다. 장기적인 목표는 MZ 세대의 라이프 스타일과 취향을 분석해 개성 있는 콘텐츠가 가득한 코리빙하우스를 만들어 더 나은 삶의 질을 제공하는 것이다. 스테이즈가 지속적으로 성장하여 이 시대의 대한민국 청년들이 주거 빈곤 문제에서 조금이라도 벗어나게 되길 바라 본다.

오늘의집
플랫폼 비즈니스의 성공 요건을 모두 갖춘 회사

코로나19로 인해 위기를 겪은 기업이 많지만 반면에 위기를 기회로 삼아 엄청나게 성장한 회사들도 있다. 전염 위험으로 마트에 가지 못해 쿠팡 같은 온라인 커머스가 폭발적으로 성장했고, 식당에 가지 못하니 배달 시장 또한 엄청난 성장세를 보였다. 이 밖에도 다양한 언택트 관련 기업들이 큰 성장을 하고 있는데 그중 가장 도드라진 분야가 있다면 바로 인테리어 시장일 것이다. 통계청이 발표한 2020년 가구 소매 판매액 현황을 보면 국내의 가구 판매액은 2019년 대비 23.8%가 증가한 10조 1,865억 원으로, 집계를 시작한 이래 최고 규모의 매출이다. 그중 온라인 쇼핑몰의 가구 거래액은 4조 9,880억 원으로 2019년 3조 4,756억 원에 대비해서 43.5%나 늘어났다. 많은 사람이 코로나19로 인해 재택근무를 하고 외출을 자제하며 집에 머무르는 시간이 많아지면서 예전보다 더욱 집을 꾸미는 데 관심을 갖고 지갑을 연 것이다. 집에서 일하기 위한 홈 오피스, 집에서 운동한다는 뜻의 홈트(홈 트레이닝), 집에서 요리한다는 뜻의 홈 쿡, 집에서 영화나 오락을 즐긴다는 뜻의 홈 엔터테인먼트 등이 대세가 됐고 집에서 모든 것을 해결한다는 의미의 '올인홈'이라는 신조어도 생겨났다.

인테리어 업계에서 가장 핫한 선두 주자를 꼽으라면 바로 오늘의 집을 운영하는 버킷플레이스일 것이다. 버킷플레이스는 죽기 전에 꼭 이뤄야 할 일의 목록을 뜻하는 '버킷 리스트'와 장소를 뜻하는 '플레이스'를 합친 말로 꼭 한번 살아 보고 싶은 공간을 뜻한다. 버킷플레이스의 오늘의집은 집안 인테리어 정보를 한 번에 모아서 보여 주고 고객이 마음에 드는 인테리어 사진 속 제품을 클릭하여 바로 구매할 수 있도록 한 플랫폼이다. 고객이 인테리어 공사를 원할 경우에는 검증된 인테리어 전문가를 연결해 주는 원스톱 인테리어 플랫폼 서비스도 제공한다. 현재 인테리어 콘텐츠는 약 900만 건에 달하며 주 고객인 20, 30대 사용자에게는 물론 40대 이상 사용자도 30%에 달할 정도로 널리 사랑받고 있다.

버킷플레이스의 대표 이승재는 오늘의집을 창업하기 전에 대학 친구들과 태양열 전지로 쓰레기통을 만드는 회사인 '이큐스랩'이라는 스타트업을 운영했다. 그때 한정된 비용으로 사무실 인테리어를 하면서 초보자들이 셀프 인테리어를 할 때 많은 고충이 있다는 것을 발견했고, 그 생각이 두 번째 창업으로 이어져 2014년 오늘의집을 론칭했다. 오늘의집은 2021년 말 기준 누적 2,000만 다운로드를 기록했다. 2020년 초만 해도 거래액이 300억 원 수준이었으나 2021년에는 월 거래액이 1,500억 원에 누적 거래액이 2조 원을 돌파했다. 2022년 5월에는 2조 원의 수준의 기업 가치로 2,300억 원의 투자를 유치했다. 누적 투자 금액은 3,230억 원이다.

콘텐츠, 커뮤니티, 커머스 서비스를 한데 갖추다

오늘의집 서비스의 가장 큰 축은 콘텐츠와 커뮤니티, 그리고 커머스다. 인스타그램같이 자신이 꾸민 인테리어 사진을 찍어 올리는 UGC(User-Generated Contents, 사용자 제작 콘텐츠) 서비스이면서 사용자들끼리 인테리어 정보를 공유하고 왁자지껄 떠들 수 있는 커뮤니티 서비스이기도 하다. 이른바 '랜선 집들이' 개념이다. 또한 사용자들이 올린 사진에서 본 다양한 인테리어 제품들을 바로 클릭하여 구매할 수 있는 커머스의 기능도 제공한다.

플랫폼 비즈니스가 성공하기 위해서는 3C, 즉 콘텐츠(Contents), 커뮤니티(Community), 커머스(Commerce)가 필요하다. 이 중 1가지라도 확실하게 있으면 입지를 다질 수 있고 2가지가 있다면 어느 정도 성장할 수 있으며 3가지를 모두 갖고 있다면 네이버나 카카오 또는 무신사처럼 대형 플랫폼 회사가 될 수 있다. 오늘의집은 콘텐츠로 시작해 사용자가 많이 모이기 시작하자 커뮤니티 기능을 확장했고 커머스를 성공적으로 연계하며 수익 모델을 구축했다. 이런 의미에서 오늘의집은 향후 성장 가능성이 무궁무진하다.

오늘의집은 2019년부터 인테리어를 하고자 하는 사용자들과 인테리어 시공 업체를 매칭해 주는 플랫폼 기능도 갖췄다. 사용자들은 오늘의집 인테리어 시공 서비스를 통해 검증된 인테리어 전문가를 온라인에서 쉽고 빠르게 검색하고 만날 수 있다. 소비자가 발품을 팔지 않아도 인테리어 예상 견적부터 전문가 상담, 실측 및 시공까지 원스톱으로 진행할 수 있다.

인테리어를 하고 싶은데 어디서부터 무엇을 어떻게 해야 할지 모르는 사용자들에게는 인테리어 전문가들의 포트폴리오를 제공하여 원하는 스타일을 쉽게 찾을 수 있도록 하고 있다. 인테리어 시장은 매우 낙후되어 정보의 비대칭성이 존재하며 업체마다 시공 능력과 품질이 크게 차이가 난다. 가격 또한 천차만별이고 기존에 계약한 대로 되지 않거나 하자를 보수해야 할 일이 발생한 경우 고객들은 혼란스럽고 곤란한 상황에 빠지게 된다. 오늘의집은 이런 페인 포인트를 없애기 위해 고객들의 리뷰를 중심으로 시공 능력이 뛰어나고 가격이 저렴한 업체들을 매칭해 주먼서 인기를 끌었다. 그 결과 2021년 말 기준으로 약 1,500만 건의 시공 사례와 월 거래액 200억 원을 돌파할 만큼 폭발적으로 성장하고 있다.

라이프 트렌드의 선두에 서기 위한 시장 공략

오늘의집은 이커머스 시장에서는 후발 주자임에 틀림없으나 기존의 대형 이커머스 플랫폼들을 위협하는 존재가 되고 있다. 이미 쿠팡이나 11번가, 네이버 스마트스토어 등 기라성 같은 이커머스 플랫폼들이 자리 잡고 있고, 가구 시장에서는 한샘, 리바트, 이케아 같은 공룡 기업들이 포진하고 있지만 오늘의집은 전략적으로 한샘, 이케아뿐만 아니라 다양한 공급 업체와의 협업을 통해 양질의 제품을 다수 확보했다. 게다가 제품들을 인터넷 최저가보다 저렴한 가격에 판매하며 무료 배송을 하는 등 가격 경쟁력까지 갖췄다. 오늘의집 랜선 집들이에서 마음에 드는 제품을 발견해도 가격이 비싸면 다른 이커머스 업체로 이탈하게 되는데 오늘의집은 고객의 이탈을 줄이고자 양질의 다양한 제품, 가격 경쟁력, 물류 시스템을 확보했다.

오늘의집은 장기적으로 인테리어를 넘어 넘버원 라이프스타일 테크 컴퍼니를 지향한다. 지속적인 기술 혁신을 통해 집을 꾸미고 가꾸는 데 필요한 모든 상품과 서비스를 가장 편하게 탐색하고 구매할 수 있는 라이프스타일 분야의 슈퍼 앱으로 발전시키겠다는 계획이다. 이를 위해 배송 경쟁력을 키우려는 목적으로 2021년 6월에는 '오늘의집 배송' 서비스를 도입하여 고객이 원하는 날짜에 물품을 배송과 설치를 해 주고, 자체 물류 시스템도 구축하고 있다. 날로 증가하는 인테리어 시공에 대한 고객 수요를 잡기 위해 오늘의집 자체 시공 서비스도 준비하고 있는데 큰 규모의 인테리어뿐만 아니라 도배나 장판, 사소한 보수까지 인테리어와 관계된 모든 것을 서비스하는 플랫폼으로 나아가기 위해서다. 다만 오늘의집에 입점하여 거래하고 있는 기존 인테리어 업체들의 반발이 발생할 수 있는데 오늘의집이 어떻게 상생 전략을 구사할지 기대가 된다.

오늘은집은 해외 시장 진출도 차근차근 준비하고 있다. 2021년 11월에 싱가포르 온라인 가구 플랫폼 힙밴을 인수하여 아시아 홈 퍼니싱 시장 공략에 나섰다. 힙밴은 오프라인 중심의 싱가포르 가구 시장에서 고품질의 가구를 합리적인 가격에 온라인으로 판매하며 싱가포르 가구 업계를 디스럽션했다는 평가를 받고 있다. 오늘의집은 힙밴 인수를 시작으로 글로벌 라이프스타일 시장에서 새로운 혁신을 계속 만들어 나갈 계획이다. 미국과 일본에도 법인을 설립하여 해외 진출에 박차를 가하고 있는데 국내외 고객들이 인테리어라는 공통의 관심사를 기반으로 콘텐츠를 서로 공유하고 소통하게 함으로써 페이스북이나 인스타그램처럼 글로벌 플랫폼 서비스로 거듭나겠다는 전략으로 해석된다.

오늘은집은 투자 유치로 시장 지배력을 늘려 가는 한편 2024년에 증시 상장을 목표로 하고 있다. 투자 업계에서도 지금 같은 성장세가 지속된다면 상장 시점에는 기업 가치가 2조 원 이상이 될 것으로 예상한다. 오늘의집은 기존 사업 모델인 인테리어 콘텐츠와 커머스 외에도 시공, 설치 및 수리 서비스를 시장에 안착시켰으며 2022년 1월에는 이사 서비스를 추가로 도입하는 등 주거 영역 전반으로 서비스를 확장하고 있다. 위드 코로나를 넘어 포스트 코로나 시대에도 오늘의집이 성장세를 유지하면서 궁극적으로는 라이프 스타일 분야의 선두 주자가 될 것으로 기대된다.

4장

어떻게 배울 것인가?
[에듀테크 스타트업]

에듀테크란 교육(Education)과 기술(Technology)이 조합된 용어로, 빅 데이터·인공 지능 등 정보 통신 기술을 활용한 차세대 교육 방식을 의미한다. 에듀테크는 교육 산업에 존재하는 다양한 문제를 해결할 효과적인 대안으로 떠오르고 있다. 예를 들어 팬데믹으로 인해 학생들이 학교에 가지 못하게 되자 비대면 수업 관련 기술이 활성화되면서 많은 부분이 해소됐고 교사 수나 인프라 등의 부족으로 교육을 받기 어려웠던 학생들까지 무료로 교육을 받을 수 있어 교육의 불평등 문제를 해결하고 있다.

삼정KPMG의 보고서 〈2025 교육산업의 미래〉를 보면 에듀테크의 미래 트렌드를 실감화, 연결화, 지능화, 융합화로 분석했으며 교육의 모든 것은 학생을 중심으로 보다 지능적으로 연결되고 서로 융합하며 발전해 나갈 것으로 예측했다. 각종 교육용 도구가 영상, 3D 프린팅, 4D 가상 현실 등의 새로운 기술과 결합하여 텍스트와 이미지 중심이었던 교육이 좀 더 실감 나는 체험형 교육으로 나아갈 것이다. 또한 인공 지능을 활용해 개인의 학습 능력이나 교육 수준에 따라 최적화된 교육을 설계하여 그동안 근대적인 집단 중심의 획일화된 교육에서 일대일 맞춤형 교육 서비스를 제공하는 방향으로 발전할 것이다. 글로벌 에듀테크 시장은 폭발적으로 성장할 것으로 예상된다. 미국 데이터 연구 기업 홀론아이큐에 따르면 글로벌 에듀테크 시장은 2018년 1,530억 달러 규모에서 2025년 약 3,420억 달러로 성장할 것으로 전망했다.

윌라
읽기보다 듣기가 쉬운 사람들을 위한 오디오북 서비스

대중교통을 이용해서 출퇴근을 하면 많은 사람이 귀에 이어폰을 낀 모습을 쉽게 볼 수 있다. 대부분이 음악을 듣거나 영상을 시청하는데 최근 몇 년 사이 오디오 콘텐츠라는 새로운 트렌드가 나타났다. 인터넷과 스마트폰이 발달하면서 영상 콘텐츠가 주류가 됐지만 오디오 콘텐츠를 소비하는 젊은 세대의 수요가 커지고 있다. 라디오처럼 편하게 틀어 놓고 이동을 하거나 다른 일을 하는 것이다. 점점 더 많은 사람이 팟캐스트나 네이버의 오디오클립, KBS Kong 같은 잘 알려진 오디오 콘텐츠뿐만 아니라 책을 읽어 주는 오디오북, 특히 성우가 책을 읽어 주는 서비스에 관심을 갖고 있다.

전 세계적으로도 넷플릭스 같은 OTT 서비스에 이어 책을 읽어 주는 오디오북 서비스가 각광받기 시작했다. 2019년 11월에는 전 세계 25개국에 진출하여 오디오북계의 넷플릭스라고 불리는 글로벌 기업 '스토리텔'이 한국에서 서비스를 시작하면서 많은 주목을 받기도 했다. 현재 글로벌 오디오북 시장은 약 4조 원대에 달한다. 한국 시장은 아직 300억 원대이지만 지속적으로 성장할 것으로 예상된다.

고객을 더 오랫동안 머물게 하는 법

월라는 사용자들이 음악을 듣는 것처럼 언제 어디에서나 편하게 독서를 즐길 수 있는 오디오북을 제공하는 서비스다. 넷플릭스에서 영화를 구독하듯이 책을 구독하는 개념의 월정액 구독형 스트리밍 방식인데, '책을 읽어 준다'는 오프라인상의 개념을 온라인으로 승화한 서비스라고 볼 수 있다. 월라는 국내 단행본 도서의 완독형 오리지널 오디오북 콘텐츠를 가장 많이 보유했으며, 사용자가 문학, 인문, 경제 경영 등 다양한 분야의 도서를 전문 낭독자의 목소리로 들을 수 있어 큰 인기를 끌고 있다.

오디오북은 장기 침체기에 빠졌던 출판업계에 새로운 대안으로 떠오르고 있다. 코로나 19의 영향으로 사람들이 집에 있는 시간이 늘어나면서 오디오북에 대한 수요도 함께 증가했다. 현재 전 세계적으로 불고 있는 오디오 콘텐츠 열풍에 애플, 아마존, 스포티파이 등 글로벌 기업들이 막강한 자본력을 앞세워 양질의 오디오 콘텐츠를 확보하고 있고 국내 역시 대형 음원사들이 오디오 콘텐츠 시장에 진출하면서 경쟁이 치열해지고 있다. 카카오엔터테인먼트의 멜론은 자체 오디오 콘텐츠인 멜론스테이션을 운영하고 네이버는 오디오 클립과 나우를 출시했으며 SKT 드림어스컴퍼니의 음악 플랫폼 플로도 윌라와 협업하며 오디오 시장에 진출했다. KT의 그룹사 지니뮤직은 464억 원을 투자해 전자책 그룹 밀리의 서재의 지분 38.6%를 인수했다. 지니뮤직이 밀리의 서재를 인수한 배경에는 단순히 오디오 시장에 진출하는 것이 아니라 오디오북을 기반으로 오디오 드라마, 오디오 영상 콘텐츠 시장에 진출하겠다는 전략이 있다고 본다.

윌라는 《미움받을 용기》, 《명견만리》 시리즈 등의 베스트셀러를 내놓으며 중견 출판 기업으로 입지를 굳힌 ㈜인플루엔셜에서 만든 서비스다. 윌라의 대표 문태진은 특이하게도 출판사 경험이 전무한 HSBC은행의 마케팅 상무 출신으로, 그동안 국내 콘텐츠 업계에서 꾸준히 새로운 도전을 해 왔다. 국내 출판계에서 최초로 프로젝트 지분 투자 방식으로 책을 출판했고 2008년부터 국내 최초로 강연 비즈니스를 시작했다. 2013년에 처음으로 출판 사업에 진출했으며 2018년에 지식 콘텐츠 플랫폼 윌라를 론칭했다.

오디오북은 종이책보다 영상과 소리로 정보와 지식을 습득하는 것을 선호하고 멀티태스킹*과 스마트 디바이스에 익숙한 MZ 세대에 적합한 독서 방식이라는 평가를 받는다. (*원래는 하나의 컴퓨터가 동시에 여러 개의 작업을 수행하는 것을 의미하는데, 이와 같은 맥락으로 한 사람이 동시에 여러 작업을 진행하는 것을 말한다. 예를 들어 식사를 하면서 TV를 본다거나 이메일을 확인하는 등의 상황이다.)
우리는 흔히 책을 읽고 싶지만 시간이 없어서 못 읽는다는 핑계를 많이 댄다. 윌라는 모바일을 이용하여 출퇴근 시간이나 운동할 때 또는 자기 전에 틀어 놓기만 하면 귀로 편하게 독서를 할 수 있기 때문에 MZ 세대뿐만 아니라 평소 책을 잘 읽지 않는 사람들까지 독서를 쉽게 할 수 있도록 도와주면서 인기를 끌고 있다. 시간과 공간의 제약을 비교적 덜 받고 다양한 상황에서 쉽고 편하게 이용할 수 있다는 편의성이 가장 큰 장점이다.

윌라는 방대한 양의 오디오 콘텐츠를 보유하고 제작하는 역량을 갖춰 서비스 론칭 4년 만에 누적 이용자 170만 명, 앱 다운로드 수 270만 건 이상을 기록했다. 오디오북 콘텐츠는 2만여 개에 달하고 이 가운데 80%가 직접 제작한 오리지널 콘텐츠이다. 현재까지 누적 투자 금액은 460억 원에 달한다.

어떻게 더 많은 사람이 책을 듣게 만들까?

윌라는 지식 콘텐츠에 대한 높은 이해도를 바탕으로 다수의 콘텐츠를 확보해 왔다. 특히 오디오북 완독본은 국내에서 가장 다양한 장르를 가장 많이 보유했다. 또한 윌라 오디오북과 함께 서비스 중인 윌라 클래스는 직무, 인문, 경영, 경제 트렌드 등 다양한 분야의 전문가 강의 콘텐츠를 제공해 자기 계발에 관심이 높은 이용자들로부터 큰 인기를 얻고 있다. 이용 방식 또한 월정액 서비스로 동영상 강좌와 오디오 콘텐츠를 무제한 이용할 수 있다.

월라를 서비스하는 인플루엔셜은 지난 10년간 강연 중개 사업과 출판 사업을 통해 콘텐츠 업계에서 경험과 노하우를 쌓아 왔다. 그렇기 때문에 지속적으로 거래해 왔던 작가들과 재계약을 하면서 빠른 속도로 콘텐츠를 확보하고 기존의 콘텐츠를 재가공할 수 있었다. 다양한 콘텐츠를 통해 고객을 확보하고, 확보한 고객을 통해 네트워크 효과를 일으켜 점점 더 많은 고객을 플랫폼 안에 록인(Lock-in)하는 것이 월라의 전략이다.

콘텐츠 플랫폼은 크게 2가지로 나뉜다. 콘텐츠를 100% 자체 제작하는 서비스 방식과 외부의 콘텐츠 업체로부터 제공받는 플랫폼 방식이다. 월라의 경우에는 전자에 해당하고 경쟁사인 밀리의 서재가 후자에 해당한다. 영화 스트리밍 서비스 넷플릭스처럼 초반에는 외부 콘텐츠로만 서비스를 하다가 추후 차별화된 경쟁력을 키우기 위해 '넷플릭스 오리지널' 같은 자체 콘텐츠를 만드는 경우도 있다. 월라 역시 4년간 쌓은 오디오북 제작과 유통에 대한 노하우를 갖고 2021년 하반기에 '월라 시그니처'를 론칭했다. 월라는 국내에 오디오북이라는 개념이 생소하던 2017년부터 꾸준하게 시장을 공략한 덕에 제작력과 인프라 면에서 압도적인 경쟁력을 확보했다. 오디오북 시장의 선구자이자 개척자로서 수년간 시행착오를 반복한 끝에 얻어 낸 결과다.

월라의 오디오북은 100% 전문 낭독자 또는 성우의 완독본이며 적재적소에 특수 음향 효과를 삽입했다. 오디오북의 전달력과 표현력을 높이기 위해 음성 자동 변환 기술의 기계음이 아니라 전문 낭독자가 녹음하는 방식을 고수하고 있다. 오디오북의 제작 과정은 도서 출판과는 전혀 다른 전문성을 요구한다. 일반 도서를 극본처럼 만들고 성우를 섭외하고 음향 효과를 더하고 편집하는 과정에서 다양한 역량이 요구되는 것이다. 마치 한 편의 영화를 제작하는 것처럼 제작 기간도 오래 걸리고 비용도 만만치 않다. 또한 윌라는 자체적으로 20여 곳의 오디오북 전용 스튜디오 인프라를 확보하고 핵심 인력을 내재화함으로써 윌라만의 효율적인 제작 과정을 완성했다. 이러한 경험과 노하우, 내재화된 역량이 바로 경쟁사들이 할 수 없는 윌라만의 차별화 포인트라고 할 수 있다.

윌라는 오디오 콘텐츠를 제작하면서 성우 때문에 윌라를 구독하는 사용자가 늘어난다는 점을 파악했다. 우리가 일반적으로 책을 고를 때는 저자가 누구인지 내용이 어떤지가 가장 중요한 편인데 오디오북은 저자보다 성우를 더 중요하게 생각하는 것이다. 윌라는 이 점에 착안하여 성우 팬덤을 바탕으로 온오프라인 서점에서 인기를 끄는 다양한 콘텐츠를 오디오북으로 제작하려고 한다. 윌라는 2021년 11월 기준으로 등록된 성우가 600명을 돌파했고 지속적으로 늘려 나갈 계획이며 향후에도 지속적으로 오리지널 콘텐츠를 제작하면서 오디오북 콘텐츠 확장에 주력할 것이다.

그러나 고객들은 성우가 일일이 낭독하는 콘텐츠를 좋아하지만 윌라의 입장에서는 제작 비용이 비싸고 기간이 오래 걸려 수익성이 좋지 않다는 문제가 있다. 윌라는 오디오북에 대한 수요가 높아지면서 기존의 방식으로는 낭독 콘텐츠를 더 이상 원활하게 공급하기 어렵다는 판단하에 인공 지능을 활용한 오디오 콘텐츠를 제작하기 위해 준비하고 있다. 아직은 인공 지능이 읽어 주는 음성 서비스가 어색하고 딱딱하게 들리지만 이는 향후 음성 합성 기술이 고도화되면서 해결될 문제라는 포석이다. 그때까지는 성우가 읽어 주면 좋은 콘텐츠와 인공 지능이 읽어 줘도 어색하지 않은 콘텐츠를 구분하여 제작할 예정이다.

윌라는 궁극적으로 콘텐츠의 선순환 구조를 만들어 오디오북을 다양한 형태로 발전시키는 빅 픽처를 그린다. 책이 텍스트로 시작해서 영화, 드라마, 게임 등 다양한 모습으로 탈바꿈하는 것처럼 오디오북 콘텐츠 또한 확장성이 뛰어나고 시장의 성장 가능성도 매우 높다. 자체 제작한 오디오북을 통해 영화나 드라마를 제작할 수도 있다. 윌라는 질 좋은 콘텐츠를 갖고 국내 오디오북의 대중화를 넘어 원 소스 멀티 유즈* 전략을 통한 디지털 콘텐츠 구독 서비스의 선두 주자로 발돋움하겠다는 계획이다. (*하나의 콘텐츠가 영화, 게임, 음반, 애니메이션, 캐릭터 상품, 장난감, 의류, 팬시, 문구, 출판 등 다양한 장르로 변용되어 부가 가치를 극대화하는 효과를 말한다. 대표적으로 미키마우스, 스타워즈, 해리포터, 뽀로로, 카카오프렌즈 등이 있다.) 오디오 시장이 폭발적으로 성장함에 따라 윌라가 압도적인 오디오북 제작 노하우와 다양한 콘텐츠를 바탕으로 국내 콘텐츠 산업에서 선도적인 역할을 해낼 것으로 기대된다.

스푼잉글리쉬
수강생의 경험을 확장한 교육 플랫폼

영어 회화 분야에서 유명한 유튜버가 이런 말을 했다.

"많은 사람이 '영어 공부'라는 표현을 많이 쓰는데 영어 공부라는 말부터가 잘못됐어요."

그는 영어는 원활한 의사소통을 하기 위한 커뮤니케이션 수단이므로 공부를 해서는 안 된다고 강조한다. 공부라는 단어가 붙으니 어감부터가 딱딱하고 책상에 앉아서 문법을 공부하거나 단어부터 외워야 할 것 같다. 사실 우리나라 대부분의 학교, 학원, 인터넷 강의 애플리케이션 등에서 영어는 공부의 대상이고 시험을 보는 형태로 평가된다. 그러다 보니 문법이나 독해는 잘해도 외국인들과 자연스럽게 소통까지 되는 사람은 많지 않다. 초등학교 때부터 시작해서 대학교까지, 직장인이 되어서도 영어를 배우지만 길에서 외국인이 말을 걸면 슬쩍 피하는 것이 우리의 현실이다.

영어에 대한 대중의 생각을 바꾼 비즈니스

여기 기존 영어 교육 방식의 문제점을 해결하고자 창업한 스타트업이 있다. 영어는 공부가 아니라 문화이고 생활 속에서 외국인들과 부대끼며 자연스럽게 체득해야 한다는 철학으로 영어를 전파하고 가르치는 스푼잉글리쉬를 소개한다. 스푼잉글리쉬는 개인의 다양성과 문화에 초점을 맞춰 일대일 영어 수업을 제공하는 교육 회사이자 컨설팅 회사다. 영어가 소통의 수단이라는 본질에 집중하여 기존의 한국식 영어 교육 프로그램이 아니라 문화 중심의 새로운 영어 교육 방법과 프로그램을 제공하고 다양한 온오프라인 커뮤니티도 만들고 있다. 스푼잉글리쉬는 획일화된 교육 방식에 수강생을 끼워 맞추는 것이 아니라 수강생이 원하는 방식대로 커리큘럼, 수업 스타일, 전문 분야, 성격, 관심사까지 딱 맞는 외국인 강사를 매칭해서 학습자를 관리해 주는 것으로 유명하다. '영어는 곧 문화'라는 철학 아래 영어를 통해 다양한 세계의 사람들을 서로 연결한다.

스푼잉글리쉬에서는 사람들이 왜 영어를 배우는지에 대한 본질에 집중하고 다양한 문화의 장을 열어 한국인과 외국인이 자연스럽게 어울릴 수 있다. 결국 영어를 배우는 과정을 즐겁게 만드는 것, 문화와 경험이 확장되는 재미를 전파하는 것이 스푼잉글리쉬가 지향하는 가치다. 스푼잉글리쉬라는 이름에는 마치 엄마가 아이에게 스푼으로 밥을 떠먹여 주듯이 개인에게 맞춤형 영어 교육을 제공하면서 사람 냄새 물씬 나는 커뮤니티를 만들어 가겠다는 철학이 들어 있다. 스푼잉글리쉬의 대표 진은정은 카카오, 현대카드, 컨버스에서 마케팅 업무를 하며 다양한 문화 프로젝트를 수행했는데 이런 경험들이 스푼잉글리쉬를 만드는 데 큰 도움이 됐다고 한다. 2022년 4월 기준으로 스푼잉글리쉬의 보유 강사 수는 200여 명이고 회원 수는 2,000명이 넘으며 그동안 진행한 문화 캠페인은 400여 회가 된다.

어떻게 공유하고 공감하고 교류할 것인가

스푼잉글리쉬는 영어를 중심으로 관심사와 문화를 나누며 성장하고 영감을 교류하는 자발적인 커뮤니티다. 스푼잉글리쉬가 서울 상수동에서 운영하는 복합 문화 공간인 스푼하우스에는 외국인과 한국인 회원들이 자발적으로 모일 수 있다. 이곳에서 문화 예술 콘텐츠를 통해 다양한 외국인을 만나 소통하고 교류하며 영어를 재미있게 배우며 언어는 기술적으로 학습하는 것이 아닌 감성적으로 체득하는 것임을 직접 경험하도록 하고 있다. 다양한 영어 모임을 지속적으로 제안해 해외에 나가지 않아도 외국인들과 오감으로 에너지를 교류하며 영어의 자신감과 재미를 얻을 수 있는 경험을 제공한다.

그래서 단순히 수강생 대 영어 강사가 아닌, 사람 대 사람으로 어울릴 수 있는 문화 커뮤니티를 찾는 외국인들과 영어를 배우는 것뿐만 아니라 외국인 친구를 사귀고 문화적인 소통을 하고 싶은 한국인들이 모여든다. 이곳에서는 영어를 언어로써 직접 활용하는 경험을 제공하기 때문에 수강생들은 외국인 친구들과 어울리다 보면 어느새 자연스럽게 영어로 놀게 된다. 해외여행을 가지 않아도 해외 현지인들을 만나 다양한 관점으로 자연스럽게 소통할 수 있는 기회를 가질 수 있다. 반대로 외국인들은 다양한 배경, 직업, 라이프 스타일을 가진 한국인들과 폭넓게 교류하며 한국 생활이 더욱 즐거워지는 경험을 하게 된다. 그래서 외국인들은 자신에게 중요한 가치와 콘텐츠를 사람들과 나누기 위해 스스로 모임을 만들기도 한다.

스푼잉글리쉬에서는 일대일 개인별 맞춤형 분석 및 컨설팅을 통해 수강생을 정확하게 진단하고 현재 영어 실력에 맞는 최적의 강사를 매칭해 준다. 개인의 영어 수준뿐만 아니라 영어 커뮤니케이션의 장점과 단점, 성격과 시간, 장소, 관심사 등 선호하는 수업 방식을 모두 고려한다. 그리고 다른 학원이나 애플리케이션처럼 수업만 하고 끝나는 것이 아니라 매칭 이후에도 정기적으로 성장 관리를 해 주는 개인별 성장 관리 코칭 시스템을 제공해 수강생은 지속적으로 관리를 받으면서 영어 실력을 향상시킬 수 있어서 만족도가 매우 높다.

스푼잉글리쉬는 수강생들이 영어를 재미있게 배울 수 있는 다양한 수업 방식을 개발하고 자체 개발한 커리큘럼을 교재로도 출판할 예정이다. 그리고 개개인의 캐릭터와 니즈의 세분화, 취향과 스타일의 확장에 맞춰 새로운 영어 학습 프로그램을 지속적으로 확대하고 있다. 스푼잉글리쉬는 영어 문화 플랫폼으로서의 확장도 준비하고 있다. 온라인 플랫폼뿐만 아니라 오프라인 공간의 확장을 통해 영어 문화의 직접 경험에 대한 가치를 확산해 나가기 위함이다. 또한 한국에 체류하는 외국인들과 함께 다양한 문화를 재미있게 전달하는 콘텐츠를 제작하여 즐겁게 소통할 수 있는 유튜브 채널도 오픈할 계획이며 스푼잉글리쉬만의 독보적인 영어 문화 콘텐츠를 다양한 공간, 브랜드와 제휴하여 많은 사람이 영어 문화를 경험할 수 있는 장을 넓혀 갈 예정이다.

스푼잉글리쉬는 수강생들이 영어에 대한 강박 관념에서 벗어나 영어를 통해 세계 각지의 다양한 문화를 접하면서 외국인들과 소통하는 재미를 경험하게 하는 것이 최종 목표다. 영어 교육 학습법들이 넘쳐나고 수많은 영어 교육 애플리케이션이 나왔음에도 불구하고 영어라는 언어의 벽은 여전히 너무도 높고 두텁다. 스푼잉글리쉬를 통해 많은 사람이 영어를 공부하는 것이 아니라 하나의 문화로 인식하고 자주 접함으로써 영어에 대한 스트레스에서 벗어나길 바란다.

튜터링
학습의 시간, 공간, 비용의 장벽을 낮춘 P2P 플랫폼

기존에 받던 영어 회화 수업 방식을 생각해 보자. 대표적으로는 일대일로 만나서 수업하는 대면 방식과 다수가 모여 함께 수업을 듣는 학원, 그리고 전화 영어가 있을 것이다.

강사와 일대일로 만나는 영어 수업은 효과는 좋을지 몰라도 늘 가격이 부담이었다. 시간당 최소 5만 원에서 많으면 10만 원 내외의 비용이 발생해서 주 1회만 해도 월 수십만 원이 든다. 빠르게 영어 실력을 키우기 위해서는 최소 주 3회는 수업을 받아야 하는데 그럼 일반 직장인이나 대학생에게는 금액이 매우 부담스럽다. 게다가 시간과 공간의 제약도 따른다. 서로 만나기 위해 적지 않은 시간을 이동하기도 하고 타 지역에 있는 강사에게 수업을 받고 싶어도 포기해야만 했다. 서로 시간을 맞추기 위해 매번 연락하는 일 또한 번거로웠다.

영어 회화 학원은 적게는 5명에서 많게는 10여 명이 모여 1명의 강사에게 수업을 듣는 방식이다. 여러 사람이 같이하기 때문에 상대적으로 가격이 저렴하지만 동일한 이유로 수업 시간 동안 몇 마디하기가 힘들고 약속이나 다른 일정이 생기면 참석하기가 어렵다.

전화 영어는 만나서 하는 영어 수업보다는 다소 저렴하면서 시간과 공간의 제약을 덜 받는다는 장점이 있으나 아무래도 얼굴을 마주 보면서 대화하는 것보다는 교육 효과가 떨어질 수 있다.

최고의 강사진과 최적의 가성비로 고객 경험을 최적화하다

이렇듯 각각의 영어 교육 방식마다 장단점이 존재하고 고객의 페인 포인트가 존재하는데 이런 문제를 해결하고자 튜터링이라는 서비스가 출시됐다. 튜터링은 영어 교육을 받으려는 사용자와 영어 교사를 연결해 주는 모바일 서비스이다. 시간과 공간의 제약 없이 실시간으로 해외에 있는 원어민 강사들과 영어 수업을 할 수 있어 많은 사람에게 인기를 끌고 있다. 앞서 소개한 스푼잉글리쉬가 오프라인과 문화를 중시하는 감성 위주의 교육이라면 튜터링은 철저하게 모바일을 통해 효율과 효과, 가성비를 중시하는 교육 시스템이다. 튜터링의 창업자 김미희는 삼성전자에서 미래 전략을 담당하는 사업부에 속해 다양한 서비스를 기획하다가 한국식 영어 교육의 문제점을 해결하기 위해 창업에 도전했다.

튜터링은 기존 영어 교육의 문제점을 파악하여 고객의 페인 포인트를 해결하고자 혁신적인 기술을 도입했다. 사용자 경험을 최우선시하여 접근성*을 강화하고 가격에 대한 부담을 대폭 낮췄다. (*사용자가 어떠한 제품이나 서비스 등에 접근해 편리하게 이용할 수 있는 정도를 뜻한다. 제품이나 서비스의 접근성이 높다는 것은 많은 사람이 그것을 편리하게 이용할 수 있다는 것을 의미한다. 접근성을 높이기 위해 설계 단계에서 사용자의 나이, 지식, 성별, 신체적 특성 등을 고려해야 한다.)

기존의 영어 학습 방법들은 강사를 풀타임으로 고용하거나 학원 공간을 임대하기 위해 고정비가 많이 나가는 등의 이유로 비용이 비쌀 수밖에 없었던 반면 튜터링은 RTX(Real Time Experience) 기술을 도입하여 시간과 공간 제약이 없는 P2P(개인 간 거래) 플랫폼을 만든 것이다. 사용자는 수업을 듣고 싶을 때 언제든지 앱을 실행하여 해외의 현지 강사를 저렴한 비용을 지불하고 만날 수 있다. 튜터링은 2016년 9월에 처음 영어 회화 서비스를 시작했고, 2017년에 중국어 회화 서비스, 2020년에 AI 튜터를 론칭했다. 2019년에는 회원 수가 100만 명, 2020년에는 140만 명을 돌파했다. 이후 온디맨드 매칭 플랫폼 마켓디자이너스와 합병하여 더 큰 도전을 하고 있다.

튜터링은 사용자가 영어 수업을 받기 위해 앱에 접속한 순간부터 30초 안에 본인이 선택한 튜터와 연결되도록 설계했다. 수업을 듣기 위한 경로가 길어지면 그만큼 불편하고 이탈도 많아지기 때문이다. 공부는 하고 싶을 때 바로 할 수 있어야 한다. 그래서 언제 어디에서든 편하게 원어민 강사와 수업을 받을 수 있도록 화상 통화 대신 음성 기반의 서비스를 기획했으며 기존에 날씨, 취미 등을 말하는 무미건조한 대화가 아니라 사용자의 취향과 관심사를 기반으로 영화, 음악, 패션 등 다양한 주제를 반영하여 재미있는 수업이 가능하도록 했다. 효율성, 가격, 편안함, 재미 등 영어 수업을 위한 모든 것을 제공하여 사용자가 포기하지 않고 영어 수업을 지속적으로 들을 수 있도록 최적의 고객 경험을 제공하고 있다.

이렇기에 튜터링은 엄격한 기준으로 튜터를 모집한다. 다른 영어 학원이나 플랫폼의 강사는 별다른 검증을 받지 않고 강의를 하다 보니 다양한 문제점이 발생하여 사회적 이슈가 되기도 하는데 튜터링은 철저한 검증으로 사전에 문제를 차단한다. 튜터가 되기 위해서는 4년제 대학 졸업자 또는 영어 강사 경력이 1년 이상이어야 하고 리딩, 문법, 작문 등의 테스트를 통해 영어 능력을 검증받는다. 그런 다음에 튜터링 직원 및 체험단과 수업을 진행하고 피드백을 받은 후 최종 인터뷰를 통해 선발된다. 얼마나 엄격하게 선발하는지 튜터 경쟁률이 11대1이나 된다고 한다. 이렇게 엄선하여 선발된 튜터 수가 2021년 말 기준으로 1,000여 명이나 된다.

이런 튜터링의 수강 비용은 업계 최저 수준이다. 튜터링에는 수업 타입(10분 수업과 20분 수업)과 튜터 타입(글로벌 튜터와 네이티브 튜터)에 따른 다양한 상품이 있다. 글로벌 튜터는 영어 사용국의 튜터로 초급과 중급 수강생에게 적합하고 네이티브 튜터는 영어를 모국어로 쓰는 원어민 튜터로 중급 이상의 수강생에게 적합하다. 만약 글로벌 튜터에게 주 2회 10분 수업을 듣는다면 월 3만 5,000원 수준으로 가성비가 매우 좋다는 평가를 받는다.

교육의 평등화를 위한 학습 콘텐츠의 세계화

튜터링은 인공 지능을 활용한 영어 교육 튜터링 알파와 초등학생들을 전문적으로 가르치는 튜터링 초등 영어까지 론칭했다. 튜터링 초등은 영어로 시작했지만 다양한 콘텐츠 제휴를 추진하여 전 과목으로 확장하려고 한다. 초등학생 과외의 온라인 버전이라고 보면 된다. 중국어에 대한 수요가 증가하면서 튜터링 중국어 서비스도 론칭했는데 현재 28개의 코스가 서비스되고 있다.

코로나19로 비대면 교육에 대한 니즈가 많아지면서 기업의 제휴 요청도 많아졌다. 튜터링은 B2B 서비스는 기존의 B2C와 동일한 방식으로 제공해서는 안 되기 때문에 고객사별 맞춤형 교육을 위한 콘텐츠와 사용 현황 리포트 등을 별도로 개발하여 제공하고 있다. 또한 우수한 콘텐츠를 확보하기 위해 외부 콘텐츠 회사들과의 제휴도 늘려 나갈 예정이다.

튜터링은 대만, 홍콩, 일본 등으로 해외 진출을 준비하고 있다. 현재 대만과 홍콩에 진출해 로컬 마케팅을 진행하고 있고, 일본 등 아시아 전역으로 확장하려고 준비 중이다. 코로나19 확산 이후 중국에서 위챗 클래스에 가입해 수업을 듣는 학생이 1억 명이 넘었다. 전 세계에서 학교 수업이 단절된 인구만 12억 명이라는 것을 고려했을 때 튜터링의 해외 진출은 당연한 것인지도 모른다.

튜터링의 미션은 경제력이 교육을 지배하지 않는 세상을 만드는 것이다. 교육이야말로 세상을 바꾸는 가장 강력한 무기라는 생각이며 사교육의 문제를 혁신적인 기술로 해결하고자 한다. 이제는 개천에서 용 나기가 힘들어졌다는 말이 있다. 심지어 명문대에 가기 위해서는 엄마의 정보력, 할아버지의 재력, 아빠의 무관심이 필요하다는 웃픈 말까지 있다. 교육이 특정 계층에 집중되지 않고 전 국민, 더 나아가서는 전 세계의 모든 사람이 저렴한 비용으로 원하는 교육을 받을 수 있는 공정하고 멋진 세상을 만들기 위해 오늘도 불철주야 노력하는 튜터링 임직원들에게 박수를 보낸다.

5장

어떻게 살 것인가?
[트래블테크 & O2O 스타트업]

코로나19의 직격탄을 가장 심하게 맞은 업계가 있다면 바로 여행 산업일 것이다. 수많은 여행 관련 기업이 줄도산을 했다. 통계에 의하면 최근 2년간 사라진 여행사는 1,000여 곳이고 27만여 명의 여행업 관련 종사자들이 고통을 겪어야 했다. 하지만 위기 속에 기회가 있다고 했던가. 이런 위기를 겪으면서 여행사를 포함한 많은 여행 관련 기업이 IT 기술을 도입하여 디지털 트랜스포메이션을 했고 새로운 여행 플랫폼 회사들이 등장하면서 트래블테크가 주목을 받고 있다.

트래블테크는 여행(Travel)과 기술(Technology)을 결합한 용어로 기존의 OTA(Online Travel Agency)보다 진일보된 개념이며 디지털 기술을 활용한 여행 서비스를 말한다. 전 세계적으로 개별 관광, 개인 맞춤형 관광, 자유 여행이 트렌드가 되고 특히 IT 디바이스와 디지털 환경에 익숙한 MZ 세대가 여행의 주요 고객이 되면서 경험을 중시하는 여행 방식이 인기를 끌고 있는데 그 선두에 트래블테크 기업들이 있다. 트래블테크 기업들은 위드 코로나 시대에 폭발적으로 늘어날 여행 수요를 잡고 선두 자리를 차지하기 위해 치열한 경쟁을 벌이고 있다. 다양한 첨단 기술을 기반으로 숙박과 레저는 물론이고 교통편, 식음료, 언어 등 여행 관련 토탈 서비스를 제공하는 플랫폼으로 서비스를 확장하고 있다. 미국의 여행 전문 컨설팅사인 리브 파인은 위드 코로나 시대에는 개인의 성향에 따른 맞춤형 관광에 대한 수요가 폭발적으로 증가할 것으로 예상했으며 이러한 수요에 부응하기 위해 가상 현실, 인공 지능, 빅 데이터, IoT, 로봇 자동화 같은 기술들이 그동안 상대적으로 낙후됐던 관광업에 적극 도입될 것이라고 분석했다.

마이리얼트립
팬데믹 불황에 투자받은 유일한 여행 플랫폼

2020년 7월 코로나19가 한참 심각한 시기에 놀라운 기사가 하나 올라왔다. 여행 플랫폼을 운영하는 스타트업 마이리얼트립이 한국, 미국, 싱가포르, 프랑스 등의 국내외 투자자들로부터 432억 원의 투자를 받았다는 것이다. 코로나19 때문에 기존의 중소형 여행사 대부분이 줄폐업을 했고 하나투어나 모두투어 같은 대형 오프라인 여행사들조차도 잠정 휴업 상태인 것을 감안하면 정말 놀라운 일이었다. 마이리얼트립은 2020년 1월에 사상 최고 거래액인 500억 원을 달성했으나 팬데믹이 본격화되자 같은 해 4월에는 거래액이 99%가 급감해 창업 이래 가장 큰 위기에 봉착했다. 다행히 알토스벤처스와 스마일게이트인베스트먼트 등 기존 투자사들과 액시엄캐피탈, 테크톤벤처스 같은 해외 투자자들로부터 추가 자금을 유치하여 위기를 극복할 수 있었다. 이 투자에는 트레블테크의 선두 주자인 마이리얼트립이 그동안 보여 준 성과와 생존력도 중요한 역할을 했겠지만 포스트 코로나 시대에 기존의 오프라인 여행사 시장이 무너진 상황에서 마이리얼트립이 폭발적인 성장을 하게 될 것이라는 포석이 깔려 있었다. 2021년 초 한국문화관광연구원이 발표한 설문 조사를 보면 코로나19 종식 이후 가장 하고 싶은 여가 활동은 당연하게도 '여행'으로 나타났다. 미디어에도 '보복 소비'라는 용어가 많이 등장했는데 그동안 억제됐던 여행에 대한 소비 심리가 분출될 것이었다. 마이리얼트립은 몸을 낮추고 총알을 장전하면서 바로 이때를 준비한 것이다.

마이리얼트립은 국내의 대표적인 트래블테크 기업이다. 대형 여행사 위주의 천편일률적인 패키지여행에서 자유 여행으로 시장 트렌드가 변화하는 데에서 사업 기회를 포착하여 2012년에 온라인 가이드 투어 중개 서비스를 시작했다. 기존의 패키지여행이 여행사나 지역 대리점 중심의 상품인 반면 마이리얼트립은 비효율적인 유통 과정을 개선하고 여행자 중심으로 상품을 구성했기 때문에 빠르게 고객을 확보하고 성장할 수 있었다. 마이리얼트립은 여행업계에 구조 조정이 한창일 때 역발상으로 개발자를 대규모 채용하고 서비스 고도화에 집중하면서 해외 상품 대신 제주도 같은 국내 상품에 주력했다. 그 덕분에 2021년 12월에는 거래액 300억 원을 기록해 팬데믹 이전 수준으로 회복세를 보이고 있다. 투자 유치를 통해 확보된 자금력으로 위기를 극복했을 뿐만 아니라 적극적인 투자로 사업 영역을 확장하고 있다. 대표적으로 2022년 3월에 키즈 여행 플랫폼 '동키'를 인수했고 공유 숙박·오피스 전문 스타트업 '오피스제주'에 전략적 투자를 진행했다. 고객층을 개인에서 어린이 동반 가족으로 확대하려는 전략이다. 2021년 말 기준으로 누적 여행자 수가 약 800만 명에 이르고 전 세계 80개국 630여 개 도시에서 여행 가이드와 항공권, 숙박, 렌터카, 액티비티 등 3만여 개 상품을 판매하고 있다. 누적 투자 금액은 824억 원 수준이다.

살아남는 자의 2가지 무기, 예측력과 실행력

기존에 해외여행의 방법은 크게 여행사를 통해서 가는 패키지여행과 개인이 알아서 가는 자유 여행이 있었다. 패키지여행은 일반적으로 여행 대리점에서 상품을 구매한다. 여행자는 여행 대리점이나 대형 여행사를 통해 현지에 가서 현지 여행사와 계약된 여행 가이드를 통해 관광 명소, 식당, 면세점, 특산물 판매점 등을 둘러보게 된다. 사전에 여행지에 대해서 별다른 공부를 할 필요 없이 가이드의 손에 이끌려 여기저기 다니면 되므로 편안한 반면에 이렇게 다단계

식으로 밸류 체인이 구성돼 있어 비용이 비싼 편이다. 각 곳의 플레이어들이 추가 수익을 얻기 위해 불필요한 옵션 관광 등을 만들거나 여행자에게 강제로 쇼핑이나 팁을 요구하기 때문이다. 또한 짧은 여행 시간에 최대한 많은 곳을 둘러보기 때문에 수박 겉핥기식으로 포인트에서 사진만 찍고 바로바로 이동해야 하는 아쉬움이 있다. 전반적인 스케줄이나 행선지가 개인의 취향보다는 여행사의 수익에 초점을 맞춘 것이다. 우리는 에펠탑 근처 잔디밭에 누워 음악을 들으며 커피 한 잔 마시는 여유를 꿈꾸지만 패키지여행의 현실은 에펠탑에 올라가기 위해 돈을 내고 하염없이 줄을 서 있어야 하는 것이다.

본인이 다 알아서 하는 자유 여행을 가기 위해서는 여행지의 숙박, 교통, 식당, 문화 등에 대해서 다양하게 공부해야만 한다. 이것 또한 자유 여행의 묘미겠지만 모든 것을 알아서 해야 하기 때문에 시행착오를 많이 겪게 되고 밥 한 끼 해결하기조차 쉽지 않다. 게다가 혼자 또는 소수의 인원이 다니기 때문에 현지에서 예상치 못한 위험에 노출될 수도 있다. 여유 있게 자신의 취향대로 여행을 즐길 수 있다는 장점이 있는 반면 여러 불편함과 번거로움을 감내해야만 한다.

트래블 인사이트의 조사에 따르면 여행자의 개별 자유 여행이 지속적으로 증가하고 있다. 2013년에 자유 여행이 52.4%로 패키지여행(38.4%)을 처음 넘어섰고 2019년에는 패키지여행이 7.3%, 자유 여행이 80%를 차지했다. 2030 세대만 보면 자유 여행이 92.6%까지 올라가고 패키지여행은 거의 제로에 가깝다. 해외여행의 패턴이 패키지여행에서 자유 여행으로 완전히 바뀐 것이다.

마이리얼트립은 이렇게 전 세계적으로 여행 방식이 변화하는 흐름을 읽고 패키지여행과 자유 여행의 문제점을 해결하기 위해 여행자와 현지 여행 가이드를 연결해 주는 플랫폼을 만들었다. 현지의 여행 가이드가 일정을 모두 짜서 플랫폼에 등록하면 여행자가 마음에 드는 투어 일정을 선택하면 된다. 자기만의 스타일로 여행을 하면서 여행지에서 독특한 체험을 하길 원하는 여행자들의 니즈를 충족한 것이다. 패키지여행은 싫고 자유 여행은 불안한 사람들에게 최적의 서비스다. 강제 쇼핑이나 팁 요구, 옵션 관광 등이 없고 개인의 취향에 맞춘 여행 가이드가 안내를 하기 때문에 편안하고 안전하게 여행을 즐길 수 있다.

국내 최초의 온라인 화상 여행까지 갖춘 예비 유니콘

마이리얼트립에 투자했거나 이 회사에 대해 조금이라도 아는 사람들이 하나같이 이야기하는 것이 마이리얼트립의 가장 큰 무기는 빠른 실행력이며 어떠한 상황에서도 살아남을 수 있는 생존력이라는 것이다. 2가지 모두 투자자들이 가장 좋아하는 스타트업의 조건이다. 실제로 코로나19 발생 이후 모든 여행사가 셧다운한 상황에서 마이리얼트립은 국내 시장에 집중하여 항공, 숙박, 투어와 액티비티 상품군을 빠르게 확보했다. 2,000여 개의 다채로운 국내 투어 상품을 판매 중이며 랜선 투어 등의 비대면 여행 상품도 선보였다.

2020년 6월부터 선보인 랜선 투어는 국내 최초로 온라인 화상 연결을 통해 세계 각지의 베테랑 가이드가 직접 고객들에게 실시간으로 직접 여행지를 소개하고 소통하는 콘텐츠로 총 20회 차의 상품 대부분이 매진을 이루며 큰 호응을 얻었다. TV 프로그램 〈톡파원 25시〉나 〈다시 갈 지도〉 등이 마이리얼트립의 랜선 투어를 모티브로 만든 프로그램이다. 이런 노력의 결과로 마이리얼트립은 2021년 6월에 자체 분석한 결과 예약 건수 21만 건, 국내 상품 거래액 200억 원으로 창사 이래 최고치를 기록했다. 코로나19 여파로 주력하던 상품을 해외에서 국내 상품으로 전환한 지 1년여 만의 성과이며 지금도 지속적으로 성장하고 있다.

마이리얼트립은 이미 여행자와 여행 가이드를 연결해 주는 플랫폼을 넘어 여행에 필요한 모든 서비스를 준비하고 있다. 실시간 호텔 예약 서비스 제공부터 다양한 여행 상품을 판매했고 2018년에는 항공권도 판매하여 명실상부하게 종합 여행 서비스를 제공하고 있다. 또한 렌터카에 이어 호텔 예약 서비스까지 여행과 관련한 모든 상품 예약을 자체 기술로 내재화했으며 가이드 투어, 티켓, 액티비티, 에어텔, 렌터카, 한인 민박, 레스토랑 예약 등 약 3만 가지의 여행 관련 상품군을 갖췄다.

앞으로 마이리얼트립은 단순 중개 플랫폼에 머무르지 않고 인공지능, 빅 데이터 등의 기술을 기반으로 숙박, 레저, 교통, 음식, 언어 등 여행에 필요한 모든 정보를 제공할 계획이다. 자유 여행에 대한 고객의 니즈를 충족하기 위해서는 여행자의 취향에 맞는 상품을 찾아 주거나 추천할 수 있어야 한다. 마이리얼트립은 기술의 중요성을 잘 알기 때문에 지속적으로 플랫폼을 고도화하면서 자사의 최대 강점인 현지 파트너 네트워크를 적극 활용해 여행자들에게 필요한 다양한 콘텐츠를 제공할 계획이다.

마이리얼트립은 리오프닝(경제 활동 재개)에 힘입어 외국계 투자 은행 등을 대상으로 1,000억 원 규모의 투자 유치를 추진하고 있다. 기업 가치는 기존 2,000억 원의 3배 이상에 달하는 7,000억 원 이상으로 평가된다. 리오프닝이 되면 여행 수요가 폭발적으로 늘 것이기 때문에 마이리얼트립의 가치가 더욱 높아질 것으로 예상된다. 그럼 또 하나의 유니콘 기업이 탄생하게 될 것이다. 위드 코로나 시대에 사람들이 다시 예전처럼 여행을 다니게 되면서 마이리얼트립이 어떤 행보를 보여 줄지 기대된다.

야놀자
여행의 모든 것을 기술로 담은 글로벌 SaaS 플랫폼

야놀자의 행보가 무섭다. 코로나19로 인해 여행 업계가 직격탄을 맞았지만, 오히려 야놀자는 2021년 10월에는 국내 1세대 이커머스 인터파크의 사업 부문을 인수하면서 국내 여행과 관련한 수요를 모두 빨아들인 것처럼 급성장하고 있다. 야놀자는 여행, 공연, 쇼핑, 도서 등 인터파크 사업 부문의 지분 70%를 2,940억 원에 인수하기로 했다. 인터파크의 매각 방식은 전자 상거래 사업부만 떼내서 파는 사업 부문 매각이다. 국내 비즈니스 중심에서 해외여행에 특화된 인터파크 인수를 통해 위드 코로나 시대에 폭발적으로 성장할 글로벌 여행 수요에 선제 대응하겠다는 것이 야놀자의 전략이다. 또한 숙박 시설 예약 서비스에 머무르지 않고 클라우드 서비스 등 기술 기업으로 거듭나기 위한 투자도 적극 확대하고 있다. 자회사 야놀자클라우드가 추진 중인 클라우드 사업은 현재 전 세계 170여 개국, 60개 이상의 언어로 호텔 솔루션 서비스를 제공한다. 2021년에는 아프리카, 동남아시아, 인도 지역에서 클라우드 솔루션 고객사를 확보해 누적으로 4만 3,000개를 돌파했다. 야놀자클라우드는 2021년부터 인공지능 역량을 강화해 서비스를 고도화했으며 현지에 최적화된 솔루션을 개발 및 도입하고 각 고객사의 요구에 맞는 다양한 패키지를 제공하는 등 디지털 전환 전략을 펼치고 있다.

PMS 분야의 선도가 된 여가 슈퍼 앱

많은 사람이 야놀자를 단순히 모텔 예약 앱 정도로 알고 있지만 실제로 야놀자는 국내외 숙박부터 레저, 교통까지 여가와 관련된 모든 서비스를 제공하는 여가 슈퍼 앱이다. 2007년에 숙박 앱으로 시작하여 예약 서비스를 넘어 MRO* 사업이나 숙박 시설 리모델링, 호텔, 리조트 같은 시설에 IT 솔루션을 납품하는 등 밸류 체인의 모든 것을 확보하며 사세를 확장하고 있다. (*유지(Maintenance), 보수(Repair), 운영(Operation)의 약자로 생산에 직접 필요한 물품은 아니지만 설비나 시설물을 유지 보수하기 위해 필요한 물품을 말한다. 사무용품, 청소용품부터 각종 소모성 자재에 이르기까지 기업 생산과 관런된 모든 자재를 포괄하는 용어다.) 또한 야놀자는 전 세계 1위 클라우드 기반 호스피탈리티 솔루션 기업이기도 하다. 2019년 글로벌 PMS(Property Management System, 객실 예약 관리 시스템)* 분야에서 점유율 1위 기업인 정보 기술 서비스 회사 이지테크노시스를 인수하면서 수익 구조를 다각화했다. (*호텔에서 사용하는 전산 시스템으로 고객의 투숙 관리, 정산 관리, 고객의 정보 관리 등을 하는 시스템이다. 전 세계적으로 260개가 넘는 PMS가 있는데 유명한 PMS로는 한국에서 만든 산하윙스, 전 세계적으로 가장 많이 사용되는 오페라가 있다.) 야놀자는 이러한 사업 다각화를 통해 팬데믹에 여행 관련 업계가 모두 줄도산한 상황에서도 흑자를 냈다.

야놀자는 2021년 7월에 일본 소프트뱅크그룹 회장 손정의가 이끄는 비전펀드에서 기업 가치를 10조 원으로 평가받아 2조 원 규모의 투자금을 유치하면서 세상을 놀라게 했다. 비전펀드의 한국 벤처 투자 규모는 3조 3,400억 원이었던 쿠팡에 이어 두 번째로 많은 액수다. 비전펀드는 야놀자의 지분 25%를 확보해 2대 주주로 올라섰다.

야놀자의 대표 이수진은 과거에 모텔 청소부였던 것으로도 유명하다. 숙박업 종사자 카페를 개설해 운영하다 2005년에 소비자들에게 숙박 정보를 제공하고 업주들에게 운영 노하우를 공유하는 숙박업소 이용 후기 카페를 인수해 자본금 5,000만 원으로 사업을 시작했다. 대표 이수진은 모텔에 대한 음성적이고 부정적인 대중의 인식을 개선하기 위해 많은 노력을 했다. '모텔' 하면 떠오르는 어둡고 비도덕적인 이미지를 바꾸기 위해 숙박 시설을 현대화하고 디자인도

밝게 하는 작업을 했다. 미술관 갤러리를 테마로 한 중소형 숙박 시설 '코텔 야자'를 오픈했으며 불법 촬영으로 인한 피해를 줄이고자 몰카 안심존 같은 인증 제도를 만들기도 했다. 이런 노력으로 야놀자는 숙박에 여행, 레저, 관광 같은 다양한 놀거리를 추가하며 여가 종합 플랫폼으로 성장하고 있다. 2021년 말 기준으로 야놀자는 누적 다운로드 수 4,000만 이상, 누적 가입자 1,500만 명 이상, 브랜드 호텔 수 220여 개를 보유하고 있고 전 세계 100만 개 이상의 숙소와 레저, 교통 서비스 예약이 가능하다.

야놀자는 M&A를 통해 공격적으로 사업을 확장하고 있다. 2016년 호텔나우를 인수해 기존의 모텔 중심의 카테고리를 호텔까지 확장했고 2018년 인수한 레저큐는 야놀자가 숙박업체에서 레저 기업으로 도약하는 발판이 됐다. 같은 해 이뤄진 한국조달물류 인수는 야놀자의 MRO 사업에 전문성을 더한 M&A로 꼽힌다. 2019년에도 기존 사업의 고도화와 사업 영역 확대를 위한 M&A가 이어졌는데 이지테크노시스는 숙박업소 관리의 효율화를 위한 인수 케이스로 꼽힌다. 그리고 우리펜션과 데일리호텔 인수는 야놀자가 몸집을 불리기 위한 M&A였다. 코로나19로 기업의 투자 활동이 멈칫했던 때에도 야놀자는 나우버스킹(매장 대기 서비스)에 투자하고 산하 정보 기술(호텔 솔루션 서비스)을 인수하면서 사업적으로 시너지가 날 만한 업체들을 끊임없이 인수했다. 또한 해외 시장에 진출하면서도 굵직한 M&A 딜을 만들어 냈는데 2018년 이뤄진 동남아 숙박 서비스 젠룸을 인수한 것이 대표적이다. 야놀자는 2019년 싱가포르에 야놀자

싱가포르를 설립하며 해외 진출의 전초 기지를 구축한 바 있다. 야놀자 계열사인 야놀자클라우드는 베트남 1위 여행 기업인 브이엔트래블과 전략적 협약을 체결하기도 했다.

야놀자는 사업 다각화 전략으로 비즈니스 밸류 체인을 완성해 나가고 있다. 야놀자는 2017년부터 PMS 사업에 뛰어들었다. PMS란 숙박 예약을 비롯해 식당 예약과 음식 주문 등 호텔 내에서 필요한 모든 일을 디지털 기술을 이용하여 비대면으로 처리하는 시스템인데 야놀자의 주력인 숙박 플랫폼의 노하우를 살릴 수 있는 사업이기도 했다. 야놀자는 PMS 분야의 선도 기업으로 올라서기 위해 2019년 국내외 주요 PMS 관련 기업들을 인수하면서 기술력을 강화했다. 현재 야놀자는 세계 2위 PMS 업체로 2021년 기준으로 세계 2만 7,000여 개 숙박 시설에 소프트웨어를 공급하고 있다.

AI, IoT, 빅 데이터, 블록체인을 모두 담은 SaaS 플랫폼으로

야놀자는 2021년 6월에 '테크 올인' 비전을 선포하며 단순한 중개 플랫폼에서 벗어나 테크 기업으로 거듭나겠다는 포부를 밝혔다. 테크 올인에는 야놀자가 글로벌 테크 기업으로서 여가 관련 기술력과 노하우를 바탕으로 시장을 이끌겠다는 의지가 담겼다. 이를 위해 기업 문화, 일하는 방식 등을 과감히 바꾸고 글로벌 기준에 부합하는 신규 시스템 도입, 연구 개발, 투자 역량 강화, 글로벌 인재 유치 등을 적극 추진하겠다고 한다. 현재 야놀자의 국내외 임직원 수는 1,600여 명으로 이 가운데 연구 개발 인력 비중이 40% 이상에 달한다. 글로벌 온라인 여행사(OTA) 중 최다 수준인데 중장기적으로 전체 임직원의 70% 이상을 R&D 인재로 채운다는 계획이다. 또한 야놀자는 2017년부터 호텔, 레저 시설, 레스토랑 등 여가 산업에 적용할 수 있는 SaaS* 플랫폼을 개발해 왔으며 액티비티 예약 서비스, 글로벌 호텔 예약 서비스, 교통 서비스, 모바일 교환권 서비스를 추가하면서 서비스 범위를 지속적으로 확장하고 있다. (*Software as a Service, 소비자가 클라우드 서비스 공급자로부터 완전한 소프트웨어 솔루션을 구매하는 형태를 말한다. SaaS를 사용하면 사용자는 인터넷을 통해 클라우드 기반 앱에 연결하여 이를 사용할 수 있다. 대표적으로는 어도비의 포토샵, 마이크로소프트의 오피스365가 있다.)

야놀자는 팬데믹으로 여행 산업이 타격을 입은 상황에서 발 빠르게 디지털로 전환하고 클라우드 솔루션 확장에 집중하며 견고한 매출 성장세와 영업 이익 개선을 만들었다. 2021년 매출액이 3,747억 원으로 전년 동기 대비 30%가량 증가했고 영업 이익은 536억 원으로 전년 동기 대비 400% 증가했으며 당기 순이익은 469억 원으로 흑자 전환했다. 야놀자 매출의 대부분인 예약 수수료와 광고 매출도 지속적으로 성장하고 있다. 야놀자는 견고한 매출 구조를 바탕으로 인공 지능, IoT, 빅 데이터, 블록체인 등의 혁신적인 기술을 통해 클라우드 기반 플랫폼을 강화하고 글로벌 여행, 호스피탈리티 시장에서 입지를 넓혀 가고 있다.

야놀자는 글로벌 여행 플랫폼 전략을 중심으로 클라우드 솔루션 사업의 시장 다각화를 추진할 계획이다. 특히 인공 지능과 빅 데이터 기반 클라우드 사업을 지속적으로 키우고 있다. 2021년 6월에는 글로벌 클라우드 솔루션을 서비스하는 야놀자클라우드를 출범했는데 계열사 이지테크노시스, 젠룸스, 산하 정보 기술, 트러스테이 등으로 구성된다. 야놀자클라우드는 클라우드 기반 호스피탈리티 기술 개발부터 상용화까지 전 과정을 통합 관리해 숙박과 여가를 넘어 주거 영역에 이르기까지 글로벌 디지털 전환을 선도해 나갈 계획이다.

야놀자는 2021년 하반기에 호텔의 모든 운영 시스템을 클라우드 기반으로 연결해 디지털 전환을 완벽히 구현할 수 있는 와이플럭스를 출시했다. 전 세계 3만 8,000개의 숙박 시설을 PMS 파트너로 보유한 글로벌 시장 PMS 1위 업체 오라클과 정면 승부를 하기 위함이다. 야놀자는 비전펀드로부터 받은 투자금을 활용해 인공 지능 기술 기반의 자동화 솔루션, 빅 데이터를 통한 개인화 서비스 등을 고도화함으로써 보다 혁신적인 글로벌 여행 플랫폼을 구축한다는 전략이다. 야놀자가 국내 1위 여행 앱을 넘어 글로벌 트래블테크 기업으로서의 지위를 공고히 하고 연간 3,000조 원 규모의 글로벌 여행 호스피탈리티 시장에서 글로벌 1위 클라우드 솔루션 기업으로 성장해 나가길 기대한다.

청소연구소
가사 노동을 온디맨드 구독 서비스로 바꾸다

청소 관련 앱을 이용하는 사람들이 급격하게 늘어나고 있다. 1인

가구의 증가, 재택근무의 확산 등 사회적 변화와 더불어 자신의 시간을 중요하게 생각하는 MZ 세대가 소비의 중심 세력으로 부각되면서 나타나는 변화라고 생각한다. 청소는 외관 때문이기도 하지만 건강을 위해서도 꼭 해야 하는데 정신없이 바쁜 현대인들에게 퇴근 이후나 주말에 청소를 하는 것은 지치고 비효율적으로 느껴질 수 있다. 이럴 때 모바일로 편하게 예약해서 청소 전문가에게 합리적인 비용을 지불하고 서비스를 받는다면 청소라는 노동에서 벗어나 좀 더 여유로운 삶을 살 수 있을 거라는 생각을 누구나 한 번쯤 했을 것이다.

과거 배달 관련 앱들이 폭발적으로 성장하면서 "한 번도 안 써 본 사람은 없어도 한 번만 써 본 사람은 없다"라는 광고 문구가 인기를 끌었는데 요즘 청소 서비스에 대해서도 이런 말들이 나온다. 그만큼 만족도가 높고 재구매 비율이 많다는 뜻일 것이다. 직원 복지의 일환으로 직원들에게 청소 서비스를 제공하는 기업도 많아지고 있다. 카카오, 토스, 직방, 야놀자 같은 회사도 직원들이 좀 더 업무에 집중할 수 있도록 회사 복지 포인트를 활용하여 청소 서비스를 지원하고 있는데 직원들의 만족도가 매우 높다고 한다. 이런 추세는 앞으로도 지속될 것으로 예상한다.

IT 기술로 표준화한 노동의 질과 만족도

청소연구소(회사명: 생활연구소)는 국내의 대표적인 청소 O2O 서비스로 청소 서비스가 필요한 고객과 청소 매니저를 연결해 주는 중개 플랫폼이다. 집의 면적과 원하는 서비스에 따라 합리적인 가격 체계와 세분화된 서비스를 제공해서 고객은 앱에 접속해 원하는 조건을 선택하여 간편하게 가사 도우미를 부를 수 있다.

청소연구소의 대표 연현주는 카카오에서 홈 서비스를 준비하는 TF(Task Force)를 이끌었는데 회사에서 커머스와 모빌리티, 페이먼트 등에 많은 투자를 하면서 이 프로젝트를 중단하게 되자 그동안 함께 준비했던 팀원들과 창업을 하게 됐다. 자신이 아이 3명을 키우는 워킹맘으로서 이런 서비스가 절실히 필요했고 사회적으로도 꼭 필요한 서비스라는 생각에 포기하지 않았다고 한다.

청소, 빨래, 설거지 등 집안일을 대신해 주는 가사 도우미 시장은 늘 존재했다. 통계청에 따르면 국내 청소 시장의 규모는 2017년 7조 5,000억 원에서 2021년은 10조 원 규모에 이르렀다. 청소 시장이 이렇게 커지면서 기존의 오프라인 청소 서비스를 제공하는 업체들의 문제 또한 커지게 됐다. 청소 서비스의 퀄리티나 가격이 청소 업체, 청소 매니저, 지역, 시간에 따라 제각각이어서 고객의 서비스 만족도가 기대만큼 높지 않다는 것이다. 또한 분실이나 파손 사고 등의 문제가 발생하면서 부정적인 인식이 많았다. 청소연구소는 이러한 청소 서비스들의 문제와 고객의 페인 포인트에서 사업의 기회를 찾았다. 기존의 표준화되지 못하고 불편했던 오프라인 가사 도우미 시장을 기술 기반의 전문적인 홈 클리닝 서비스로 혁신한 것이다. 청소연구소는 특유의 섬세한 서비스 관리 역량, 효율적 운영 구조와 고객과 매니저에 대한 록인 전략으로 매년 200%의 매출 신장을 하며 견고한 성장세를 보이고 있다.

2022년 1월 청소연구소는 창업 5주년을 맞이해 그동안의 성과를 발표했다. 2017년 1월 서비스 개시 이래 총 100만 1,863개 가구가 누적으로 343만 건의 청소 서비스를 이용했고 연간 재이용률은 83%나 된다. 청소 매니저 수는 5만 4,000명이고 전체 고객의 약 70%가 여성이며 정기 구독 고객들은 매월 평균 22.3시간의 청소 서비스를 이용하고 있다. 재미있는 점은 청소 서비스를 이용하는 고객이 대부분 40대에서 50대 워킹맘일 것 같지만 20대에서 30대 고객의 비율이 전체의 53%를 차지한다는 것이다. 매달 정기적으로 이용하는 구독 이용자 수는 전체의 65%이며 비대면 서비스 이용도 80% 이상을 차지한다. 2030 세대 1인 가구와 맞벌이 부부들이 가사 노동의 부담을 줄이기 위해 점점 더 많이 사용하고 있어 앞으로 성장 가능성이 높을 것으로 평가받고 있다. 이러한 성장세에 힘입어 2021년 5월에는 기업 가치 1,000억 원 수준으로 220억 원의 투자 유치를 받았고 누적 투자 유치 금액은 355억 원이다.

청소연구소의 성공은 최적의 매칭에서 비롯됐다고 해도 과언이 아니다. 청소연구소는 고객의 데이터 분석을 통한 최적의 청소 매니저 매칭 알고리즘을 기술적으로 풀어내며 경쟁사와 차별화된 서비스를 제공한다. 청소 매니저의 현재 위치, 일하는 시간대, 선호하는 집 유형을 데이터로 축적하고 인공 지능으로 분석해 가장 적합한 고객을 연결해 준다. 고객 또한 앱을 통해 자신이 기재한 조건과 가장 잘 맞는 청소 매니저를 찾을 수 있다. 앱에서 반려동물이나 영유아 등의 조건을 적용할 수 있는 것은 물론 다양한 요청 사항을 간편하게 신청할 수 있으며 일정 변경이나 취소도 손쉽도록 서비스를 구현했다.

노동자가 만족해야 고객도 만족한다는 철학

청소연구소는 최상의 서비스를 제공하고 고객을 만족시키기 위해 청소 매니저 전원에 대한 면접이나 교육을 외주 용역 업체에 맡기지 않고 전부 직접 진행한다. 플랫폼 기업들은 대부분 비용 절감이나 운영 리소스의 최소화를 위해 플랫폼 노동자에 대한 채용이나 교육, 운영 등을 아웃소싱하는데 청소연구소는 비용 절감보다 고객 만족을 택한 것이다. 모든 매니저가 청소연구소의 기본 업무 교육 과정을 이수하고 신원 확인과 건강 검진까지 받아야 한다. 누가 청소하더라도 비슷한 수준으로 서비스를 제공할 수 있도록 철저하게 교육받는다. 그렇기 때문에 고객들은 청소 매니저마다 일하는 방식이나 퀄리티가 다를까 봐 염려할 필요가 없다. 또한 발생 가능한 도난 사건에 대해서도 철저하게 교육하고 대비하는데 만약 고객이 물건을 분실하면 100% 보상하는 시스템도 구축했다. 분쟁 상황에 대비해 배상 책임 보험에 가입하여 고객과 매니저를 보호하고 있다. 청소 매니저의 평균 나이가 55세 정도인데 최근에는 30대, 40대 젊은 주부나 자영업자가 시간이 날 때마다 일하는 경우도 늘고 있다.

청소연구소는 청소 매니저들이 최적의 환경에서 근무할 수 있도록 노력하고 있다. 청소 매니저를 위한 별도의 앱을 만들어 운영하는

데 이것으로 업무 일정 관리는 물론 노쇼도 사전에 방지할 수 있다. 서비스 품질 관리를 위해 전문적인 매니저 교육을 지원하며 자동 정산 시스템과 정가제를 통해 표준화된 결제 프로세스를 구축했다.

청소 매니저들의 수익 또한 세심하게 신경 쓴다. 집 평형마다 가격을 다르게 측정하여 업무 난도에 따라 더 많은 금액을 받는 구조로 설계했다. 또한 청소 매니저들이 효율적으로 일할 수 있도록 업무 진행 상황에 맞춰 매니저에게 출발 알림, 길 찾기, 업무 시작, 업무 종료 전 점검 리스트 등의 알림을 실시간으로 전달하는 기능도 제공한다. 이 또한 다른 플랫폼 기업들과 차별화된 포인트다. 종종 나오는 뉴스처럼 배달, 택배, 대리운전 같은 플랫폼 노동자들이 열악한 환경에서 일하는 경우가 많다. 하지만 청소연구소는 고객과 청소 매니저 모두를 만족시키는 서비스를 만들어야 함께 성장할 수 있다는 철학으로 청소 매니저들의 근무 환경에도 각별히 신경을 쓴다.

청소연구소는 현재 서울을 비롯해 수도권 주요 지역과 부산광역시에서만 이용 가능한데 전국 주요 도시로 서비스 확장을 준비하고 있다. 또한 회사명인 생활연구소에 걸맞게 앞으로 청소 서비스 외에도 생활 밀착형 서비스로 사업 영역을 확대해 나갈 계획이다. 아이 돌봄 서비스를 출시할 예정이고 장기적으로 반려동물이나 어르신 돌봄 등 집안에서 필요한 다양한 서비스를 선보여 집안일과 관련된 종합 온디맨드 서비스를 제공하는 회사로 발전해 나간다는 비전을 갖고 있다.

커머스 사업도 차근차근 준비하고 있다. 이미 자체 개발한 청소용

세정제를 온라인몰에서 판매하고 있는데 이것은 청소 매니저들에게 제공하고 있는 제품으로 고객들이 좋은 반응을 보이면서 직접 판매하기 시작했고 앞으로 판매 제품군을 확대할 예정이다. 또한 청소연구소는 청소 매니저 수 8만 명, 거래액 1조 원 이상을 달성해 2024년에 IPO를 추진할 계획이다. 생활연구소가 특유의 섬세함과 기술력으로 지속적으로 성장하여 많은 사람이 청소, 육아, 반려동물, 시니어 케어 등 집에서 겪는 어려움을 합리적인 비용과 시스템으로 해결할 수 있게 되길 바란다.

6장

어떻게 일하고 이동할 것인가?
[인공 지능 & 모빌리티 스타트업]

인공 지능은 인간의 학습 능력, 추론 능력, 지각 능력을 인공적으로 구현하려는 컴퓨터 과학의 하나다. 인간의 지능으로 할 수 있는 사고, 학습, 자기 개발 등을 컴퓨터가 할 수 있도록 방법을 연구하는 컴퓨터 공학 및 정보 기술의 한 분야로, 컴퓨터가 인간의 지능적인 행동을 모방할 수 있도록 하는 것을 말한다. 인간을 포함한 동물이 가진 지능, 즉 내추럴 인텔리전스와는 다른 개념이다. 인공 지능은 그 자체로 존재하는 것이 아니라 컴퓨터 과학의 다른 분야와 직간접으로 많은 관련을 맺고 있다. 몇 년 전만 해도 생소했던 인공 지능은 최근 몇 년 사이 ICT를 중심으로 여러 산업 분야에 활발하게 적용되고 있다.

인공 지능은 이미 우리의 일상 생활 깊숙이 자리 잡고 있다. 많은 사람이 그것을 잘 모르거나 망각하고 있을 뿐이다. 다소 과장된 면도 있지만 여러분이 사용하는 스마트폰의 애플리케이션들도 인공 지능 알고리즘을 통해 여러분이 관심을 두는 콘텐츠나 광고 또는 서비스를 매칭해 준다. 인공 지능 스피커가 있는 가정도 많아지고 있다. 심지어 세탁기도 인공 지능 기술을 통해 세탁물의 종류, 부피, 세제의 양 등을 파악하여 알아서 다 해 준다는 식으로 광고를 한다.

사람들이 갖고 있는 인공 지능에 대한 이미지는 대체로 극단적이다. 〈매트릭스〉나 〈터미네이터〉 같은 영화에서 보여 주는 인류의 미래는 인공 지능에 의해 지배되거나 파괴된 디스토피아의 형태가 많고 인류와 인공 지능이 공존하는 달달한 미래에 대한 콘텐츠는 많지 않다. 하지만 일부 사람들은 이런 것들이 모두 기우이며 인공 지능이 인류의 삶을 더욱 풍요롭고 편하게 만들 것이라고 예측한다.

무엇이 사실인지 아직은 알 수 없지만, 인공 지능이 인류를 파멸시킬 기술이라면 현재 수많은 기업이 더 혁신적인 인공 지능을 개발하기 위해 경쟁하고 있는 작금의 상황이 얼마나 난센스가 될까. 인공 지능에 대한 낙관론과 비관론이 공존하는 상황에서 가 보지 않은 미래를 함부로 말할 수는 없지만 인공 지능이 우리의 삶에 엄청난 영향을 끼친다는 것만큼은 모두가 공감할 것이다. 인공 지능 기술이 제공하는 다양한 편의성과 혜택에도 불구하고 인간 자유의 침해, 소수의 기술 독점으로 인한 공정성 문제, 가치 판단과 윤리, 일자리 감소 등 인간의 삶에 미칠 부정적 영향은 좌시할 필요가 있다.

콜라비
실리콘 밸리에서 찾는 원 페이지 협업 툴

디지털 기술이 발달하고 기획, 개발, 디자인 등 다양한 분야의 전문가들이 함께 하나의 결과물을 만들어 내는 협업의 시대가 되면서 기존의 전화, 이메일, 메신저로는 더 이상 효율적인 업무를 하기가 어려워졌다. 카카오톡 같은 메신저는 실시간 알람으로 직원들의 집중 근무를 방해하고 매번 스크롤해서 지난 대화를 찾아야 한다. 이메일은 첨부 문서를 일일이 확인하고 수정하고 다시 보내는 데 많은 번거로움과 비효율이 발생한다. 기업 입장에서는 임직원이 핵심적인 업무 외에 불필요한 일을 하는 데 드는 시간과 리소스가 모두 비용이다. 특히 업무를 위한 의사소통 과정에서 발생하는 비용이 너무 많이 들다 보니 의사소통 비용을 얼마나 줄이느냐에 따라 프로젝트의 성공과 실패가 결정된다는 말까지 나올 정도다. 업무를 위한 커뮤니케이션 창구를 단일화하여 커뮤니케이션 비용을 절약하는 것이 그만큼 중요해진 것이다.

이런 이유로 최근 미국의 실리콘 밸리에서는 원 페이지 협업 툴 시장이 점점 커지고 있다. 그동안 기업 커뮤니케이션 시장에서 절대 강자로 군림하던 슬랙 같은 메신저 형태의 서비스들은 직원들의 집중력을 분산시키고 업무의 효율성을 떨어트린다는 이유로 사용자가 감소했다. 대신 딥 워크*가 가능한 원 페이지 협업 툴로 바꾸는 기업은 많아지고 있다. (*Deep work, 인지 능력을 한계까지 밀어붙이는 완전한 집중의 상태에서 수행하는 직업적 활동이다. 곧 자신이 진정

원하는 중요한 일에 집중할 환경을 만들고 그것에 몰두하는 능력을 말한다. 이와 대척점에 있는 것이 '피상적 작업(shallow work)'이다.)

비효율을 집중력으로, 비용을 수익으로 만드는 워크플로

콜라비는 하나의 웹 페이지 안에서 기업 내에서 이뤄지는 다양한 커뮤니케이션 프로그램을 구현할 수 있는 협업 툴이다. '원 페이지 협업 툴'이라는 개념이 다소 생소할 수 있는데 이메일, 전화, 메신저, 채팅, 오피스 프로그램 등 여러 가지 툴을 사용하면서 번거롭고 비효율적이던 업무 방식을 하나의 페이지 안에서 모두 처리할 수 있도록 한 통합 서비스다. 실제 워크플로*를 그대로 웹 페이지에 녹여 낸 업무 기반의 협업 툴이라고 볼 수 있다. (*Workflow, 작업 절차를 통한 정보 또는 업무의 이동을 의미하며 작업 흐름이라고도 부른다. 워크플로는 대부분 작업 절차의 운영적 측면을 말한다.)

직장인들이 업무하는 모습을 보면 문서 작성, 일정 관리, 업무 요청, 진행 상황 공유 및 성과 보고, 기안 승인 요청 등 할 일이 너무나 많다. 문제는 그때마다 업무를 편하게 하기 위해 도입한 업무 툴이 너무 많아 오히려 더 관리가 어렵고 불편하고 시간이 많이 걸린다는 것이다. 콜라비는 이런 문제를 해결하기 위한 가장 혁신적인 협업 툴이다.

콜라비팀은 2015년에 설립된 회사로 네이버, SKT, 마이크로소프트, PwC 등에서 오랜 경력을 쌓은 전문가들로 구성된 팀이다. 콜라비의 조용상 대표는 개발자로 커리어를 시작하여 SK텔레콤 스마트

월렛을 기획했고 네이버에서 UX 기획을 담당했다. 콜라비는 영국, 프랑스, 핀란드 등의 주요 스타트업 행사에서 우승한 경력이 있는 만큼 국내보다 해외에서 먼저 가능성을 인정받았다. 이미 실리콘 밸리와 유럽에서 검증이 됐으며 업무 효율성을 높일 방법을 모색하거나 프로젝트를 많이 진행하는 기업에게 큰 인기를 끌고 있다. 콜라비는 2021년 말 기준으로 약 4만여 곳의 기업 고객 수를 확보했으며 누적 투자 금액은 약 40억 원에 이른다.

최근 실리콘 밸리에서 화제를 모으는 협업 툴도 대부분 문서 기반이다. 타인에게 정보를 공유할 때 가장 효과적으로 정보를 담아낼 수 있는 수단이 바로 문서이기 때문이다. 콜라비는 하나의 문서 안에서 팀원들과 할 일과 의견, 파일을 주고받으면서 업무 관리가 가능하기 때문에 업무 효율성이 극대화된다. 또한 업무의 진행에 따라 발생하는 히스토리, 결과물, 피드백까지 모든 워크플로를 하나의 문서에서 확인할 수 있다. 팀원들과 함께 할 일을 주고받고 파일을 공유하거나 대화와 피드백을 주고받으며 메신저처럼 쓸 수도 있다. 팀원들과 함께 실시간으로 문서 작성 및 수정이 가능하고, 본문에서 '@' 입력 한 번으로 할 일, 의사 결정, 파일 공유, 특정 동료들을 멘션 할 수 있다. 댓글 스레드에서는 업무의 진행 상황을 순차적으로 보여 줘 새로운 팀원이 합류해도 업무의 흐름을 한 번에 파악할 수 있다.

현재 원 페이지 협업 툴의 대표 주자는 노션, 드롭박스 페이퍼, 큅, 콜라비다. 이들은 모두 하나의 페이지 안에서 다양한 업무를 진행할 수 있도록 지원한다. 이런 글로벌 빅테크 기업에 도전장을 내민 콜라비는 실시간 커뮤니케이션의 단점을 보완하여 차별화 전략을 추구하고 있다. 콜라비는 대화 중 발생한 중요한 아이디어나 일정, 할일, 파일을 클릭 몇 번 만으로 '이슈 페이지'에 기록할 수 있는 문서화 기능이 있다. 메신저 이용 시 발생하는 문제인 대화의 휘발성과 맥락이 흩어지는 한계를 보완한 것이다. 이 기능으로 콜라비는 업무의 시작과 진행, 완성까지 효율적으로 워크플로를 이어 갈 수 있는 유일한 올인원 협업 툴로 평가받는다. 또한 커뮤니케이션 히스토리를 효과적으로 관리할 수 있어 업무로의 몰입을 돕고 생산성을 향상할 수 있다. 콜라비 사용자는 언제든 원하는 시점에 쌓여 있는 업데이트 내용과 업무 히스토리를 한눈에 파악할 수 있다. 알람에 항상 신경 써야 했던 과거의 업무 방식에서 벗어나 본 업무에 집중할 수 있는 딥 워크가 가능해진 셈이다.

정리해 보면 콜라비는 단순한 커뮤니케이션 기능을 넘어서 업무 효율성과 생산성을 극대화하고 업무 시 발생하는 문제를 해결하는 데 초점이 맞춰져 있다. 그래서 변화하는 업무 방식을 위한 가장 현명하고 효율적인 해결책이 될 수 있을 것이다.

새로운 협업 시대에 필요한 일 방식을 제시하다

코로나19의 영향으로 재택근무나 비대면 근무, 유연 근무제를 도입하는 기업들이 늘어났다. 그러다 보니 조직 내 소통의 중요성이 그 어느 때보다 커졌는데 기존의 방식으로 소통하고 협업하는 데 한계를 느낀 많은 기업이 협업 툴의 새로운 대안으로 콜라비를 찾고 있다. 콜라비의 고객사를 보면 CJ, 롯데, 현대, BGF리테일 같은 대기업부터 스타트업들까지 포함돼 있으며 약 10만 개 이상의 기업과 팀이 사용 중이다.

콜라비는 이런 장점을 최대한 활용하여 다른 스타트업들과 달리 국내 시장뿐만 아니라 해외 시장에서도 경쟁력을 확보했다. 미국 시장에 진출하기 위해 미국 법인을 설립했고 일본 시장 진출도 준비하며 해외 시장 진출을 위한 교두보를 만들고 있다. 미국은 협업 툴 시장이 가장 활성화된 나라로 경쟁이 치열한 만큼 시장 규모가 크다. 일본의 경우 슬랙을 한국보다 먼저 도입했을 정도로 기술을 빠르게 받아들여 시장의 매력도가 높다. 최근에는 메신저 다음 단계의 협업 모델을 찾는 니즈가 많아 일본의 총판 업체와 제휴를 맺고 판매할 계획이다.

콜라비의 장기적인 목표는 무형의 업무 과정들을 데이터화한 업무 자동화 시스템, 성과 정량화 시스템 등 새로운 협업 방식을 만들어 협업 데이터 기반 개인 비서로 진화하는 것이다. 콜라비가 제공하는 이슈와 할 일, 의사 결정, 파일, 일정 등에서 생성된 모든 데이터로부터 협업 행동 데이터를 추출하고, 인공 지능 기술을 활용해 비즈니스 인텔리전스, 지식 기반 시스템, HR, 세일즈, 위기 관리 등을 가능하게 할 것이다.

미국뿐만 아니라 국내에서도 딥 워크가 협업의 중요한 트렌드가 되면서 대기업부터 스타트업까지 콜라비를 도입하기 위한 문의가 계속 증가하고 있다. 콜라비는 이런 수요를 매출로 연결하기 위해 본격적인 마케팅 활동으로 사용자 기반을 넓히는 한편 별도의 전담 조직을 세팅하고 영업 역량을 강화하고 있다. 글로벌과 국내 시장을 동시에 공략하고 있는 콜라비가 국내뿐만 아니라 해외 시장에서도 의미 있는 성과를 낼 수 있기를 기대한다.

네이버스
MaaS의 선두 주자, 통합 모빌리티 플랫폼

모빌리티는 이동을 지원하는 모든 서비스를 뜻한다. 자동차, 택시, 버스, 지하철, 철도, 비행기 등 전통적인 대중교통은 물론 공유 전동 킥보드, 카 셰어링(차량 공유), 카 헤일링(탑승자와 운전자를 연결하는 서비스) 등 최근 등장한 새로운 이동 수단을 포함한다. SaaS와 유사한 개념으로 MaaS(Mobility as a Service)라는 개념도 널리 쓰이고 있다.

MaaS는 '서비스로써의 모빌리티'라는 뜻으로 모든 교통수단을 하나의 통합된 서비스로 제공하는 개념을 일컫는 용어다. 이동 수단이 소유에서 공유를 넘어 통합의 단계로 진화하는 것이다. MaaS는 출발지에서 목적지로 가기 위한 최적의 경로와 비용 정보, 음식과 교통비 결제 등 각종 서비스의 최적 솔루션을 연계해 제공하는 복합 이동 시스템이다. 다양한 이동 수단을 상호 연계해 교통난 해소 및 환경과 에너지 문제 해결에 기여한다는 취지로 시작됐다. 서비스 연결과 통합의 정도에 따라 0단계에서 4단계까지 총 5단계로 구분되는데 현재 상용화 단계는 낮은 수준이나 기술이 발전하면서 향후 시장 규모가 빠르게 확대될 전망이다.

• 0단계 통합이 없는 상태

개별 이동 서비스가 연결 없이 별도로 제공한다. (예: 코레일톡(KTX), 따릉이(자전거)

• 1단계 정보의 통합

개별 교통 수단의 요금과 경로 등이 일원화되어 제공한다. 이용자의 최적 이동 수단 선택이 용이하다. (예: 구글맵, 네이버지도)

• 2단계 예약·결제의 통합

일원화된 정보하에 선택된 교통수단 등의 예약과 결제 등을 단일 앱에서 일괄로 해결한다. (예: 독일 무블, 카카오T)

• 3단계 서비스 제공의 통합

각종 이동 서비스가 종합적으로 통합 제공되고 기간 정책제(구독 서비스) 등 서비스를 이용 가능하다. (예: 스웨덴 유비고, 핀란드 웜)

• 4단계 정책의 통합

친환경 등 사회적 목표를 위해 도시 계획, 인센티브 제공 등 교통

정책이 뒷받침되는 상태다. (예: 현재 없음)

    2017년 PwC 조사에 따르면 국내 MaaS 시장은 2020년 8조 원이었고 2030년까지 15조 원으로 지속적인 성장이 예상되며 글로벌 시장은 2030년까지 1조 6,000달러 규모로 연평균 25% 성장이 전망된다. 또한 MaaS의 한 축인 퍼스널 모빌리티* 시장은 연평균 20% 이상 고속 성장하여 2022년에는 6,000억 원에 이를 것으로 예상된다. (*퍼스널 트랜스포터 또는 퍼스널 모빌리티 디바이스는 주로 전기를 동력으로 움직이는 1인용 이동 수단을 지칭하는 말이다. 전동 휠, 전동 킥보드, 전동 스케이트보드, 전기 자전거, 전기 오토바이 등이 이에 해당한다.) MaaS는 교통수단을 통합 관리하는 기능뿐만 아니라 전기 차나 자율 주행 같은 새로운 기술을 적용하는 데 유리하고 카 셰어링, 공유 킥보드 같은 글로벌 공유 트렌드에 부합하여 성장 가능성이 매우 큰 영역이다.

    국내의 대표적인 모빌리티 기업으로는 카카오모빌리티로 택시, 대리운전, 자전거와 킥보드는 물론이고 렌터카, 항공, 기차, 셔틀버스 등 거의 모든 이동 수단을 이용할 수 있도록 서비스를 확장하고 있다. 스마트 모빌리티 서비스를 통해 모든 이동 수단이 하나로 촘촘히 연결되는 시대에 자동차 소유, 운전, 주차, 관리 등으로부터 벗어나 진정한 이동의 자유를 느끼며 편리하고 윤택한 삶을 누릴 수 있는 시대가 성큼 다가왔다.

시간, 비용, 리소스를 절약하는 딥러닝 기업

네이버스는 실시간 버스 도착 정보와 리뷰 등 대중교통 정보를 제공하고, 대중교통 이용에 대한 리워드로 포인트를 지급하는 서비스다. 현재 네이버스는 버스, 지하철, 택시뿐만 아니라 자전거, 킥보드, 기차 등 모든 교통수단을 통합하여 최적의 길 찾기, 결제, 리워드가 가능한 인공 지능 기반 통합 모빌리티 플랫폼이다. 네이버스는 이웃(Neighbor)과 버스(Bus)의 합성어로 버스를 타는 모두가 이웃처럼 연결되고 소통할 수 있는 공간을 만들겠다는 의미가 담겼다. 네이버스의 대표 심성보는 애널리스트로 사회에 첫 발을 내딛고 금융권에서 커리어를 쌓다가 국내에 아직 통합 모빌리티 플랫폼이 없다는 점에 사업 기회가 있다고 판단하여 네이앤컴퍼니를 창업했다.

네이앤컴퍼니는 2017년 국토 교통부 주최 교통 데이터 활용 공모전에서 특별상을 수상하고 2018년 한국데이터산업진흥원으로부터 우수 기업으로 선정됐다. 2020년에는 티머니를 서비스 중인 한국스마트카드, 한국데이터산업진흥원과 데이터 바우처 지원 사업 업무 협약을 체결했다. 2020년 8월에는 많은 스타트업의 등용문인 디캠프와 DGC금융그룹이 진행한 디데이에서 우승을 차지하기도 했다. 2021년 말 기준 10만 다운로드를 돌파했고 대중교통 서비스 지역은 전국 80여 개로 확장됐다. 누적 투자 금액은 5억 원으로 주요 투자자에 현대차그룹이 있어 다양하게 협업할 것으로 예상된다. 중소벤처기업부의 기술 창업 투자 프로그램인 팁스(TIPS)는 글로벌 시장을 선도할 기술을 보유한 미래 유망 스타트업을 선발해 2년간 최대 7억 원의 연구 개발 자금을 지원하는 민간 투자 주도형 기술창업 지원 프로그램이다. 여기에 2022년 5월 네이앤컴퍼니가 선정됐다.

　네이앤컴퍼니가 제공하는 서비스인 네이버스는 고객에게 3가지 혜택을 제공한다. 바로 금전적 혜택, 시간적 혜택, 심리적 혜택이다. 목적지까지 100원이라도 더 싸게 이동할 수 있도록 하고 탑승 2분당 리워드로 1네이토큰을 자동 적립하여 금전적 혜택을 제공한다. 네이버스 사용자는 네이토큰으로 편의점, 카페 등에서 사용 가능한 모바일 상품권으로 교환할 수 있다. 또한 통합 길 찾기 기능을 제공하고 모든 이동 수단에 대한 결제, 대여 예약까지 한 번에 가능하기 때문에 목적지까지 1분이라도 더 빨리 이동할 수 있도록 돕는다. 끝으로 환경 문제에 관심이 많은 MZ 세대에게 대중교통 이용 시 친환경 기여도 통계를 보여 주며 고객의 심리적 만족감을 높이고 있다.

　배달의민족, 토스, 쏘카 등 업계를 선도하는 스타트업들도 모두 사용자의 시간과 비용, 리소스를 절약해 주는 서비스로 성공했다. 네이버스 역시 빅 데이터와 인공 지능 기술을 활용하여 생활 속 이동에 필요한 시간과 비용을 절약해 주는 데 초점을 맞추고 있다. 네이버스의 핵심 경쟁력인 패턴태그 엔진은 사용자의 이동 패턴을 실시간으로 판단하고 예측하는 딥러닝 기술이다. 네이버스는 이 기술로 공공 데이터, 파트너사 데이터, 사용자의 휴대폰에서 센싱되는 자체 데이터를 실시간으로 융합하고 분석해 모빌리티 사용자의 이동 시간과 교통수단, 경로 등 이동 패턴 전체를 파악할 수 있다. 패턴 태그엔진은 기술 및 사업적 가치를 인정받아 지금까지 특허 등록

1건, 특허 출원 3건, 상표권 등록 5건을 완료했다.

기존에는 버스, 지하철, 전동 킥보드, 공유 자전거 등이 회사별, 교통수단별로 따로 운영되어 각 교통수단마다 별도의 앱이 필요하고 가격 비교와 결제도 불편했다. 네이버스는 통합 모빌리티 플랫폼을 구축하기 위해 각 분야별 핵심 파트너사를 확보하고 있다. 이미 중앙부처, 지자체, 금융 회사, 모빌리티사, 애드테크사 등의 분야에서 핵심 파트너사를 확보했고, 특히 MaaS라는 공통 목표를 추구하는 현대자동차그룹, 로카모빌리티, 아우토크립트와 긴밀하게 협업 중이며 그 대상을 지속적으로 확대하고 있다.

어떻게 모든 이동 수단을 초개인화할 것인가

네이버스는 대중교통을 이용하여 원하는 장소와 시간에 가장 빠르고 저렴하게 이동할 수 있는 한국형 MaaS 플랫폼을 선도하겠다는 비전을 갖고 있다. 대중교통 이용자가 자주 타는 버스와 지하철뿐만 아니라 다양한 모빌리티 수단을 통합하고, 리워드 포인트 위에 간편 결제와 환승 할인은 물론 구독형 모빌리티 서비스까지 출시할 계획이다. 특히 마이 데이터 기반의 핀테크를 결합하여 사용자들의 편의성을 높이는 데 집중하고 있다. 사용자들이 네이버스에서 지급하는 네이토큰을 앱 내 마켓뿐만 아니라 교통 카드 충전, 온오프라인 결제, 은행 계좌 이체, 기부, 모빌리티 보험 상품 구매 등 다양하게 사용할 수 있도록 하기 위해서다.

네이버스는 고도화된 인공 지능 딥러닝 기술을 활용해 사용자가 대중교통을 이용하는 모든 과정을 추적, 예측하며 현재 정확도는 90%를 넘어섰다. 네이버스는 국내 빅테크 기업의 핵심 개발자들을 영입하여 정확도를 더욱 높이고 사용자의 이동 패턴과 성향, 교통 상황, 날씨까지 반영해 초개인화 맞춤형 이동 서비스를 제공할 계획이다.

네이버스는 서울을 시작으로 서비스 지역과 대상을 전국으로 확대해 대중교통 이용자의 24시간을 연구하는 빅 데이터 기업으로 성장하겠다는 포부를 갖고 있다. 2021년 하반기에는 서비스 지역을 인천, 부산, 대구, 광주 등 전국 주요 광역시로 확대했고 2022년 상반기에는 제주도에 지사를 설립했다. 현재는 안드로이드 사용자들만 이용이 가능한데 곧 아이폰 사용자들을 위한 iOS 앱도 출시 예정이다. 향후에는 네이버스가 맞춤형 타깃 광고, 모빌리티 중개 수수료, 모빌리티 월 구독료 등 다양한 비즈니스 모델을 추가하여 MaaS의 선두 주자가 될 수 있을 것이다.

악어디지털
세계 최고의 AI-OCR을 보유한 업무 자동화 기업

스마트폰이나 테블릿이 많이 보급됐음에도 불구하고 우리는 여전히 책이나 각종 문서를 볼 때 종이로 된 것을 선호한다. 종이 질감이 주는 특유의 아날로그 감성도 있고 마음대로 줄을 치거나 접을 수도 있으며 중요한 곳을 형광펜으로 표시해 나중에 다시 볼 때도 효율적이다. 기업에는 종이 문서의 편의성과 더불어 각종 계약서나 기밀문서, 개인 정보 동의서같이 법적으로 장기간 보관해야만 하는 다양한 문서가 존재한다. 문제는 종이 문서의 경우 보관 및 관리에 막대한 비용 발생한다는 것이다. 일반 가정집에서도 책이나 종이 문서가 차지하는 공간의 비중이 적지 않은데 기업 입장에서는 문서를 보관하고 관리하는 비용이 점점 더 심각한 문제가 되고 있다. 종이 문서는 공간의 제약이 많을 뿐만 아니라 훼손이나 화재, 분실 같은 사고로부터 자유롭지 못하고 문서 보관실이나 서고를 유지하기 위한 임대료 또한 적지 않게 발생한다. 심지어 임대료가 평당 수백만 원 하는 강남이나 여의도에서도 몇 개 층을 문서 보관실로 활용하는 회사들도 있다. 종이 문서를 잘 관리하는 회사들도 빽빽하게 쌓인 문서 중에서 원하는 문서를 찾기가 어렵고 필요한 정보를 검색하는 데에도 많은 시간이 소요된다.

아시아 최대의 데이터베이스 센터

악어디지털은 이 같은 종이 문서의 단점과 고객들의 페인 포인트를 파악해 이를 해결할 수 있는 문서 전자화 플랫폼을 개발했고 아시아 최대 중요 기록물 보관 서비스 기업으로 성장하고 있다. 악어디지털의 서비스를 이용하면 종이 문서를 보관할 필요가 없어져 공간 유지 비용을 줄일 수 있을 뿐만 아니라 문서를 전산화하여 필요한 내용을 언제든 쉽게 찾을 수 있다. 실제 악어디지털의 서비스를 이용한 고객들은 이전에 종이 문서 관리에서 발생하는 비용을 평균

30% 이상 절감할 수 있다고 한다. 악어디지털은 현재 문서 수거부터 스캔, 전자화 이후 원본 보관 또는 파쇄까지 원스톱으로 서비스하고 있으며 평균 1.5년이 소요되던 문서 관리 작업을 20일 안에 완성할 수 있다. 주요 고객사로는 삼성바이오로직스, LG화학, 한화솔루션, 국가기록원, 5·18민주화운동기록관 등이 있다.

악어디지털은 인공 지능 광학 문자 인식(AI-OCR) 기술을 바탕으로 종이 문서를 디지털화하는 스타트업이다. OCR(Optical Character Recognition, 광학문자 인식)은 사진이나 문서에 있는 글자를 기계가 인식할 수 있도록 변환하는 기술을 말하는데 대표적인 적용 분야로는 PDF 문서 변환, 명함 인식, 차량 번호 자동 인식, 금융 앱의 신용카드 등록 등이 있다. 최근에는 인터넷 은행에서 비대면 인증을 위한 방법으로도 많이 활용되고 있다.

악어디지털의 대표 김용섭은 네이버에서 보안 분야 개발자로 근무하다가 2014년도에 창업했고 여기에 카카오, 안랩, 네이버 등 국내 주요 IT 기업 출신들이 대거 합류했다. 김용섭은 네이버 재팬에서 주재원으로 근무하던 시절, 출장을 갈 때마다 개발 관련 서적을 들고 다니는 것에 불편함을 느끼고 일본에서 북 스캔 서비스를 이용하게 됐는데 한국에도 이런 서비스가 있으면 좋겠다는 생각에 창업을 결심했다고 한다. 초반에는 북 스캔 서비스가 잘됐으나 점차 저작권 이슈가 발생했고 마침 기업에서 문서 전자화에 대한 니즈가 많아지면서 피보팅을 하게 된 것이 지금의 악어디지털을 있게 만들었다.

특이하게도 회사명에 악어가 들어가는 이유는 악어가 먹잇감을 발견할 때까지 움직임을 최소화하는 효율성을 지님과 동시에 혹한기에도 죽지 않는 강인한 생명력을 갖고 있기 때문이라고 한다. 이런 각오로 회사를 창업하고 운영하겠다는 대표의 강력한 의지가 반영되어 있는 것이다. 2021년 말 기준으로 공공 기관, 기업, 학교, 병원 등 600여 곳의 디지털 트랜스포메이션을 진행했고 누적 투자 금액은 약 300억 원이다.

악어디지털의 핵심 기술은 인공 지능 OCR 엔진이다. 종이 문서를 열람과 검색이 가능한 전자 문서로 변환해 주는 인공 지능 OCR 원천 기술을 자체 개발하여 보유했다. 이 엔진이 문자를 인식하는 정확도는 99% 정도다. 국내외 많은 기업이 OCR 기술을 개발하고 있지만 악어디지털의 OCR 기술이 세계 최고 수준이다. 흘려 쓴 필기체나 수십 년 전 설계도에 흐릿하게 적힌 손글씨도 맥락에 맞게 읽어 낸다. 자체 개발한 인공 신경망 AI를 동시에 활용하여 오차를 보완하는 구조이기 때문에 가능하다. 필요하다면 특정 기업에 최적화된 정확도를 얻기 위해 문자, 단어, 문맥을 분류하고 인공 지능 엔진을 재학습시킬 수도 있다.

이렇게 정교한 인공 지능 기술 뒤에는 지난 8년간 축적해 온 고객사 600여 곳의 방대한 데이터가 있다. 국가별 양식이 제각각인 무역업 문서부터 전문 용어가 많은 바이오 업계 문서, 오래된 국가 기록물 등을 판독해 본 경험이 모두 엔진 고도화에 도움이 됐다. 현재는 복잡한 도표나 초서체, 해서체가 쓰인 고문서, 일제 강점기 타자기 기록물 등도 어려움 없이 전자화하는 수준이다. 단순히 인공 지능 관련 기술력만 있다고 해서 악어디지털을 따라 할 수 없는 이유가 여기에 있다.

악어디지털은 2018년에 2,000㎡ 규모의 아시아 최대 데이터베이스 구축 전문 디지털 센터를 열었다. 기업이나 관공서의 특성상 문서의 보안이 매우 중요한데 이런 고객의 니즈를 맞추기 위해 인가된 사람들만 들어갈 수 있도록 높은 수준의 보안 시스템을 갖췄다. 또한 해킹의 위협을 방지하기 위해 최고 수준의 서버 보안 관리를 하고 있다. 악어디지털은 문서 디지털 센터에 문서 전자화에 대한 모든 프로세스를 효율적으로 배치하여 월 2,000만 장 이상의 종이 문서를 디지털화하고 있다.

사업 수행 능력과 인공 지능 엔진 기술력

요즘 인공 지능 관련 회사들이 점점 많아지는데 문제는 기술만 있고 돈을 버는 회사가 거의 없다는 것이다. 기술 기반의 회사들이 기술만 좋으면 투자를 받고 잘될 것이라고 생각하여 영업은 신경 쓰지 않는 경우가 많은데 악어디지털은 사업 초기부터 영업의 중요성을 인지하여 탄탄한 영업 조직을 갖췄다. 또한 가장 엄격한 기술 검증이 요구되는 공공 기관, 금융 기관, 대기업 등 600여 개의 고객사에서 사업 수행 능력을 인정받았다. 스캔 전문 기업, OCR 전문 기업, 자연어 처리 기업 등 각 분야별 플레이어는 많이 있어도 인공 지능 OCR 원천 기술을 확보하고 모든 것을 통합한 밸류 체인을 완성한 곳은 국내에서 악어디지털이 유일하기 때문이다.

악어디지털은 기록물 분야에서 네이버와 구글을 넘어 아시아 최대의 회사가 되는 것을 목표로 한다. 인공 지능 OCR에 대한 기술력 뿐만 아니라 네이버나 구글이 보지 못하는 수천만 장의 다양한 문서를 취급하고 분석해 왔기 때문에 충분히 승산이 있다고 판단한다. 매월 수백만 장의 문서 전자화 사업을 통해 OCR 엔진을 지속적으로 학습시키고 업그레이드할 계획이다. 또한 고객사의 니즈에 맞춰 RPA(Robotic Process Automation) 기술을 활용한 사업도 준비하고 있다. 사람이 하던 단순하고 반복적인 업무를 소프트웨어 로봇이 대신하는 것인데 회계, 생산 관리 분야 등 다양한 산업에 적용 가능하며 여기에 OCR등의 프로그램을 이용하면 PDF 자료 등의 문자를 인식하고 입력하는 것도 가능하다. 기업에서 발생하는 단순 업무나 반복적인 업무를 획기적으로 줄여 줄 서비스다. 인공 지능 OCR을 활용한 문서 전자화 사업과 함께 시너지가 날 수 있다는 전략이다.

MIC경제연구소의 조사에 따르면 일본의 문서 전자화 시장은 약 50조 원에 달해 전 세계 최대 규모다. 2005년부터 전자 문서에 종이 문서와 동일한 법적 지위를 부여해 전자 문서 시장이 지속적으로 성장하고 있다. 특히 OCR 관련 시장은 2019년 4,441억 원에서 2020년도 5,232억 원으로 20% 정도가 성장했고 매년 고속 성장할 것으로 예상된다.

악어디지털은 일찍부터 일본 진출에 공을 들이고 있는데 일본 문서 전자화 시장 공략을 위해 2017년에 일본 법인을 설립하여 지속적으로 일본어 인식 기술을 고도화하고 있고 2021년 하반기에는 데이터 자산 관리 기업 AOS 데이터와 판매 대리점 계약을 체결하여 속도를 내고 있다. 또한 2021년 7월에 일본의 다이와증권과 주간사 계약을 맺고 수년 내에 도쿄 증권거래소에 상장하는 것을 목표로 하고 있다. 2021년 상반기에 200억 원 규모의 투자 유치를 했는데 이 투자금을 발판으로 인공 지능 기술 고도화를 위한 지속적인 연구 개발과 우수 인력 영입, 사업 개발 등을 통해 일본을 비롯한 해외 시장 진출에 박차를 가할 예정이다.

2부

STARTUP

스타트업에
필요한
혁신이란
무엇인가

혁신이야말로 리더와 추종자를 구분하는 기준이 된다.

스티브 잡스(애플 창업자)

1장

목숨을 걸고
새로워지는 것이다

최근 몇 년 사이 우리는 엄청난 변화의 소용돌이 속에서 다양한 혁신적인 기술을 경험하고 있다. 2021년 7월 기준 스마트폰 사용자 수는 약 53억 명에 이르렀는데 이는 전 세계 인구의 67% 수준이다. 극소수 사람의 전유물로 여겨졌던 전기 차는 어느덧 대중화되어 길에서 심심치 않게 보이고 자율 주행 기술도 발전하고 있다. 〈터미네이터〉나 〈아이언맨〉 같은 영화에만 나오던 인공 지능은 어느새 우리의 삶 속으로 깊숙이 들어와 일상 저변으로 확대되고 있으며 먼 미래로만 생각했던 가상 현실과 증강 현실의 개념은 메타버스로 확장되어 새로운 세계를 만들어 내고 있다. 참고로 네이버의 '제페토'는 전 세계 이용자 수가 3억 명을 넘어섰다. 또한 블록체인 기술을 활용한 가상 화폐가 나오면서 전통적인 화폐의 개념이 바뀌었고 미술 작품에서 아이돌 콘텐츠까지 NFT(Non-fungible token, 대체 불가능 토큰)가 인기를 끌고 있다.

어디 이뿐인가? 팬데믹 상황에서 다양한 언택드 기술이 발전하면서 우리는 이제 회사나 학교에 가지 않고 비대면으로 집에서 일을 하거나 수업을 들을 수 있게 됐으며 온라인에서 모임을 갖거나 운동을 함께하는 문화가 자리 잡았다. 과거의 혁신은 왜인지 어렵고 복잡하고 접하기가 힘들었지만, 지금 우리가 경험하는 혁신적인 제품이나 서비스들은 우리에게 자연스러운 일상이다. 멀게만 느껴지던 혁신이 내 손안에 들어와 있다.

새 시대를 연 기업들에게는 공통점이 있다

우리는 각종 미디어를 통해 혁신적인 기업, 혁신적인 제품이나 서비스, 혁신적인 조직 등 여러 가지 형태로 '혁신'이라는 단어를 많이 접하게 된다. 최근에는 기업 현장뿐만 아니라 모든 분야에 걸쳐 4차 산업 혁명 시대에 생존하기 위해서는 혁신이 필요하다는 거대한 담론이 생겨나고 있다. 국가 경쟁력을 키우기 위해 혁신이 필요하다거나 교육 기관이나 의료 시설에서도 혁신이 필요하다는 식의 이야기가 많이 회자된다. 하지만 혁신이 지나칠 정도로 많이 사용되는 만큼 그 개념에 대해 정확히 알고 있는지 의심스러울 때가 있다. 필자가 경희대학교에서 '변화와 혁신 사례 연구'라는 강의를 할 때도 학생들에게 혁신을 무엇이라고 생각하는지 물어보면 신기할 만큼 모두가 생각하는 방식과 개념이 달랐다. 그만큼 다양한 의미로 쓰이고 해석되는 것이다.

도대체 혁신이란 무엇일까? 혁신(革新)의 사전적 정의는 묵은 조직이나 제도, 풍습, 방식 등을 바꾸어 완전히 새롭게 하는 일이다. 한자를 풀이해 보면 '가죽 혁(革)'에 '새로울 신(新)'으로 가죽을 벗겨서 새롭게 한다는 터프한 의미를 갖고 있다. 가죽을 벗겨 내는 데 얼마나 큰 고통이 따를지는 가늠하기가 힘들다. 영어로는 'innovation'인데 '안(in)'과 '새롭다(nova)'가 결합된 형태다. 즉 혁신의 개념은 보이지 않는 속부터 시작해서 보이는 겉까지 모두 달라지는 것이라고 말할 수 있다. 한자와 영어 모두 기존의 관행, 관습, 조직, 방법, 프로세스 등 모든 것을 새로이 하여 더 나은 가치를 만들어 낸다는 의미를 내포한다.

피터 드러커는 혁신을 "소비자들이 이제껏 느껴 온 가치와 만족에 변화를 일으키는 활동"으로 정의한다. 즉 새로움이 가치와 연결되어 기존의 자원이 가진 잠재력을 높여서 더 많은 가치를 창출하거나 없던 것에서 새로운 것을 만들어 가치를 창출하는 활동을 모두 혁신이라고 할 수 있다. 이를 기업의 관점으로 보면, 혁신이란 새로운 아이디어를 도출하고 그것을 개발해 실용화하는 전 과정이며 기술 혁신이란 새로운 기술을 도입해 기존의 제품이나 서비스를 개선하거나 신제품을 개발하는 등 경쟁 우위의 제품을 창출하는 것을 의미한다.

혁신을 부르짖는 기업이 많다. 하지만 그들이 말하는 혁신의 실체는 파괴적 혁신을 추구하는 것이 아니라 점진적 개선을 통해 수익성을 극대화하려는 경우가 많다. 간혹 기능을 약간 보강하거나 디자인에 변화를 준 제품이 혁신의 탈을 쓰기도 하고, 알맹이가 없는 광고나 마케팅 용어로 쓰이기도 한다. 고객이 진정으로 혁신적이라고 느껴야 하는데 기업이 혁신이라고 포장하며 강요하는 경우도 많다. 자동차의 일부 디자인과 사양을 약간만 변경하는 페이스 리프트*를 하고 혁신적인 변화라며 광고하는 것이 대표적이다. (*Face lift, 페이스 리프트는 원래 얼굴의 피부를 당겨서 주름을 없애는 주름살 제거 수술 이름이었다. 그런데 이것이 자동차 업계로 옮겨 가서 자동차의 외관이 일부 변경된 파생 모델을 지칭하는 콩글리시로 쓰이고 있다. 부분 변경의 정확한 직역 표현은 '파셜 체인지(Partial change)'다.)

사실 혁신과 개선의 차이는 정량적으로 데이터화하여 정확하게 구분하기가 어렵고 경계가 애매하다. 또한 혁신 주체의 의도나 상황에 따라 조금씩 다르게 사용된다. 컴퓨터만 만들던 애플이 2007년에 아이폰3G라는 제품을 세상에 내놓아 모바일 시대를 연 것은 혁신이다. 반면 다른 핸드폰 제조사들이 기존 핸드폰의 일부 기능이나 속도를 향상시킨 것은 개선이다. 내연 기관차가 주류인 자동차 시장에서 테슬라가 예쁘고 빠른 전기 차를 만든 것이 혁신이고, 자동차 회사들이 과거 모델의 디자인을 조금씩 바꾸며 페이스 리프트를 하는 것은 개선의 일환이다. 한국발명진흥회 회장이자 전 삼성전자 회장 권오현은 저서 《초격차》에서 혁신과 개선의 차이를 이렇게 말한다.

"애벌레가 크는 것은 개선이지만 고치로 변하는 것은 혁신이다. 개선만 하는 것은 계속 애벌레로 남는 것과 같다. 혁신은 목숨을 걸고 도전하는 행위이다. 회사의 생존을 원한다면 개선이 아니라 혁신해야 한다. 살아남기 위해서는 처음부터 모든 것을 다시 바꾸지 않으면 안 된다. 개선하는 것은 순간적으로는 쉬워 보이지만, 그것은 임시방편일 뿐이다."

"마누라와 자식만 빼고 다 바꿔 봐"라고 말한 것으로 유명한 삼성 그룹 회장 고 이건희의 프랑크푸르트 선언 역시 혁신의 중요성을 강조한 것이다. 이는 삼성이 IMF 외환 위기를 극복하고 세계적인 기업으로 성장하는 데 큰 역할을 했다. 혁신을 추구하는 많은 기업이 실패하는 이유는 혁신이라는 포장재 속에서 개선에만 집중하기 때문이다. 특히 대기업, 글로벌 기업, 유명 브랜드 기업 등 과거에 성공한 경험이 많은 기업은 경로 의존성의 함정에 빠지기가 쉽다. 경로 의존성이란 미국 스탠퍼드대학 교수 폴 데이비드와 브라이언 아서가 주창한 개념으로, 한 번 일정한 경로에 의존하기 시작하면 나중에 그 경로가 비효율적이라는 사실을 알고도 여전히 그 경로를 벗어나지 못하는 경향성을 뜻한다. 미래를 과거의 연장선에서 유추하여 기존의 성공 방정식이나 일하는 방식을 그대로 유지하는 것이다. 이러한 과정에서 탄생한 제품은 대개 혁신적인 제품이나 서비스가 아니라 기존 제품이나 서비스를 업그레이드했을 가능성이 높다. 그래서 시장을 파괴하기에는 약한 경우가 많다.

혁신은 이처럼 기업이 살아남고 성장하고 목표를 달성하기 위해 꼭 필요한 요소다. 혁신은 단순한 개선이 아니라 모든 것이 새로워야 하고 고객에게 주는 가치가 포함돼야 하며 그렇기 때문에 기업의 사활을 걸고 추진해야 한다. 혁신은 멀리 있지 않다. 가까운 곳에 있는 기획서, 제품, 시스템 등을 살펴보는 것부터 시작해야 한다. 그리고 가능한 한 모든 직원, 협력사, 지역 사회, 정부 기관 등의 참여를 통해 사회에 기여할 혁신을 만들어 내기 위한 실용적인 접근법을 찾아야 한다.

빅 데이터, 클라우드, 로봇, 드론, 머신러닝, 인공 지능, 자율 주행, 메타버스, 블록체인 등의 기술이 주도하는 4차 산업 혁명은 사회 경제적으로 많은 변화를 불러오면서 새로운 시대를 만들고 있다. 이 같은 기술을 보유하고 혁신적인 서비스나 제품을 만들어 내는 스타트업들이 계속 탄생하고 성장하며 수천억 원, 수조 원의 기업 가치를 인정받는 것과 함께 막대한 투자도 받고 있다.

국내에서도 네이버와 카카오 같은 빅테크 기업뿐만 아니라 배달의민족(푸드테크), 토스(핀테크), 야놀자(트래블테크), 직방(프롭테크), 두나무(블록체인), 당근마켓(중고 거래 플랫폼), 마켓컬리(이커머스), 타다(모빌리티), 크래프트 테크놀로지(인공 지능) 같은 기업들이 각각의 버티컬 영역에서 혁신적인 서비스를 만들어 우리의 삶을 풍요롭게 만들고 있다. 이 기업들은 아무것도 없는 상태에서 고객의 문제를 해결하기 위해 팀을 만들고 끊임없는 도전과 기술 혁신을 거쳐 지금의 반열에 올라섰다.

인류가 이뤄 낸
4번의 전 지구적 탈피

산업 혁명은 새로운 기술이나 비즈니스 모델, 제조 공정 등이 등장하면서 사회, 경제 분야에 지금까지와는 다른 거대한 변화가 일어나는 것을 말한다. 산업 혁명이라는 용어는 영국의 역사학자이자 문명 비평가인 아놀드 조셉 토인비가 처음으로 사용했다.

1차 산업 혁명은 1760년 영국에서 증기 기관의 발명으로 기존의 농업과 수공업 중심의 생산이 기계를 이용한 대량 생산으로 전환된 것을 말한다. 증기 기관은 생산 방식을 인간의 손에서 기계로 넘기는 결정적인 계기를 제공했고 그 변화 덕분에 노동 생산성은 전에 비해 2배에서 3배 이상 향상됐다. 또한 철도의 발달이 수송 수단의 혁신을 가져오면서 원료와 공산품 수송에 대한 물류가 급격하게 증가했다.

2차 산업 혁명은 1870년 전기의 발명과 컨베이어 벨트 도입에 따른 대량 생산으로 시작됐으며 이로 인해 현대 산업 사회가 탄생했다. 2차 산업 혁명의 가장 큰 특징은 전기와 이를 기반으로 한 생산 기술과 통신 기술의 발달이라고 볼 수 있다.

3차 산업 혁명은 1970년대에 컴퓨터와 인터넷을 필두로 한 정보 통신 기술의 발달로 시작됐으며 제조업은 물론 일상생활에도 디지털화를 가져왔다. 특히 1990년대 중반에 정보 통신과 신재생 에너지 개발이 활발해지면서 3차 산업 혁명이 더욱더 가속화됐다. 경제학자 제레미 리프킨은 인터넷 기술과 재생 에너지를 3차 산업 혁명의 중요한 요소로 꼽은 바 있다. 이로써 전통적인 제조업 중심 시대는 끝나고 사회적 네트워크와 협업 등에 의한 새로운 시대가 시작됐다.

2016년 1월 스위스 다보스에서 열린 세계경제포럼에서 처음 언급된 4차 산업 혁명은 지식 정보 혁명으로 정의되는 3차 산업 혁명을 기반으로 수학, 물리학, 생물학 등의 기초 과학과 정보 통신 기술의 융합으로 탄생한 지식 혁명의 시대로 정의할 수 있다. 사물 인터넷, 인공 지능, 로봇 공학, 무인 운송 수단(무인 항공기, 무인 자동차), 3차원 인쇄(3D 프린팅), 나노 기술의 6대 기술 분야와 빅 데이터, 헬스케어, 가상 현실, 증강 현실 등 응용 서비스 분야가 기반이다.

4차 산업 혁명의 또 다른 중요한 요소는 각종 첨단 기술의 융복합 현상이다. 앞서 언급한 다양한 기술이 새로운 형태로 융복합되어 전혀 다른 부가 가치를 창출해 내는 것이다. 이는 단순히 기술적 발전에 그치지 않고 정치, 경제, 사회, 문화 등 모든 인류의 삶에 큰 변화를 초래하고 있다. 단순 반복적이고 위험한 일들을 로봇이나 인공 지능이 대신하게 되면서 인류의 삶의 질은 더욱 개선되고, 빅 데이터, 클라우드, IoT 등의 기술로 초연결 사회가 되면서 더욱더 많은 데이터를 처리할 수 있게 됐으며, 결과적으로 더 많은 것을 예측하고 컨트롤할 수 있을 것이다.

세계경제포럼의 창시자인 클라우스 슈밥은 4차 산업 혁명이 이전 산업 혁명보다 훨씬 빠른 속도와 큰 강도로 생산, 분배, 소비 등의 시스템 전체를 바꿀 수 있는 인류의 새로운 도전이 될 것이라고 선언했다. 또한 세상은 기술 결합에 따른 혁신의 시대로 이전하므로 비즈니스 리더와 최고 경영자는 변화 환경을 이해하고 혁신을 지속해야 살아남을 수 있을 것이라고 말했다. 우리에게 4차 산업 혁명이 중요한 이유는 기존의 제품이나 서비스를 일부 개선하는 수준의 발전이 아니라 인류의 삶을 바꿔 놓을 만한 혁신을 가져올 수 있기 때문이다.

	1차 산업 혁명	2차 산업 혁명	3차 산업 혁명	4차 산업 혁명
발생 시기	1784년~	1870년~	1969년~	2015년~
혁신 분야 및 기술	증기 기관 기반의 기계화 혁명	전기 에너지 기반의 대량 생산 혁명	컴퓨터와 인터넷 기반의 지식 정보 혁명	인공 지능, 빅 데이터, IoT 기반의 만물 초지능 혁명
생산 방식	기계 생산	공장에 전력이 보급되어 컨베이어 벨트 를 사용한 대량 생산 보급	공작 기계 자동화	디지털 기기, 인간, 물리적 환경의 융합
커뮤니케이션	책, 신문, 전신	전화, 라디오, TV	인터넷 소셜 네트워크	사물 인터넷
교통	철도	자동차, 항공기	고속철도	무인 자동차, 우주 항공 산업
주요 에너지	석탄, 철	석탄, 석유 등 화석 연료	원자력 에너지, 재생 가능 에너지	환경 친화적 에너지

출처: 세계경제포럼

돈, 시간, 노력이 아깝지 않은 가치를 제공해야 한다

우리는 종종 가격과 가치를 혼동하여 사용하거나 둘의 차이를 명확하게 이해하지 못하는 경우가 있다. 가격은 일반적으로 수요와 공급에 따른 매칭의 결과물로 시중에 유통되는 상품의 가격이나 주식 시장의 주당 가격처럼 1가지의 정해진 숫자가 있다. 유통 채널이 다양화되고 이커머스 시장이 활성화되면서 상품 하나에도 쿠폰이나 배송비 등을 고려하면 여러 개의 가격이 존재하기도 하지만 대체로 약간의 차이만 있을 뿐이다. 반면에 가치는 합리적 가정을 통해 추정해야 하는 것으로 이는 추정하는 사람마다 각기 달라서 N가지의 숫자를 갖고 있다. 예를 들어 고객이 제품이나 서비스에 느끼는 가치, 기업이 고객에게 제공하는 가치, 투자자들이 스타트업에 투자할 때 평가하는 기업의 미래 가치 등이다.

피터 드러커, 조셉 슘페터, 게리 하멜이
외친 1가지

현대 경영학의 아버지 피터 드러커는 혁신을 수요와 공급 2가지 면에서 정의했다. 수요 면에서는 "소비자들이 이제까지 느껴 온 가치와 만족에 변화를 일으키는 활동"으로 정의하고 공급 면에서는 "자원의 생산성을 높이는 일"이라고 했다. 또한 이 둘을 종합하여 혁신이란 "기존의 자원이 부를 창출하도록 새로운 능력을 부여하는 활동"이라고 말했다. 대부분의 경영자가 '기업은 무엇인가'에 대한 대답으로 '영리를 추구하는 조직'이라고 하는 반면 피터 드러커는 "기업의 존재 이유는 고객이며 목적이 시장"이라고 주장했다. 이 주장을 뉴 포디즘이라고 하는데, 기업 경영의 중심에 고객을 두고 근로자를 비용이 아닌 자산으로 인식시키려 했다는 점이 피터 드러커가 현대 경영학에 남긴 가장 큰 업적으로 평가받는다.

20세기를 대표하는 또 한 명의 위대한 경제학자 조셉 슘페터는 1942년에 발표한 《자본주의·사회주의·민주주의》에서 혁신은 "창조적 파괴의 과정"이라고 했다. 창조적 파괴는 더 큰 가치를 위하여 낡고 오래된 것을 경쟁력 있는 새것으로 바꾸는 것을 의미하며 혁신을 통해 생산성을 향상시켜 비용을 낮추고 새로운 수요를 창출하면 기업의 이익이 극대화된다고 주장했다. 창조적 파괴는 결국 혁신을 위한 수단이며 과정이자 결과라는 것이다. 혁신은 더 좋은 마차를 만드는 것이 아니다. 마차 대신 기차나 자동차를 만드는 것이다.

피터 드러커와 조셉 슘페터의 혁신에 대한 정의에 공통적으로 등장하는 단어가 하나 있다. 바로 '가치'다. 기존의 제품이나 서비스에 새로운 기술이나 비즈니스 모델을 도입하는 방식과 기존에 존재하지 않았던 새로운 형태의 제품과 서비스를 창출하는 방식 모두 고객이 느낄 때 이전과는 전혀 다른 새로운 가치를 만들어 내야 하는 것이다. 새롭다고 무조건 혁신이라고 이야기할 수는 없다. 그 새로움이 고객이 느끼는 가치와 연결될 때 비로소 혁신이라는 이름을 붙일 수 있다. 결국 혁신은 기업이 고객의 가치를 창출하기 위한 활동이며 혁신의 목표는 고객 가치의 창출이다.

그렇다면 고객이 느끼는 가치란 어떤 의미일까? 고객의 입장에서 가치란 어떤 제품이나 서비스를 구매할 때 기대하는 혜택과 고객이 지불하게 될 비용의 차이로 정의할 수 있다. '고객 가치'는 총 고객 혜택에서 총 고객 비용을 뺀 개념이다. 총 비용은 돈, 시간, 노력 등이다. 경제학에서는 가치를 효용이라고도 부른다. 그래서 고객이 제품과 서비스를 구입할 때 얻는 효용과 그 대가로 지급하는 희생의 차이라고도 말할 수 있다. 결국 기업이 고객의 욕구를 충족시키고 가치를 느끼게 하기 위해서는 경쟁 기업들보다 더 높은 가치를 주는 제품이나 서비스를 지속적으로 제공해야 한다.

이러한 점 때문에 혁신은 기업 활동에서 필수 불가결한 요소다. 기업은 가치를 창출할 때에만 존속할 수 있으며 가치를 지속적으로 창출하기 위해서는 혁신을 해야만 한다. 기업이 영속하기 위해서는 지속 가능한 성장을 해야 한다. 그 성장은 기존의 틀 안에서 움직이는 것이 아니라 지금까지의 일과 일하는 방식을 돌아보고 새로운 방식으로 성과를 창출하는 혁신을 통해서 가능하다. 모든 것이 경계가 무너져 내리고 그 안에서 융합되고 분화되는 급격한 변화의 시대에서 혁신이 주목받는 이유가 바로 이것이다. 그래서 혁신은 한때 유행하는 트렌드가 아니라 세계적인 컨설턴트 게리 하멜의 말처럼 "진정한 처방이며, 유일한 처방"일지 모른다.

피터 드러커는 기업, 인간, 사회, 조직, 경영 등에 대한 다양한 저서를 남겨 혁신에 대해 많은 인사이트를 준다. 그는 "비즈니스에서 혁신이라는 것이 번뜩이는 천재성에서 생겨나기도 하지만, 대부분의 성공적인 혁신은 혁신에 대한 의식적이고 목적이 분명한 냉철한 분석으로부터 비롯된다"라고 말한다. 피터 드러커는 2002년 〈하버드 비즈니스 리뷰〉에 'The Discipline of Innovation'을 게재하여 혁신의 원천과 원리를 분석했다. 또한 기업이 조직 내외부에서 일어나는 다양한 혁신의 기회를 잡을 수 있도록 7가지 혁신의 의미와 다양한 사례를 제시했다. 여기 피터 드러커가 제시한 사례에 현시점과 가까운 다양한 사례들을 더해 이해를 돕고자 한다.

1. 예상 밖의 사건

혁신의 기회를 찾을 수 있는 가장 쉽고도 단순한 원천이다. 전혀 계획하지 않고 예상하지 못했던 성공이나 실패 또는 외부 사건을 의미하는데 '세렌디피티(Serendipity)'라고도 한다. 세렌디피티를 통해 수많은 발견과 발명품이 탄생했다. 최근에는 경영 환경이 급변하면서 뜻밖의 아이디어로 성공한 기업이 다수 출현하고 있다. 세렌디피티는 우연이지만 준비된 기업만이 누릴 수 있는 특권이기도 하다.

• 켈로그의 콘푸레이크(1894년)

켈로그 형제는 곡물을 끓인 죽을 난로 위에 두었다가 며칠 뒤 발견했는데 알맹이가 두껍게 건조된 것을 발견하고 밀 대신 옥수수를 이용해 콘푸레이크를 만들었다.

• 안전유리(1909년)

안전유리가 개발되기 전에는 자동차 사고로 인한 부상이 주로 깨진 유리창에 의해 찔리거나 절단되는 상해를 입는 것이었다. 지금도 안전유리가 없다면 사람들은 창가 쪽에 앉지 않으려고 할 것이다. 안전유리는 프랑스의 과학자 에두아르 베네딕투스가 실험실에 있을 때 고양이가 들어와 유리로 된 실험 기구인 플라스크를 깨는 과정에서 셀룰로이드 용액이 유리를 보호한다는 사실을 발견하면서 탄생했다.

• IBM의 컴퓨터(1945년)

1930년대 초 IBM에서 최초로 개발한 고성능 계산기는 시장에서 인기를 끌지 못했다. 하지만 15년 후 사람들이 점점 더 컴퓨터에 관심을 갖게 되자 IBM은 기존의 고성능 계산기를 재설계하여 PC(Personal Computer)라는 이름으로 판매했고 5년 만에 컴퓨터 업계의 선두 주자가 됐다.

• 벨크로(1948년)

일명 '찍찍이'로 불리는 벨크로는 스위스의 전기 기술자인 조르주 드 메스트랄이 강아지와 산책을 하다가 엉겅퀴 씨가 잘 떨어지지 않는 것을 보고 만들어 냈다.

• 3M의 포스트잇 개발(1977년)

우연한 기회로 개발되어 전 세계적으로 가장 성공한 제품을 하나 꼽으라면 3M의 포스트잇이다. 포스트잇은 남녀노소 모르는 사람이 거의 없을 정도로 유명한 제품으로 문서나 모니터 등 어디에나 잠시 붙였다 흔적 없이 뗄 수 있는 메모지다. 접착력이 약하게 오래가는 이 제품은 3M의 연구소에 근무하던 연구원 스펜서 실버가 3M의 기존 제품보다 더 강력한 접착제를 개발하기 위해 연구하다 우연히 개발했다.

• 캐논의 잉크젯 프린터(1977년)

캐논의 엔지니어가 실수로 펜 위에 다리미를 놓아두었다가 몇 분 뒤 펜 끝에서 잉크가 쏟아지는 것을 보고 이 원리를 이용해 잉크젯 프린터를 만들었다.

• **현대중공업의 육상 건조 공법**(2004년)

　조선업과 해운업이 활황이던 2000년대 초반, 조선업체들의 생산 능력으로는 쏟아지는 주문을 소화할 수 없었는데 현대중공업이 세계 최초로 육상 건조 공법을 성공했다. 기존의 조선소는 수상 건조 방식으로 건조 시설의 수에 따라 건조할 수 있는 선박의 숫자가 결정됐기 때문에 단기적으로 선박 생산량을 늘리는 것이 불가능했다. 하지만 육상 건조 방식은 육지 어디에서나 선박을 건조할 수 있어서 선박의 생산 능력을 크게 증대할 수 있었다. 또한 말 그대로 육지에 있으므로 장비와 인력의 접근성이 좋다는 장점을 갖고 있다.

2. 양립할 수 없는 부조화

　현재의 것과 당연히 그래야 하는 것 또는 현실의 모습과 이상적인 모습 사이의 괴리를 말한다. 이런 기대와 결과 사이의 부조화가 혁신의 가능성을 높일 수 있고 실제 현실의 모습과 목표와의 불일치가 새로운 사업 기회를 만들 수 있다. 또한 생산과 분배 프로세스상의 불일치 또는 고객의 행동이나 불만에서도 기회를 찾을 수 있다.

• **해운업체들의 롤 온, 롤 오프 선박 개발**(1850년)

　자동차나 트레일러, 철도같이 바퀴 달린 화물을 운반할 수 있도록 설계된 선박으로 항구에서의 생산성을 높여 해운 산업의 생산성과 수익성을 개선한 주요 사례가 됐다. 덕분에 우리는 섬에 여행을 갈 때 자신의 자동차를 배에 싣고 갈 수 있게 됐다.

- 마이클 밀켄의 정크 본드 재해석(1974년)

정크 본드란, 과거에는 신용 등급이 높았지만 경영 악화나 실적 부진으로 신용 등급이 급격하게 낮아진 기업이 발행했던 채권을 말한다. 마이클 밀켄이 1970년대에 하위 등급 채권을 정크(쓰레기)라고 부른 데에서 비롯됐다. 밀켄은 모든 사람이 투자할 수 없다고 여겼던 정크 본드에 대한 학술 논문들을 통해 그 원리를 학습하고 현장 조사를 통한 분석을 바탕으로 사업의 기회를 발견했다. 수만 개의 정크 본드를 하나로 묶어 펀드를 만들면 일부 기업이 파산해도 전체적으로 높은 수익률을 실현할 수 있다는 개념으로, 당시 거의 알려지지 않았던 정크 본드에서 수익을 창출했다.

- 스테이즈의 외국인을 위한 부동산 서비스(2014년)

외국인이 한국에 처음 왔을 때 가장 어려워하는 것이 바로 집을 구하는 것이다. 이미 직방이나 다방 같은 서비스가 있어서 쉽게 방을 구할 수 있을 것 같지만 현실은 언어의 문제, 계약의 문제 등으로 여전히 불편했다. 스테이즈는 이런 점에 착안하여 국내 체류 외국인을 대상으로 한 부동산 서비스를 론칭했고 많은 외국인으로부터 호응을 받았다.

3. 프로세스상의 니즈

기업 내부의 비즈니스 프로세스 또는 생산이나 운영 프로세스상의 결핍이나 필요에 의해서 나타나는 혁신이다. 지속적으로 문제가 발생하고 비용이 많이 드는 기존의 프로세스에 새로운 기술을 적용하여 재설계하고 리모델링함으로써 효율성을 향상할 수 있다.

• 〈뉴욕 타임스〉 최초의 신문 광고 모델(1890년)과 디지털 구독 모델(2011년)

기존의 신문사들은 대부분 신문을 팔아서 수익을 창출했다. 〈뉴욕 타임스〉는 세계 최초로 신문을 저렴하게 또는 무료로 제공하는 대신 신문 내에 광고를 넣어 수익을 창출하는 비즈니스 모델을 도입했다. 반대로 디지털 기술이 활성화된 이후에는 저렴한 비용으로 월 구독을 하면 광고가 없는 양질의 기사를 볼 수 있는 디지털 구독 모델을 도입하여 성공적인 결과를 만들었다.

• 도요타의 린 생산 방식(1990년)

린 생산 방식은 일본의 도요타가 독자적으로 개발한 생산 기법이다. 적시에 제품과 부품이 공급되는 JIT(Just in time) 시스템으로 재고 비용을 줄이고 종업원의 적극적인 참여를 유도하여 생산 품질까지 높였다.

• 마켓컬리의 샛별배송(2015년)

대한민국 최초의 신선식품 이커머스 플랫폼 마켓컬리의 샛별배송은 자기 전에 주문하면 다음 날 아침 7시 전에 배송되는 물류 시스템이다. 마켓컬리는 신선식품이 부식되는 것을 방지하기 위해 물류 전체 과정이 저온으로 진행되는 콜드 체인 물류를 직접 개발했다. 이후에 샛별배송을 따라 쿠팡의 총알배송이나 이마트의 쓱배송 등이 시작됐다.

4. 산업 및 시장의 변화

기존의 산업이나 시장은 너무도 거대하고 오래 지속됐기 때문에 절대 변하지 않을 것처럼 보이지만 실제로는 하룻밤 사이에도 변할 수 있는 매우 취약한 구조다. 이러한 변동성이 엄청난 혁신의 기회를 만들어 낼 수 있다.

• DL&J의 증권 유통 수수료 비즈니스(1960년)

신생 회사 DL&J는 증권 거래 방식이 변화할 것이라고 예상하고 기존의 기관 투자자들이 무시하던 증권 유통 수수료 분야에 진출하여 선두 기업이 됐다.

• 질레트와 BIC의 면도기 전쟁(1974년)

면도기 시장에서 철옹성 같았던 질레트에 대항하여 볼펜을 생산하던 프랑스의 다국적 기업 BIC이 일회용 면도기를 개발하여 도전장을 내밀었고 현재 세계 시장 점유율 3위를 기록하고 있다.

• 토스의 간편 결제(2015년)

기존의 은행에서 송금하기 위해서는 공인 인증서 같은 수단으로 일련의 인증 절차를 거쳐야 했다. 토스는 이런 불편함을 해결하여 상대방의 전화번호만 알아도 간편하게 송금할 수 있는 서비스를 만들었다. 지금은 은행업과 증권업에도 진출하면서 토스 금융 제국으로 성장하고 있다.

5. 인구 통계적 변화

인구 구조의 변화는 기업에게 큰 변화를 불러일으키는 요소 중 하나다. 이는 누가 얼마나 구매할 수 있는지를 결정하기 때문이다. 저출산과 고령화 현상이 점점 더 심화됨에 따라 일생일대의 기회를 찾은 기업도 있을 것이고 인구 통계적 변화에 대응하지 못해 역사 속으로 사라지는 기업도 많을 것이다.

• 일본의 고령화 현상과 선구적인 로봇 공학 연구(1990년대~)

일본은 로봇 공학 분야에서 다른 나라보다 10년 정도 앞서 있다. 그 이유는 선진국들의 저출산 사례를 보면서 인구 통계학에 관심을 갖기 시작했고 급속도로 줄어드는 노동력을 대체하기 위해 로봇 공학 연구를 일찍 시작했기 때문이다.

• 한국의 인구 구조 변화에 따른 대학들의 생존 경쟁(2010년대~)

우리나라는 전국에 250여 개의 대학이 있다. 향후 10년 이내에는 학령 인구 감소에 따라 급속하게 구조 조정을 거치게 될 것이다. 한국의 대학들은 저출산으로 인한 학생 수 감소에 대응하기 위해 국제 협력처나 국제교류팀 같은 조직을 만들어 해외 유학생을 적극적으로 유치하기 시작했고 다양한 프로그램이나 장학금 제도, 기숙사 등을 만들어 국내외 학생들을 유치하기 위해 노력하고 있다.

6. 인식의 변화

본질은 그대로인데 그것을 바라보는 생각이나 관점이 바뀌는 것을 말한다. 경영자나 소비자가 가진 인식에 따라 동일한 현상이라도 해석과 행동이 달라질 수 있고 이러한 행동의 변화가 커다란 혁신의 기회를 제공한다.

• 화이자의 비아그라(1998년)

비아그라의 원료인 실데나필은 처음부터 발기 부전 치료를 목적으로 개발된 것이 아니라 고혈압을 치료하기 위해 개발됐다. 실데나필이 실제로 얼마나 효과를 보이는지, 부작용은 없는지 임상 실험을 하는 과정에서 10일간 복용한 사람들이 발기가 된다는 공통점을 확인했는데, 이미 막대한 연구비가 투자됐기 때문에 연구 결과를 버릴 수 없던 회사는 제품을 살리는 방향으로 결정했다. 결국 제품에 대한 인식의 변화를 통해 전 세계적으로 메가 히트한 발기 부전 치료제가 탄생하게 됐다.

- **펩시의 저지방 저칼로리 제품 출시**(2004년)

세계적으로 건강과 다이어트에 대한 관심이 높아지면서 탄산음료에 대한 인기가 시들해졌다. 이에 펩시는 고객들의 니즈에 맞게 저지방, 저칼로리 제품을 출시하여 큰 인기를 끌었다. 콜라를 인식하는 소비자들의 변화로부터 새로운 기회를 찾은 것이다.

- **오늘의집**(2014년)

인테리어 플랫폼 오늘의집은 인테리어에 관심이 많은 사람들의 인식 변화를 바탕으로 급성장했다. 기존에는 대부분의 사람이 자신의 집을 노출하는 것을 많이 불편하게 생각했다. 그런데 오늘의집이 '랜선 집들이'라는 개념을 도입하여 누구나 자신의 인테리어를 공유하고 타인의 인테리어를 보며 대리 만족하거나 필요한 제품을 구매할 수 있도록 플랫폼을 제공했다.

7. 새로운 지식

새로운 지식은 기업의 가장 중요하고 본질적인 노력의 결과물이자 대표적인 혁신 방법이지만 다른 방식들에 비해 시간과 비용이 많이 드는 단점이 있다. 역사적으로 새로운 지식과 기술이 출현해서 제품화로 이어지는 기간이 평균 50년 정도이다. 또한 지식 기반의 혁신은 1가지 지식만으로 되는 것이 아니라 다양한 분야의 많은 지식이 융합되어 나타나는 것이 일반적이다.

• 테슬라의 전기 차 개발(2009년)

테슬라 이전의 전기 차는 크고 무겁고 못생겼으며 비싸기까지 했다. 게다가 완충 후 주행 거리가 너무 짧았기 때문에 대중화되지 못하고 내연 기관 차에 밀려 홀대받았다. 하지만 테슬라가 새로운 지식과 첨단 기술을 활용하여 예쁘고 빠르며 가격도 합리적인 전기 차를 개발하면서 전 세계적으로 인기를 끌었다.

• 바이오 회사들의 코로나19 백신 개발(2020년)

코로나19가 전 세계를 휩쓸기 시작하자 미국의 모더나와 화이자, 영국의 아스트라제네카, 독일의 바이오엔테크 같은 바이오 회사들이 새로운 지식과 경험을 바탕으로 코로나19 백신을 개발하여 막대한 수익을 창출했다. 화이자는 2021년과 2022년 백신 관련 매출이 총 650억 달러에 달할 것으로 내다봤다.

혁신의 원리를 정리해 보면 다음과 같다. 첫째, 대부분의 의도적이고 체계적인 혁신은 새로운 기회를 분석하는 데서 시작됐다. 둘째, 혁신의 기회는 고객으로부터 나오고 고객에게 답이 있다. 그러므로 밖으로 나가 고객부터 만나야 한다. 혁신은 개념적이고 인식적인 성질을 띤다. 그러므로 혁신가가 되고자 하는 사람은 고객의 의견을 많이 들어야 한다. 셋째, 오직 1가지에만 초점을 맞춰라. 파괴적인 혁신을 이루려면 단순해야 하고 1가지에 초점을 맞춰야 하고 사람들에게 혼란을 주지 말아야 한다. 넷째, 작게 시작하라. 대부분의 효과적인 혁신들은 작게 시작됐다. 성냥갑에 동일한 개수의 성냥을 넣겠다는 기본적인 생각이 성냥을 넣기 위한 자동화를 만들었고 이것으로 스웨덴은 반세기 동안 세계의 성냥 시장을 독점할 수 있었다. 다섯째, 혁신은 천재성이라기보다는 고되고 집중적이며 의도적인 작업이다. 재능, 현명함, 지식을 모두 갖췄다고 해도 부지런함, 인내, 전념 등이 부족하다면 그러한 것들은 소용없게 된다. 7억 회의 다운로드 수를 기록하면서 전 세계적으로 히트한 게임인 '앵그리버드'는 52번의 도전 끝에 만들어진 게임이다. 또한 전 세계에서 가장 영향력 있는 네트워크 시스템 회사인 시스코는 IT 변화의 트렌드를 끊임없이 분석하고 실행하면서 핵심 역량인 소프트웨어와 판매 서비스에 집중해 글로벌 기업으로 성장했다. 여섯째, 모든 사람이 참여할 수 있어야 한다. 혁신은 소수의 뛰어난 사람들만이 할 수 있는 것이 아니다. 조직 전체의 평범한 사람들도 추진할 수 있어야 한다. 일곱째, 한 번에 너무 많은 혁신을 이루기 위해 시도하는 것은 위험하다. 기업의 리소스와 에너지를 분산하지 말고 한곳에 집중해야 한다. 한 번에 너무 많은 것을 하려고 하거나 핵심 역량에서 벗어난 혁신은 성공하기가 어렵다. 끝으로 너무 먼 미래를 위해 혁신하려고 하지 마라. 현재를 위해 혁신해야 한다. 혁신의 성공은 오랜 시간이 필요할 수도 있고 오랜 기간에 걸쳐 나타날 수도 있다.

풍요의 시대와 부유한 국가는
앙트레프레너들로부터 나온다

2016년 EBS에서 인기리에 방송된 〈앙트레프레너, 경제 강국의 비밀〉은 앙트레프레너로 불리는 '창조적 파괴자'들이 어떻게 혁신을 만들고 인류의 역사를 바꿔 왔는지 소개했다. 대항해 시대 이후 경제 강국들의 흥망성쇠에는 앙트레프레너들이 중심에 있다는 가설에 초점을 맞추어 부자 나라들이 경제 패권을 차지하게 된 원인과 결과를 분석했는데 앙트레프레너에 대한 새로운 시각과 접근 방식으로 많은 사람의 관심을 끌었다. 총 6부작, 약 3시간의 핵심 내용을 정리하면 이렇다. 빵을 부풀어 오르게 하려면 효모가 필요하듯이 앙트레프레너가 경제 발전사에서 이 효모와 같은 역할을 했다.

앙트레프레너는 기존 질서를 파괴하면서 혁신을 창조하고 새로운 가치를 창출하는 모험적인 사업가나 기업가다. 대항해 시대의 주역 네덜란드와 산업 혁명으로 세계의 공장이 된 영국, 그리고 현재 최강국의 지위를 유지하는 미국에 이르기까지 경제 강국의 비밀은 앙트레프레너를 받아들이고 그들이 마음껏 일할 수 있는 환경을 만든 것이다.

역사적으로 앙트레프레너는 언제나 새로운 패러다임을 만들고 인류의 삶을 혁신적으로 바꾼 사람들이었다. 17세기 대항해 시대에는 새로운 대륙과 항로를 개척하는 탐험가들이, 19세기 서부 개척 시대에는 카우보이들이 앙트레프레너였다. 1차부터 4차까지의 산업 혁명 시대에는 관련 기술을 개발하고 사업화하여 인류의 삶을 더

욱 풍요롭게 만든 과학자와 기업가들이 앙트레프레너였다. 최근에
는 우주를 개척하기 위해 노력하고 탐험하는 사람들이 바로 앙트레
프레너라고 할 수 있다. 이러한 앙트레프레너가 많은 시대는 부유했
고, 그 국가나 사회는 경제 강국이 되고 번영했다. 하지만 앙트레프
레너는 필요 조건이지 충분 조건이 아니며 앙트레프레너들이 지속
적인 혁신을 만들어 내기 위해서는 국가적 차원에서 그들을 지원하
고 키울 수 있는 교육 시스템이나 창업 환경, 공정한 기회, 혁신에 대
한 대가를 보장해 주는 제도적인 지원이 뒷받침돼야 한다.

세계적인 경제학자 조셉 슘페터는 앙트레프레너를 "기술 혁신을
통해 창조적 파괴에 앞장서고 혁신을 추구하는 사람"이라고 정의한
다. 여기에 "다른 사람이 발견하지 못한 기회를 찾아내는 사람, 사회
의 상식이나 권위에 사로잡히지 않고 새로운 사업을 추진할 수 있는
사람, 행복을 추구하는 사람"이라고 부연했다. 경제 발전은 창조적
파괴자들, 즉 새로운 아이디어를 실천에 옮기기 위해 위험을 감수하
고 창의적인 모험을 하는 앙트레프레너들로부터 나온다. 조셉 슘페
터는 앙트레프레너들이 중요한 혁신을 만들고 하나의 혁신이 또 다
른 혁신을 이끌어 낸다고 했다. 이 혁신의 효과가 축적되면서 경제
가 발전한다.

피터 드러커 역시 앙트레프레너를 "변화를 탐구하고 위험을 감수
하며 새로운 기회를 포착해 사업화하려는 모험과 도전 정신이 강한
사람"으로 정의했다. 또한 창조적 혁신은 기업가 정신에서 출발한다
고 이야기한다. 기업가 정신 혹은 창업가 정신은 외부 환경의 변화

에 민감하게 대응하면서 항상 기회를 추구하고, 그 기회를 잡기 위해 혁신적인 사고와 행동을 하여, 그로 인해 시장에 새로운 가치를 창조하고자 하는 생각과 의지를 말한다. 이것이 있어야만 기존에 존재하지 않았던 새로운 형태의 제품과 서비스를 창출하여 경제를 발전시킨다는 것이다. 그렇기 때문에 스타트업에만 기업가 정신이 필요한 것이 아니라 조직의 규모에 상관없이 외부 혁신 기회를 탐색하는 모든 기업에 필요하다.

기업가 정신 강의로 유명한 미국 뱁슨대학 교수 제프리 티몬스는 기업가 정신에 대해 이렇게 설명했다. "기업가 정신은 실질적으로 아무것도 아닌 것으로부터 가치 있는 어떤 것을 이뤄 내는 인간적이고 창조적인 행동이다. 현재 보유한 자원이나 부족한 자원을 고려하지 않고 기회를 추구하며, 비전을 추구하기 위해 다른 사람들을 이끌 열정과 헌신을 요구하고 계산된 위험을 감수하는 의지를 필요로 한다"라고 했다. 또한 기업가 정신이 많은 사람의 특징을 항목으로 정리했다. 어느 것 하나 쉬운 것이 없고 어느 것 하나 중요하지 않은 것이 없다. 이 중 몇 가지가 자신에게 해당되는지 한번 세어 보자. 창업에 적합한 사람인지 기업가 정신이 얼마나 있는지 파악할 수 있을 것이다.

- 자발적이고 솔선수범한다.
- 독립적으로 행동하는 경향이 강하다.
- 추진력이 높고 확고한 직업 윤리가 있다.

- 성취 욕구가 높고 지위나 권력에 대한 욕구가 낮다.
- 기회를 창출하는 능력이 있다.
- 인내심이 많고 자신감이 높다.
- 불확실성과 부족함을 인내할 수 있다.
- 팀을 잘 만들고 타인을 잘 고무한다.
- 실패를 두려워하지 않는다.
- 실패로부터 배우는 능력이 뛰어나다.
- 위험을 수용하나 통제 능력이 있다.

이 항목은 대부분 누구나 인정할 만한 보편타당한 기준이고 필자도 공감하지만, 한 가지 동의하지 못하는 항목이 있다. 바로 '실패를 두려워하지 않는다'이다. 세상에 실패를 두려워하지 않는 사람이 있을까? 있다면 다소 무책임한 사람이 아닐까? 준비 없는 창업이나 어느 단계든지 창업 이후의 실패는 본인뿐만 아니라 자신의 가족, 직원, 직원의 가족 더 나아가서 사회에까지 나쁜 영향을 준다.

"나는 용기란 두려움이 없는 것이 아니라 두려움을 이겨 내는 것임을 깨달았다. 용감한 사람이란 두려움을 느끼지 않는 사람이 아니라 두려움을 극복하는 사람이다."

평생을 인종 차별에 맞서 싸우고 남아프리카 공화국에서 처음으로 실시된 평등 선거에서 당선된 세계 최초의 흑인 대통령 넬슨 만델라가 한 말이다. 이와 같은 맥락으로 실패를 두려워하지 않는 것이 아니라 정말 많이 두렵지만 창업, 성공, 혁신, 가치 등에 대한 열망으로 그 두려움을 이겨 내 생존하고 성공시키는 것이 기업가 정신의 중요한 덕목이라고 생각한다.

앙트레프레너들은 인류가 발전하는 데 가장 핵심적이며 주도적인 역할을 한 사람들이다. 1차 산업 혁명부터 4차 산업 혁명에 이르기까지 창의성과 모험심 강한 사람들이 인류 문명을 발전시키고 혁신을 만들면서 새로운 세상과 새로운 시대를 열어 왔다. 돌도끼부터 시작하여 종이, 증기 기관, 전기, 자동차, 컴퓨터, 스마트폰, 자율 주행, 로봇 그리고 인공 지능까지 모두 앙트레프레너들이 만들어 낸 작품들이다. 21세기 경제 강국의 비밀은 바로 앙트레프레너들에게 달려 있다.

3장

더 저렴하게, 더 단순하게, 더 사용하기 편하게

스타트업 월드에서는 유독 디스럽션이라는 말이 많이 쓰인다. 사전적 정의로는 붕괴, 혼란, 파괴의 의미를 갖고 있는데 살짝 의역하면 '파괴적 변화'가 적당할 듯하다. 디스럽션이란, 첨단 기술의 진화, 소비자의 인식 및 수요 변화, 혁신적인 기업의 등장처럼 기존의 질서와 시장을 파괴하고 새로운 패러다임을 만드는 파괴적 변화를 의미한다. 그중에서도 기존의 제품과 서비스를 개선하는 데 그치지 않고 스마트폰, 클라우드, 인공 지능, 자율 주행처럼 새로운 시장을 창조하며 현 질서와 시장을 전면적으로 뒤흔드는 혁신을 빅뱅 디스럽션이라고 한다. 새로운 기술과 비즈니스 모델로 혜성처럼 등장하여 기존 시장에 새로운 디스럽션을 만들어 내고 패러다임을 바꾼 기업들을 소개한다.

기존의 시장을 뒤흔든
세계의 기업들

세계의 디스럽션 사례

- 마이크로소프트: 새로운 운영 체제 윈도우로 컴퓨터 산업을 디스럽션.
- 구글: 페이지랭크* 방식으로 검색 서비스 시장을 디스럽션. (*하이퍼링크 구조 문서에 상대적인 중요도에 따라 가중치를 부여하는 방법으로, 웹 사이트 페이지의 중요도를 측정하기 위해 구글 검색에 쓰이는 알고리즘이다.)
- 유튜브: 동영상 플랫폼으로 콘텐츠 시장을 디스럽션.
- 애플: 아이폰으로 휴대폰 시장을 디스럽션.
- 아마존: 최저가 검색과 빠른 배송으로 유통업계를 디스럽션.
- 페이팔: 간편하고 빠른 결제 시스템으로 온라인 결제 시장을 디스럽션.
- 테슬라: 빠르고 저렴한 전기 차로 자동차 업계를 디스럽션.
- 우버: 차를 공유하는 방식으로 택시 시장을 디스럽션.
- 에어비앤비: 방을 공유하는 플랫폼으로 호텔 업계를 디스럽션.
- 넷플릭스: 온라인 스트리밍 구독 방식으로 미디어 시장을 디스럽션.

- 인스타그램: 사진 기반 서비스로 SNS 시장을 디스럽션.
- 달러쉐이브클럽: 가성비로 면도기 시장을 디스럽션.
- 위워크: 공유 오피스 개념으로 부동산 시장을 디스럽션.
- 슬랙: 기업 내 커뮤니케이션 시장을 클라우드 기반의 협업 툴로 디스럽션.

국내의 디스럽션 사례

- 배달의민족: 모바일 앱 주문 방식으로 배달 시장을 디스럽션.
- 마켓컬리: 새벽 배송으로 신선식품 시장을 디스럽션.
- 직방: 매물 정보를 제공하는 플랫폼으로 부동산 시장을 디스럽션.
- 토스: 간편 송금 서비스로 금융 시장을 디스럽션.
- 스테이즈: 외국인 부동산 시장에서 고객 맞춤형 매물과 언어 서비스로 디스럽션.
- 오늘의집: 랜선 집들이 개념으로 인테리어 시장을 디스럽션.
- 무신사: 다양한 콘텐츠와 PB상품*으로 패션 시장을 디스럽션. (*유통업체가 자체적으로 판매하는 상품이다. 유통업체와 제조업체가 직접 계약을 맺기 때문에 유통 구조가 단순하여 대체로 타사 제품에 비해 저렴한 특징이 있다.)
- 카카오모빌리티: 대리운전 시장에서 GPS 기반의 매칭 서비스로 디스럽션.
- 마이리얼트립: 현지 가이드 매칭 플랫폼으로 여행 시장을 디스럽션.

- 윌라: 오디오북으로 도서 시장을 디스럽션.
- 야놀자: 숙박 시장에서 쾌적한 프랜차이즈 모텔과 숙박, 레저, 여행 플랫폼으로 디스럽션.
- 튜터링: 영어 교육 시장에서 실시간 원어민 강사 매칭 플랫폼으로 디스럽션.
- 악어디지털: AI-OCR기술로 문서 전자화 산업을 디스럽션.
- 트랜비: 인공 지능을 이용한 전 세계 최저가 검색으로 해외 명품 시장을 디스럽션.

이 밖에도 디스럽션의 사례는 무궁무진하다. 이렇게 다양한 분야에서 수많은 스타트업이 만들어 내는 디스럽션이 우리의 생활을 더욱 편리하고 풍요롭게 만들고 있다. 사람들은 대부분 이런 파괴적 변화나 혁신이 기술에서 나온다고 생각한다. 하지만 기술은 단지 파괴적 혁신을 돕는 역할일 뿐 실제로 파괴적 혁신을 주도하는 것은 고객이다.

샌프란시스코에 소재한 스리에스컨설팅의 파트너이자 국제적인 컨설턴트 수만 사카르는 《위대한 기업은 변화하는 고객 니즈에 집중한다》에서 파괴적 혁신을 주도하는 것은 변화하는 고객의 니즈라고 말했다. 그리고 끊임없이 변화하는 비즈니스 환경에서 고객의 니즈를 만족시킬 '고객 중심 전략 5가지'와 이를 현장에 바로 적용할 수 있는 검증된 실천 전략을 제시했다. 여기에서 사업을 뒤흔드는 것은 경쟁 기업의 기술이나 혁신이 아니라 바로 고객이며 고객의 니즈에 따라 발생하는 시장의 변화가 사업의 성패를 결정한다고 강조했다.

첫째, 기존 고객이 만족할 서비스를 제공하는 것이다. 다양한 마케팅 연구에서도 기존의 고객을 유지하고 관리하는 것이 신규 고객을 유치하는 것보다 6분의 1 수준으로 비용이 적게 든다고 한다. 이미 확보한 고객이 이탈하지 않도록 지속적으로 가치를 제공해 행복하게 만들어야 한다. 둘째, 개인화 전략을 도입해야 한다. 일대일 맞춤형 서비스와 제품이 인기를 끌고 모든 기업이 이 새로운 규칙을 따르게 됐고 대량 생산, 대량 판매에서 고객 한 명 한 명을 만족시켜야 한다. 셋째, 모든 기업에게 속도가 더 중요해질 것이다. 모든 세대의 고객이 인내심이 줄어들면서 기다리는 것을 너무 싫어하게 됐다. 넷째, 아무리 강조해도 지나치지 않는 것은 바로 품질이다. 적당히 좋은 품질은 치열한 생존 경쟁에서 살아남을 수 없다. 경쟁사를 이기는 것으로 만족해서는 안 된다. 고객이 만족하고 거부하기 어려운 제품과 서비스를 제공해야 한다. 끝으로, 끊임없는 기업 쇄신이 필요하다. 격변하는 시기에 대처하고 선도적 지위를 차지하기 위해서는 지금까지의 모든 전략을 버려야 한다. 고객과 시장이 변화를 요구할 때는 모든 것을 버리고 처음부터 시작할 용기가 필요하다.

큰 회사는 어떻게 저주에 걸리는가

디스럽션과 유사하게 사용되는 용어가 '파괴적 혁신'이다. 이 용어는 1995년 하버드대 경영대학원 교수 클레이튼 크리스텐슨이 〈하버드 비즈니스 리뷰〉에 처음 소개했다. 크리스텐슨은 하버드 비즈니스 스쿨에서 기술 혁신, 신기술을 이용한 시장 개척의 문제점, 조직 능력의 진단과 개발에 초점을 맞춘 명강의를 하여 유명했다. MIT 교수로 재직하던 기간에 자신의 제자들과 함께 컨설팅 회사 이노사이트, 벤처 캐피탈 회사 이노사이트벤처 등을 설립했으며, 수년간의 연구 끝에 출간한 《혁신기업의 딜레마》로 일약 미국 비즈니스 업계의 새로운 경영 철학자로 떠올랐다.

실무와 이론을 모두 경험한 그는 모든 것이 급변하는 시대에 신기술을 가진 혁신적인 기업들이 시장을 주도한다며 기술의 중요성을 강조했다. 디스럽션을 일으키는 근본적인 요인이 기술이며 혁신적인 기술이 있어야만 고객을 만족시키고 시장의 변화에 적응하며 글로벌 기업으로 성장할 수 있다는 주장이었다. 이는 혁신 주도 성장을 연구하는 강력한 방법론이 됐고, 인텔의 앤디 그로브, 애플의 스티브 잡스, 아마존의 제프 베이조스까지 수많은 기업가와 혁신가에게 영향을 끼치면서 첨단 기술 산업의 중요한 토대가 됐다. 지금도 전 세계의 창업가들에게 많은 영향을 미치고 있다.

그는 혁신을 존속적 혁신과 파괴적 혁신으로 구분했다. 존속적 혁신은 주요 시장에서 활동하는 주류 고객이 기대하는 수준에 맞춰 기존 제품의 성능을 향상하는 것을 말하는데, 특정 산업 내에서 일어나는 대부분의 기술 진보는 존속적인 성격을 띤다. 선도 기업은 존속적 혁신을 부지런히 실행하면서 주류 고객의 요구에 호응하고 다른 회사와의 경쟁에서 앞서려고 한다. 이런 과정을 반복하다 보면 해당 제품이나 서비스의 기술과 가격이 소비자가 필요로 하는 수준을 넘어서게 되는데 이때 파괴적 혁신이 등장한다. 그의 방법론은 혁신적인 기술을 가진 작은 기업들이 더 싸고 더 단순하고 더 사용하기 편한 제품이나 서비스로 무장하여 선도 기업들이 간과한 시장을 공략하여 시장 점유율을 장악해 나간다는 이론으로 많은 빅테크 기업과 스타트업들에게 영감을 줬다.

• 존속적 혁신

기술적으로 성능을 향상하는 혁신을 의미한다. 기존 방식이나 비용 구조를 유지하면서 보다 나은 기능, 품질의 신제품을 개발하는 것을 말한다. 고객의 기대치가 높고 까다로운 편이다.

• 저가 시장에서의 파괴적 혁신

제품과 서비스에 대한 기대치가 보통 수준으로 가격과 편리함 등에 대해 민감하다. 타깃 고객층은 필요로 하는 수준 이상의 제품, 서비스를 제공받으려고 하므로 새로운 운영 방식을 통해 저가 제품이나 서비스를 제공함으로써 저가 시장을 잠식한다.

• 신시장에서의 파괴적 혁신

단순함과 편리함 같은 제품이나 서비스의 가치와 소비로 인해 고객이 얻는 궁극적 효용에 집중한다. 타깃 고객층은 경제적, 기술적인 이유로 기존 제품이나 서비스를 사용하지 않는 고객이며 생산량이 적더라도 이윤을 창출할 수 있는 비용 구조를 만들어야 한다.

크리스텐슨 교수가 말하는 파괴란 자원이 적은 기업이 기존의 안정된 비즈니스에 도전하는 과정을 의미한다. 다시 말해 파괴는 소규모 회사가 특정 상황에서 막대한 자본력을 가진 거대한 기업을 이길 수 있는 방법이다. 파괴적 기술에 기초한 소규모 회사의 제품은 일반적으로 더 싸고 더 단순하고 더 작고 더 사용하기 편하다. 파괴적 혁신은 이런 제품이나 서비스로 선도 기업들이 간과한 시장 밑바닥을 공략한다. 후발 주자는 저렴하고 단순한 상품으로 시장 진입에 성공한 다음 주류 고객이 원하는 제품까지 내놓으며 선도 기업의 점유율을 장악해 나간다. 이처럼 파괴적 혁신이 완성되기 위해서는 두 가지 조건이 필요하다. 첫째가 저가 시장 또는 신규 시장에서 시작돼야 한다는 것이고, 둘째가 스타트업의 경우 초기 품질이 좋지 않아 주류 고객에게 인기를 끌지 못하기 때문에 품질이 고객 니즈를 따라잡을 때까지 버텨야 한다는 것이다.

178쪽의 그래프는 ① 기존 기업의 존속적 궤적과 ② 신규 진입 기업의 파괴적 궤적을 비교한 것이다. 존속적 궤적이란 제품의 성능 궤적이라고도 하는데 시간에 따른 제품과 서비스의 개선을 나타낸다. ③, ④, ⑤ 선은 성능에 대한 고객군별 지불 의사를 나타내는 것으로써 존속적 궤적의 위쪽에 있으면 고객이 요구하는 수준이나 수익성이 높다는 것이고 아래쪽에 있으면 수익성이 낮거나 고객이 제

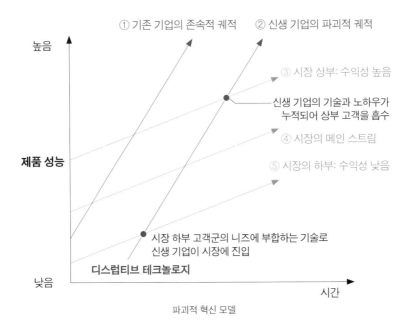

① 기존 기업의 존속적 궤적　② 신생 기업의 파괴적 궤적

③ 시장 상부: 수익성 높음

신생 기업의 기술과 노하우가
누적되어 상부 고객을 흡수

④ 시장의 메인 스트림

⑤ 시장의 하부: 수익성 낮음

높음

제품 성능

낮음

시간

시장 하부 고객군의 니즈에 부합하는 기술로
신생 기업이 시장에 진입

디스럽티브 테크놀로지

파괴적 혁신 모델

대로 된 품질을 제공받지 못한다는 의미다.

　기존 기업들은 현실적으로 모든 고객층을 만족시킬 수 없다. 고객들의 욕구가 점점 개인화되고 기술의 발전과 사회, 문화적 변화에 따라 지속적으로 변화하기 때문이다. 따라서 기업은 어떤 고객을 타깃으로 두고 핵심 역량을 쏟아야 할지 선택해야만 하는데, 대부분의 기업은 당연하게도 가장 충성심이 높고 두터운 층을 이루는 주류(메인스트림) 고객군과 수익성이 가장 높은 시장 상부의 고객군에 상품이나 서비스를 맞춘다. 그러다 보면 일부 고객층이 요구하는 품질 수준을 맞추지 못하기도 하고 의도했든 의도하지 않았든 시장 하부에 있는 고객군의 요구는 무시하기도 한다.

　이때 그동안 기존 기업들이 간과했던 하부의 고객층을 스타트업이 공략하여 적절한 품질 수준의 제품이나 서비스를 낮은 가격으로 제공함으로써 시장에 진입하고 입지를 다지게 된다. 그럼에도 불구하고 기존 기업들은 매출의 대부분을 차지하는 주류 고객들의 요구 수준을 맞추는 데 집중하다 보니 신속하게 적절한 대응을 하기가 어렵다. 스타트업은 시장에 진입할 때의 품질 수준과 저렴한 가격 등의 장점을 유지한 채로 점진적으로 상부의 주류 고객층이 요구하는 성능까지 제공함으로써 시장 점유율을 늘려 간다. 이렇게 주류 고객층이 스타트업의 제품을 대량으로 구입하기 시작할 때 파괴가 일어나게 된다.

역사가 반복되듯이 파괴적 혁신 또한 반복되고 순환한다. 파괴적 혁신을 만들어 냈던 스타트업도 지속적인 성장을 통해 시장 점유율을 늘려 시장의 지배자가 되고 시간이 지날수록 기존 기업이 되어 간다. 그 이후에는 또다시 새로운 스타트업이 나타나 파괴적 혁신을 통해 반복과 순환을 하는 사이클이 만들어진다. 첨단 기업이 많이 몰려 있는 미국의 실리콘 밸리에는 '큰 회사의 저주'라는 말이 있다. 회사가 커지면 재무적인 수치를 중요시하고 안정적인 사업만 하려는 경향이 나타나 위험을 무릅쓰고 뭔가를 하지 않는다는 의미다. 내부 구성원들 역시 실패하면 승진을 못하거나 경쟁에서 밀리기 때문에 새로운 도전을 두려워하고 신규 사업을 하려는 시도 자체를 안하게 된다. 반면 실리콘 밸리의 일부 혁신적인 기업들은 파괴당하기 전에 그들 스스로를 혁신하고 싶어 한다. 페이스북을 창업한 마크 저커버그는 가만히 앉아서 아무것도 하지 않는 것을 두고 "보장된 실패"라고 하며 "가장 큰 위험은 아무 위험도 지지 않으려 하는 것이다"라고 말했다. 그래서인지 페이스북에는 다음의 유명한 문구가 걸려 있다고 한다.

"만약 우리가 페이스북을 죽일 수 있는 것을 만들지 않으면 다른 누군가가 그것을 만들 것이다."

이런 노력의 일환이었을까? 페이스북은 2021년 10월에 회사명을 '메타'로 변경하고 향후 인터넷은 메타버스가 될 것이라는 전망 아래 회사의 모든 역량과 기술을 메타버스에 집중하겠다고 선포했다. 메타는 2024년 출시를 목표로 스마트폰에 연결하지 않고도 증강 현실 기능을 사용할 수 있는 스마트 안경을 개발 중이다. 그동안 출시된 스마트 안경은 대부분 스마트폰과 연동해야 하는데 이런 문제점을 해결한 제품을 내놓으려는 것이다. 세계 최대의 소셜 네트워크 서비스 회사에서 메타버스 회사로 거듭나겠다는 전략이 제대로 먹힐지 전 세계인의 귀추가 주목된다.

4장

고객이 원하는 것만
공략하라

　크리스텐슨의 파괴적 혁신 이론 뿐만 아니라 그동안 대부분의 혁신에 대한 이론은 주로 기술에 초점이 맞춰져 있었다. 그런데 하버드대 경영대학원의 교수이자 디지털 혁신 전문가인 탈레스 S. 테이셰이라는 크리스텐슨의 이론을 정면으로 반박했다. 크리스텐슨은 시장 관점에서의 기술 혁신과 경쟁을 언급했지만, 테이셰이라는 파괴의 진짜 원인은 기술이 아니라 달라진 고객이라고 말한다. 디스럽션을 만들어 내는 것은 기술의 혁신이 아니라 바로 고객이며 혁신은 기술이나 제품에서 비롯되는 것이 아니라 고객 가치 사슬의 변화에서 발생한다는 것이다. 또한 진정으로 중요한 것은 고객과 고객이 체감할 수 있는 비즈니스 모델이며 이는 고객이 자신의 시간, 노력,

금전을 비롯한 전체 비용을 줄이기 위한 행동이라고 강조한다. 시대가 변하고 기술이 발전하면서 고객이 더욱더 중요해지고 있음을 다양한 연구에서 증명했다.

사람들을 따라가면
길이 보인다

테이세이라는 저서 《디커플링》에서 디커플링이라는 개념을 처음 소개했다. 디커플링이란 원래 탈동조화를 뜻하는 경제 용어로, 어떤 나라나 지역의 경제가 주위 다른 나라들이나 전반적인 세계 경제의 흐름과 다른 흐름을 보이는 현상을 말한다. 주가, 환율, 금리 등 국가 경제에 영향을 미치는 일부 요소가 다른 모습을 보일 때도 사용하고, 한 나라의 경제 전반이 세계 경제 흐름과 다른 모습을 보일 때도 사용한다. 예를 들어 글로벌 금융 위기 이후 신흥 국가의 경제가 미국 주도의 세계 경제의 흐름과 다른 양상을 보일 때, 특히 세계 경제가 침체기인 상황에서 중국, 인도 등의 나라가 급성장할 때 디커플링 현상이 나타난다고 했다.

테이세이라는 이 개념을 확장해 고객 가치 사슬에서 존재하는 제품 탐색, 평가, 구매, 소비로 이어지는 연결 고리 중 약한 고리를 끊고 들어가 그 지점을 장악하는 개념으로 사용했다. 대중에게는 다소 생소한 개념인데 연인이 사랑의 징표로 커플링을 하는 것과 반대로 연결 고리나 관계를 끊어 내는 것을 생각하면 좀 더 쉽게 이해할 수 있다. 고객 가치 사슬은 고객이 자신의 욕구를 충족시키기 위한 일련의 행동이다. 제품을 탐색하고 평가하여 구매한 뒤 사용하고 처분하는 모든 활동을 말한다. 테이세이라는 고객이 소비하는 기본적인 단계로 제품이나 서비스에 대한 욕구가 발생하면 '평가 → 선택 → 구매 → 소비'의 4단계를 거치는 것으로 말한다. 그렇다면 비즈니스 모델을 혁신하기 위해서는 먼저 고객을 심층 분석해야 하고 고객이 자신의 욕구를 충족시키기 위해 택하는 주요 단계와 활동을 분석해야 한다. 고객의 가치 사슬을 이해해야만 고객을 만족시킬 수 있기 때문이다. 정리하면 디커플링이란 스타트업들이 기존의 기업들이 제공하고 있는 고객 가치 사슬에서 약한 부분을 공략하여 끊어 내는 과정을 통해 시장에 침투하여 기반을 구축하며 고객을 만족시키면서 성장한다는 이론이다.

1980년대까지만 해도 공급이 부족한 시대였다. 이른바 기업들이 제품을 만들기만 하면 팔렸다. 하지만 기술의 발달로 2000년대 이후부터는 생산량이 증가하면서 공급 초과 현상이 발생했고 고객들의 요구는 한층 다양하고 복잡해졌다. 고객이 '봉'이었던 시절에서 고객이 '왕'인 시대로 바뀐 것이다. 심지어 지금은 그 왕이 너무 많아졌다. 고객들은 다양한 욕구를 충족하기 위해 점점 더 가치가 높은 제품이나 서비스를 중요하게 여기게 됐다. 그리고 인터넷을 통해 가격 비교를 하면서 합리적이고 스마트한 소비를 하기 시작했다. 이러한 변화로 인해 기업들은 고객으로부터 선택받고 살아남기 위해 치열하게 경쟁해야만 하는 상황에 직면했다. 기술의 발달로 불특정 다수의 대중을 위한 대량 생산에서 벗어나 특정 집단이나 개인을 타깃으로 한 소량 맞춤형 생산과 디자인이 가능해졌고 이제는 매스 마케팅이 개인화 마케팅으로 진화하고 있다. 이러한 과정에 디커플링 현상이 나타나는 것이다.

합리적인 고객들에게
선택받는 법

그렇다면 고객은 왜 디커플링을 원할까? 이에 대한 해답을 구하기 전에 우리는 고객이 구매를 결정하기까지의 과정을 고민해 볼 필요가 있다. 고객은 니즈나 원츠가 발생했을 때 다양한 노력과 프로세스를 거쳐 구매를 하게 된다. 니즈는 필요성을 인식한 데서 유발되는 소비자의 욕구다. 강한 결핍의 상태로, 하지 않으면 안 되는 것을 말한다. 식욕, 수면욕, 생존에 대한 욕구, 성욕 등 인간이 반드시 채워야 하는 생리적 욕구로 의식주같이 필수적이고 지속성이 강한 경우가 많다. 반면에 원츠는 원하는 것, 바라는 것으로 니즈에 비해 상대적으로 약한 결핍의 상태이며, 하고 싶은 것이지 꼭 해야만 하는 것은 아니다. 선택적이고 비지속적이며 허영이나 단순한 바람에 의한 경우가 많다. 예를 들어 '배고프다'가 니즈라면 '한우가 먹고 싶다'는 것은 원츠이고 '차가 필요하다'가 니즈라면 '벤츠를 사고 싶다'는 원츠이다. 일반적으로 고객의 구매 과정은 이렇다.

'고객의 니즈와 원츠 발생 → 제품 검색 및 후기에 대한 정보 습득

→ 오프라인 매장에서 제품에 대한 체험 → 온라인에서 가격 비교를 통해 구매'

고객은 어떤 제품을 구매하기 위해 블로그나 유튜브에 검색해 사용 후기를 찾아보면서 비교한 뒤 충분한 정보를 획득하면 오프라인 매장에 가서 직접 보거나 사용해 보기도 한다. 그런 다음에 가격 비교 사이트나 아마존, 쿠팡 같은 온라인 쇼핑몰에서 합리적인 가격으로 최종 구매를 한다. 이렇게 힘들고 복잡한 과정을 거쳐 구매를 완료하는데 최종 의사 결정을 하는 마지막 단계에서는 고객이 제품에 대해 느끼는 가치와 그에 대한 비용이 가장 중요한 역할을 한다.

고객은 더 나은 가치를 찾아 항상 이동한다. 고객은 기업의 규모와 상관없이 기존 기업에서 통합하여 제공하는 고객 가치 사슬 중에 일부분이라도 더 나은 가치를 제공하는 혁신적인 기업이 있다면 망설임 없이 이동하기 마련이다. 고객은 언제나 자신의 이익을 최우선시하고 그 이익을 얻을 수 있는 방향으로 움직이기 때문이다. 디커플링이 효과를 발휘하는 이유도 기존의 기업들이 충분한 가치를 제공하지 못하는 느슨한 영역에서 스타트업들이 고객이 원하는 가치를 제공하기 때문이다. 또한 고객은 가치를 추구하는 만큼이나 비용을 줄이고자 한다. 고객 가치 사슬의 특정 영역에서 고객이 가치와 전문화를 인정한다고 가정한다면 최종 결정의 관건은 비용이다. 고객이 제품을 구매할 때 지불해야 하는 비용에는 제품이나 서비스의 가격뿐만 아니라 필요한 제품을 검색하고 구매하고 사용하고 폐기하는 등의 모든 과정이 포함된다. 이러한 비용은 대체로 돈과 시간과 노력으로 치환될 수 있는데 이는 고객들이 제품이나 서비스를 구매할 때 부담하는 3가지 화폐이기도 하다. 고객은 결국 자신의 소중한 돈과 시간과 노력을 아낄 수 있는 결정을 한다.

가격을 낮추면서 창출한 가치

가격을 인하하는 것은 가장 강력하고 확실한 가치 창출 전략이다. 물론 경쟁사의 제품과 품질이 비슷하거나 똑같은 경우를 전제로 한다. 2011년에 설립된 달러 쉐이브 클럽은 약 120년의 전통을 가진 면도기의 대명사 질레트를 위협하는 기업이 됐다. 질레트가 유명 스타들을 모델로 천문학적인 액수의 광고를 집행하면서 고급화와 고가 전략을 추구한 반면 달러 쉐이브 클럽은 저렴한 가격으로 가성비를 내세워 승부수를 띄웠다. 결과적으로 미국 면도기 시장의 70%를 점유했던 질레트의 시장 점유율은 50%대까지 떨어졌고 달러 쉐이브 클럽은 창업 4년 만에 320만 명의 유료 회원을 보유하고 약 2억 4,000만 달러의 매출을 올렸다. 달러 쉐이브 클럽은 고속 성장을 계속하다가 글로벌 생활용품 업체인 유니레버에 10억 달러에 매각됐다. 이렇듯 가성비를 추구하는 MZ 세대가 많아지면서 성능 대비 가격이 저렴한 제품이 많이 출시되고 있는데 대표적인 브랜드에는 샤오미, 이케아, 이마트 노브랜드, 이디야 커피 등이 있다.

시간을 단축하면서 창출한 가치

시간은 돈이라는 말이 있듯이 사람들에게 시간은 중요한 자산이다. 세계에서 가장 부자인 빌 게이츠가 살 수 없는 유일한 것이 시간 이라는 말도 있다. 많은 기업이 이러한 점에 착안하여 고객의 시간을 줄여 줌으로써 가치를 창출하고 있다. 현대인들은 너무나도 바쁜 생활을 하고 있기 때문에 시간을 줄여 주는 것은 가격을 할인해 주는 것만큼 효과가 있다. 고객이 제품을 구매하기 위해서는 그 이전에 정보 탐색, 상품 선택, 장바구니 담기, 결제 등의 과정을 거쳐야 하는데 얼마 전까지만 해도 쇼핑몰에서 결제를 하기 위해서는 신용카드 번호를 일일이 입력해야 했다. 이 과정이 어렵고 복잡했기 때문에 많은 사람이 불편해했고 포기하는 사람도 많이 발생했다. 기업 입장에서는 얼마나 억울한 일인가? 다양한 마케팅을 통해 쇼핑몰에 들어온 고객이 제품을 둘러보고 장바구니에까지 담았는데 결제가 복잡해서 이탈하면 결국 비용만 발생하고 매출은 발생하지 않게 되는 것이다. 혁신적인 기업들은 이러한 프로세스가 고객들의 소중한 시간을 낭비하게 만든다는 것을 깨닫고 간편 결제 같은 기능을 통해 결제 시간을 줄여 주는 디커플링 전략을 취하고 있다. 네이버페이, 카카오페이, 삼성페이, 쿠팡페이, 쓱페이 등이 대표적인 사례다.

고객의 노력을 줄여 주면서 창출한 가치

오프라인에서 제품을 보고 온라인에서 가격을 비교해 가장 저렴한 곳에서 구매하는 쇼루밍 현상은 이제 전 세계적으로 일반화됐다. 미국에서는 베스트바이어에서 제품을 보고 아마존에서 구매를 하고, 한국에서는 전자랜드에서 제품을 보고 쿠팡에서 구매하는 일이 너무도 익숙해졌다. 기존에는 고객들이 베스트바이에서 제품에 대한 정보 수집과 확인, 선택과 구매를 모두 했다면 아마존이 기존 소비 활동 중 하나인 구매 단계에 집중해서 지속적으로 혁신적인 서비스를 제공했기 때문에 고객들이 베스트바이에서 아마존으로 이동하게 된 것이다. 이제는 반드시 사용해 보고 구매해야 하는 제품이 아니라면 굳이 오프라인 매장에 가는 노력을 하지 않고 온라인 쇼핑몰에서 구매하는 고객이 점점 더 많아지고 있다.

테이셰이라 교수가 말한 것처럼 혁신은 기술이 아니라 비즈니스 모델에서 나오며 고객이 그 중심에 있다. 기존 기업들이 제공하는 고객의 가치 사슬을 자세히 들여다보면 그곳에는 언제나 필요 이상으로 고객의 돈과 시간과 노력을 요구하는 불합리하고 비효율적인 부분이 존재한다. 그리고 완벽해 보이는 가치 사슬의 단계도 고객의 상황, 시대적 변화, 기술의 발달에 따라 변화하게 돼 있다. 당신이 만약 불합리하고 비효율적인 가치 사슬의 연결 고리를 잘라 내서 고객들에게 가치를 제공하고 욕구를 채워 주며 고객이 쓰는 돈과 시간과 노력을 줄여 줄 수 있다면 그 분야에서 성공적인 디커플러가 될 수 있다. 결국 고객에게 가장 중요한 자원인 돈, 시간, 노력 이 3가지를 줄여 주는 기업이 고객의 선택을 받고 경쟁에서 승리할 것이다.

아마존은 매장에서 제품을 구경하고 더 싼 값에 구매를 원하는 고객들의 '구입' 단계를 분리했다. 우버는 자동차를 고르고 선택하고 구입하고 유지하고 폐기하는 불편함을 통째로 없애고 오직 사용 단계만을 제공해 폭발적인 성공을 거두었다. 넷플릭스는 광고 없이 원하는 콘텐츠만 보기를 원하는 고객에게 비디오 콘텐츠 시청하기 단계만 제공하지만 인터넷 접속 문제에 관여하지 않는다. 트위치는 게임 개발을 하지 않고 게임 플레이 시청 단계만을 제공하다가 1조 원에 아마존에 인수됐다. 트립어드바이저는 광고가 아닌 오직 믿을 수 있는 리뷰만을 제공하고 예약은 기존 사이트에 맡긴다. 화장품 샘플 정기 배송 업체 버치박스는 화장품 사용 전 단계에서 '제품 테스트' 단계를 공략했다.

또한 국내의 토스는 공인 인증서나 불편한 로그인 절차 없이 간편 송금 기능만을 제공한다. 직방은 방을 구하기 위해 감수해야 하는 불편한 단계를 없애고 발품을 팔지 않아도 모바일로 방을 보고 계약할 수 있도록 했다. 야놀자는 다양한 숙박 시설을 비교하여 구매할 수 있도록 했으며 마켓컬리는 신선한 식품을 새벽에 받아 볼 수 있도록 유통 과정을 디커플링했다. 무신사는 오프라인 편집 숍 대신 한 곳에서 수천 가지의 브랜드 제품을 보고 구매할 수 있도록 만들었다.

5장

시장을
파괴하라

미국의 저술가이며 미래학자인 엘빈 토플러는 1980년《제3의 물결》에서 물결 이론을 제시했다. 물결 이론은 농업 혁명을 제1의 물결, 산업 혁명을 제2의 물결, 그리고 정보 혁명을 제3의 물결로 설명한다. 첫 번째 물결인 농업 혁명은 수렵 채집 사회에서 본격적인 문명의 시대로 도래하게 되는 농경 사회로의 혁명적 사회 변화이다. 두 번째 물결인 산업 혁명은 농경 사회에서 근대 산업 사회로의 변화다. 세 번째 물결은 후기 산업화 사회이며 정보화 사회다. 1950년대 후반부터 산업 사회에서 정보 사회로의 변혁이 일어났는데 이 사회에서는 탈대량화, 다양화, 지식 기반 생산과 변화의 가속이 있을 것으로 예측했다. 토플러는 저서에서 변화는 탈선형화돼 있으며 거꾸로도 앞으로도 그리고 옆으로도 발전이 가능하다고 주장했다. 테이세이라는 토플러의 물결 이론과 유사하게 인터넷 업계의 3단계 물결 이론을 제시했다. 인터넷 업계에 파괴적 혁신을 가져온 3개의 물결이 있는데 첫 번째 물결이 언번들링, 두 번째 물결이 탈중개화, 마지막으로 세 번째 물결이 바로 디커플링이라는 것이다.

파괴적 혁신을 불러온
3번의 물결

첫 번째 물결 언번들링

언번들링은 산업과 비즈니스 유형에 따라 묶음 해체, 분해, 개별화 서비스, 개별 가격 매기기, 망 세분화 등으로도 해석된다. 기존의 회사들은 대부분 번들링(묶음 판매)으로 고객을 확보하고 매출을 올리기 위해 노력했다. 방송국, 신문사, 잡지사 같은 전통적인 미디어 회사들은 다양한 콘텐츠를 묶어서 판매하는 방식으로 성장했고 음반 회사들은 CD 한 장에 여러 곡의 노래를 담아 묶음 판매를 했다. 최근 수많은 커머스 회사가 원 플러스 원, 투 플러스 원, 끼워 팔기, 일정 금액 이상 구매 시 배송비 무료 등의 판매 정책이나 프로모션을 지속하는 이유는 고객을 위한다기보다 번들링을 통해 매출을 극대화하기 위함이다. 미디어 회사는 고객이 모든 콘텐츠를 개별로 구매하는 것보다 저렴한 비용으로 판매해 고객 가치를 창출한다고 하지만 사실 고객은 대부분이 본인이 좋아하는 일부 채널이나 콘텐츠만 골라서 보기 때문에 소비하는 콘텐츠에 비해 과도하게 비용을 내는 것일 수도 있다.

이렇게 관행처럼 여겨 오던 묶음 판매 방식을 해체하여 개별적으로 판매하는 방식을 언번들링이라고 한다. 애플은 TV 프로그램이나 영화를 개별 구매할 수 있도록 했고, 음반 업계에서는 마음에 드는 노래를 개별적으로 구매할 수 있도록 했으며, 심지어 책도 원하는 페이지만 구매 가능하게 됐다. 언번들링의 핵심은 공급자 입장에서 최대한 많이 판매하고 매출을 극대화하기 위한 기존의 방식에서 고객이 원하는 제품이나 서비스만 골라서 개별 구매할 수 있도록 고객 만족을 극대화하는 방식으로 변경된 것이다.

두 번째 물결 탈중개화

언번들링을 통해 고객들이 개별 제품이나 서비스를 구매하는 것이 활성화되자 다양한 산업에서 중개 역할을 하던 기업들의 입지가 줄어들었다. 과거에는 여행을 가기 위해 꼭 여행사를 통해서 비행기 표를 구매하고 호텔이나 렌터카를 예약해야만 했다. 하지만 인터넷이 활성화되고 호텔스닷컴이나 아고다, 스카이스캐너, 에어비앤비 같은 다양한 플랫폼 서비스가 등장하면서 여행사 없이 고객이 직접 모든 것을 할 수 있는 세상이 됐다. 주식 거래도 과거에는 고객이 오프라인 증권사에 가거나 전화로 주식 중개인을 통해 높은 수수료를 내면서 매매하던 방식이었으나 지금은 고객이 모바일에서 직접 사고파는 것에 매우 익숙해져 있다. 이 밖에도 부동산 거래, 인테리어

공사, 청소, 이사, 보험 판매, 자동차 판매 등 많은 산업에서 특정 지위나 정보 또는 독점권을 갖고 있던 중개인으로부터 벗어나 고객이 직접 원하는 제품이나 서비스를 구매할 수 있는 환경이 조성됐다. 이것이 바로 탈중개화의 핵심이다.

세 번째 물결 디커플링

이제는 혁신적인 기업들이 언번들링이나 탈중개화를 통해 고객을 확보하는 것이 아니라 고객들이 구매하기까지 거치는 여러 단계 중 약한 틈을 파고 들어가 분리하는 방식으로 고객을 확보하고 있다. 왓챠는 인터넷 접속하기와 영화 시청하기를 분리했고 쿠팡은 제품 구매와 탐색을 분리했으며 카카오택시는 택시를 호출하는 과정을 분리해 성공했다. 디커플링이 앞서 두 물결과 다른 점이 있다면 언번들링과 탈중개화는 공급자의 입장에서 공급 프로세스의 혁신을 만들어 낸 것에 반해 디커플링은 고객의 입장에서 고객의 구매 활동 단계를 분리해 혁신했다는 것이다.

스타트업이 글로벌 기업으로 성장하기 위한 5단계

고객 가치 사슬을 자세히 들여다보면 고객은 제품이나 서비스를 구매할 때 자각하는 것보다 훨씬 더 다양한 활동을 한다는 것을 알 수 있다. 구매를 꼭 해야 하는지에 대한 자신의 욕구를 확인하고 구매하기로 결정했다면 일반적으로 인터넷 검색을 하거나 발품을 팔아 다양한 판매처의 가격이나 옵션, 가성비 등을 비교한다. 그 뒤에는 제품을 결정하고 결제해 구매하며 끝으로 제품을 배송받고 사용하게 된다. 이 과정을 크게 4단계로 '평가하기 → 선택하기 → 구매하기 → 소비하기'로 정리할 수 있다. 그리고 이 모든 활동은 가치를 창출하고 창출된 가치에 요금을 부과하며 가치를 잠식하는 디커플링의 3가지 유형 중 하나에 해당된다.

1. 가치 창출

기업이 고객을 위해 세상에 없던 가치를 창출하는 활동이다. 쉬운 예로 제품 팔기, 호텔에 숙박하기, 음식 제공하기 등이 있다. 2개 이상 연결된 가치 창출 활동의 사슬을 분리하여 그중 하나를 고객에게 제공한다. 미국 샌프란시스코를 둔 게임 전용 인터넷 방송 서비스 트위치는 '게임 구매하기, 게임하기, 다른 사람의 게임 보기'의 단계에서 게임 보기에 집중하여 가치를 창출한 대표적인 사례다. 트위치는 본인이 게임을 하는 것보다 다른 사람들이 게임하는 모습을 보는 것에 흥미를 느끼는 고객이 많아지자 게임 관람 서비스라는 새로운 가치를 만들어 냈다.

이 책을 읽는 독자 중에는 돈을 내면서까지 다른 사람이 하는 게임을 시청하는 것이 이해가 안 될 수 있지만, 프로 야구 경기나 LPGA 골프 대회에 돈을 내고 보는 것과 같은 개념이라고 생각해 보자. 가치를 창출하는 디커플러의 기업은 가치가 가장 높은 편인데 이런 유형은 고객에게 확실한 가치를 제공하고 회사를 바꿔야 하는 합리적인 이유를 제공하면서 빠르게 고객을 흡수하고 성장하기 때문이다.

2. 가치에 대한 대가를 부과

기업이 창출한 가치에 대가를 부과하기 위한 추가 활동이다. 세상에 공짜는 없다. 세상의 모든 제품이나 서비스에는 가치가 있으며 그 가치에는 가격이 붙게 마련이다. 식당에서 음식을 살 때, 카페에서 커피를 살 때, 편의점에서 과자를 살 때, 자동차 매장에서 자동차를 살 때에도 우리는 본인이 느끼는 가치에 대한 대가를 지불한다. 모바일 게임업체 슈퍼셀은 거의 대부분의 게임을 무료로 제공하면서 게임을 하는 사람들에게 다양한 디지털 아이템을 판매하는 것으로 가치에 대한 부과를 한다.

3. 가치 잠식

가치를 창출하지도 않고 창출된 가치에 대가를 부과하지도 않는 활동이다. 중고차를 판매하기 위해 사진을 찍거나 호텔 예약을 위해 개인 정보를 제공하거나 주문한 음식을 가지러 식당에 가는 활동 등이다. 시장 파괴자들은 가치 창출과 가치 잠식 활동의 연결 사슬을 끊어 내고 그 틈을 파고든다. 미국의 게임 스트리밍 서비스 스팀은 '게임 상점에 가기, 게임 구매하기, 게임하기' 과정에서 게임 상점에 가는 활동을 가치 잠식함으로써 고객을 만족시켰다. 게임을 하고자

하는 플레이어는 게임을 사기 위해 더는 게임 상점에 가지 않아도 되는 것이다. 직방은 '방 구경하기, 방 계약하기, 입주하기' 단계에서 방을 보러 다니는 수고를 들이지 않도록 PC와 스마트폰을 통해 다양한 방의 사진과 조건을 보여 줌으로써 방 구경하기 활동을 가치 잠식해 가치를 제공했다. 가치 잠식 디커플러에 대한 평가는 대체로 낮은 편인데 그 이유는 투자자 입장에서 볼 때 성장에 대한 잠재력이 다른 디커플러에 비해 상대적으로 제한적이기 때문이다.

테이셰이라가 디커플러의 3가지 종류에 해당하는 55개 기업을 분석한 결과, 가치 창조 디커플러의 가치는 평균 6억 달러였지만 가치에 비용을 매기는 디커플러의 가치는 평균 3억 달러였고 가치 잠식 디커플러에 대한 투자자의 가치 평가는 평균 1억 5,000만 달러로 가장 낮았다. 투자자와 시장은 가치 창조를 하는 디커플러에 높은 가치를 준다는 것을 반증하는 사례다.

디커플링의 목적은 결국 비즈니스의 기본으로 복귀하는 것이다. 경쟁자를 이기고 물리치기보다 고객을 얻고 유지하기로 돌아가는 것이 기업에게 중요한 일임을 다시 일깨운다. 피터 드러커의 유명한 격언 "비즈니스의 목적은 고객을 창출하는 것이다"라는 말의 본질에 충실한 방식이다.

21세기가 되고 수요 우위의 시장으로 변화하면서 고객들이 자신의 욕구를 충족시키는 과정에서 발생하는 행동 변화가 시장을 파괴하고 있다. 전략적인 디커플러들은 경쟁자들보다 한 발 앞서서 고객 가치 사슬 활동 중 하나 이상을 낚아챌 기회를 찾아내며 고객들의 금전, 노력, 시간을 줄여 주고 있다. 총 비용 면에서 고객이 기존 기업에 지불하는 비용보다 덜 부담하게 만드는 것이다. 테이세이라는 혁신적인 디커플러들이 어떤 과정을 통해 성공적인 디커플링을 하는지 분석했는데 대부분 5단계를 거쳐 성공하고 고객을 확보하며 글로벌 기업으로 성장한다고 한다. 그리고 디커플링 5단계 공식은 스타트업뿐만 아니라 기존 기업들에도 적용이 가능하다.

1단계. 고객 가치 사슬을 파악한다

욕구가 유사한 특정 고객 그룹을 파악하고 그들이 기존의 고객 가치 사슬에서 벌이는 활동을 세심하게 살펴야 한다. 최대한 고객의 활동을 구체적으로 세분화하고 분석해야 한다. 고객의 행동을 관찰하거나 그들로부터 받은 질문을 분석해 보면 고객 스스로 자각하지 못하지만 내심 필요로 하는 서비스가 있다는 사실을 발견하게 된다. 디커플링 전략을 실행하기에 최적의 비즈니스 모델이 고객의 질문과 행동 패턴에 숨어 있는 것이다.

우리가 가장 많이 사용하는 스마트폰의 구매 과정을 예로 들어 보자. 사람들이 언제 스마트폰을 바꾸는가? 사람들은 왜 스마트폰이 고장 나지도 않았는데 새로운 스마트폰을 필요로 하는가? 구체적으로 어떤 방식으로 스마트폰 브랜드를 파악하고 선호하는가? 어떻게 특정 제품이나 모델에 관심을 갖게 되는가? 스마트폰을 구매하는 과정은 어떻게 되는가? 스마트폰 매장에서 구매하는 것과 온라인으로 구매하는 것 중에서 무엇을 더 선호하는가? 이 밖에도 다양한 질문이 나올 수 있다. 고객들의 인식, 관심, 욕망, 구매 패턴 과정을 가능하면 전부 구체적으로 세밀하게 파악해야만 의미가 있다. 그렇지 않으면 구체성이 떨어져 실효를 거두기가 어렵다.

2단계. 고객 가치 사슬을 유형별로 분류한다

고객 가치 사슬 활동은 앞서 소개한 대로 가치 창출, 가치에 대한 부과, 가치 잠식으로 분류된다. 디커플러는 가능하다면 소비자를 위한 가치 창출 활동을 해야 살아남고 성장할 가능성이 크다.

- 가치 창출: 기업이 고객을 위해 가치를 창출하는 활동.
- 가치에 대한 대가를 부과하는 디커플링: 기업이 창출한 가치에 대가를 부과하기 위해 추가하는 활동.
- 가치 잠식 디커플링: 가치를 창출하지도 않고 창출된 가치에 대가를 부과하지도 않는 활동.

3단계. 고객 가치 사슬 단계 중 약한 부분을 찾아낸다

고객 가치 사슬 중 약한 부분을 찾아야 한다. 혁신적인 디커플러라면 고객 가치 사슬에서 중요한 단계를 모두 고려한 후 고객이 현재 특정 회사를 통해 고객 가치 사슬의 전 과정을 수행하고 있지만 좀 더 편하거나 싸거나 시간을 아낄 수 있을 때 다른 회사를 통해 수행할 수 있는 활동이 무엇인지를 파악해야 한다. 이런 여러 활동 중에서 약한 사슬로 연결된 활동들이 디커플링하기 쉬운 타깃이 된다.

4단계. 고객 가치 사슬 단계 중 약한 사슬을 분리한다

세 번째 단계에서 찾아낸 약한 사슬을 끊어 내고 고객에게 고객 가치 사슬의 활동을 분리하는 것이 훨씬 더 가치가 있음을 느끼게 해야 한다. 성공적인 디커플러는 소비자가 각 활동을 수행하는 과정에서 소요되는 금전, 노력, 시간을 줄여 준다. 총 비용 면에서 고객이 기존 기업에 지불하는 비용보다 더 적은 비용을 지불하게 함으로써 고객의 욕구를 해결해 줘야 한다.

5단계. 경쟁 기업의 반응을 예측한다

마지막으로 경쟁 기업의 반응을 예측해야 한다. 기존 기업이 혁신적인 디커플러에게 대응할 수 있는 방법은 디커플러가 분리한 것을 재결합하거나 고객에게 분리할 기회를 직접 제공하면서 선제적 조치를 하는 것이다. 따라서 디커플러 역시 기존 기업이 어떻게 반응할지 예상하고 대응 전략을 준비해야 한다. 기존 기업은 무작정 디커플러로 나설 수 없기 때문에 지속 가능한 성장과 생존을 위해 자사의 사업 모델을 재조정해야 한다. 예를 들어 오프라인 매장 중심의 베스트바이는 아마존을 따라 가격을 낮추는 정책에 나섰지만 장기적인 대책이 될 수는 없었다. 대신 자사 매장에 삼성이나 애플 같은 주요 제조사들이 제품을 진열하게 하고 그 대가로 비용을 청구했다. 입점 수수료라는 가치를 확보하고 균형을 재조정한 것이다.

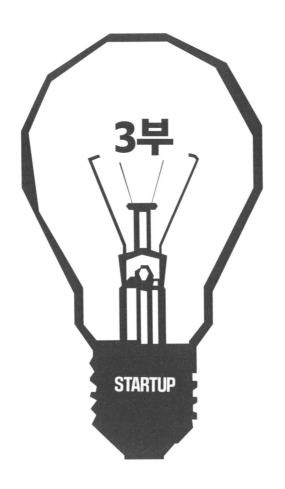

3부

STARTUP

어떤 위기도 돌파하는 스타트업 실전 비책

성공을 자축하는 건 좋지만
실패로부터의 교훈에도 주의를 기울여야 한다.

빌 게이츠(마이크로소프트 창업자)

1장

무엇을 꿈꾸든
성공하고 싶다면

경영 대학이나 MBA에서는 주로 성공 사례를 타산지석으로 삼기를 권한다. 물론 이것도 매우 의미가 있지만 스타트업은 경영 환경이나 기술부터 트렌드, 고객의 니즈, 심지어 기업의 임직원까지 모두 수시로 바뀌는 상황에서 과거에 성공한 사례가 그대로 적용되기는 쉽지 않다. 필자는 성공 사례를 통해 배우는 것도 중요하지만 기업들의 다양한 실패 사례에서 배울 점이 더 많다고 생각한다. 1부와 2부에서 케이스별 사례로 든 기업들 중에는 역사 속으로 사라진 기업도 있고 여전히 건재하여 글로벌 경제를 주도하는 기업도 다수 있다. 이는 한 번의 실패나 성공이 영원한 것이 아니라는 것을 잘 보여준다.

어떻게 구글은
세계를 제패한 기업이 되었나

구글은 1998년에 세르게이 브린과 래리 페이지가 공동 창업한 회사로 세계적인 혁신 기업 중 한 곳이다. 구글 검색을 필두로 유튜브, 지메일, 크롬, 맵, 안드로이드 등 수많은 서비스를 성공하면서 전 세계 많은 사람의 삶에 큰 영향력을 미치고 있다. 특히 전 세계 시장 점유율이 구글 검색은 90%에 달하며 스마트폰 운영 체제인 안드로이드는 73%에 달한다. 구글은 주요 비즈니스인 광고, 유튜브, 클라우드 사업을 기반으로 지속적으로 성장하여 시가 총액이 전 세계 5위 안에 드는 회사가 됐다.

하지만 구글이 세계적인 혁신 기업이라고 해서 모든 서비스를 성공시킨 것은 아니다. 천하의 구글도 성공시키지 못한 아픈 손가락이 몇 개 있는데 구글 톡, 구글 버즈, 구글 행아웃 같은 메신저 서비스와 넥서스폰, 구글 글라스 같은 디바이스 분야가 대표적이다. 아무리 세계 최고의 인력과 자본을 갖고 있더라도 특정 분야나 서비스에서는 혁신에 실패할 수 있다는 것을 보여 준다.

구글의 모든 기술력과 노하우가 응집된 '문샷 프로젝트' 역시 많은 실패를 겪고 있는데 그중에 '프로젝트 룬'이 대표적이다. 2011년 구글은 저개발국이나 오지에 있는 사람들이 무료로 인터넷을 사용할 수 있도록 만들겠다는 포부를 갖고 지구 곳곳에 900여 개의 풍선을 띄웠다. 풍선을 서로 연결하여 지구상의 모든 곳에 인터넷을 연결하겠다는 계획이었으나 이 프로젝트는 여러 가지 이슈로 2021년 1월에 공식 중단됐다.

구글의 실패 사례를 언급한 이유는 구글의 끊임없는 도전과 실패가 결국 구글의 성공에 큰 기여를 하고 있다는 것을 말하기 위함이다. 오늘의 도전과 실패가 내일의 혁신과 성공을 이끈다. 그동안 각종 미디어와 인터넷을 통해 기업들의 성공적인 혁신 사례는 많이 접했을 것이다. 반면에 혁신에 도전해 실패한 사례나 그 원인은 일부러 찾아보지 않으면 알기가 어렵다. 기업에서 실패한 사례를 알리기 싫을 수도 있고 대부분의 미디어에서 성공 사례에만 집중해서 보도하기 때문일 수도 있다. 미디어는 승자들의 전유물이고 대중은 영웅의 이야기를 좋아하지 실패한 사람이나 기업 이야기를 좋아하지 않는다.

해외에는 애플과 마이크로소프트를 비롯하여 FANG이라고 불리는 페이스북, 아마존, 넷플릭스, 구글이 세계적인 혁신 회사로 손꼽히고 국내에는 삼성과 엘지를 필두로 네이버, 카카오 같은 대표적인 IT 기업부터 쿠팡, 배달의민족, 마켓컬리, 토스, 직방 같은 스타트업이 혁신 기업의 사례로 많이 꼽힌다. 이들 역시 한 번의 실패도 없이 성공 가도를 달려온 것처럼 보이지만 화려한 성공 이면에는 수많은 도전과 실패가 있었다. 하지만 그런 경험들이 있었기 때문에 지금의 영광이 있는 것이다. 지금은 2,100만 명이 사용하고 1조 원 이상의 투자를 받은 금융 앱 토스 역시 8번을 실패하고 9번째에 성공한 서비스이며, 연 매출액 1조 원을 달성하고 IPO를 준비하고 있는 마켓컬리의 대표 김슬아가 시리즈A 투자 유치를 할 때 80번이 넘게 거절당한 일은 유명한 일화다.

　다른 기업들의 성공 사례를 통해 배우는 것은 물론 중요하다. 하지만 우리가 각종 미디어나 도서, 인터넷 등을 통해 접하는 성공 사례는 대부분 0.01%에 해당하는 극소수 기업에만 집중돼 있다. 그래서 그들의 성공 방정식을 일반화하는 것은 쉽지 않고 중소기업이나 스타트업들이 벤치마킹하기에는 예외적인 경우가 많이 있다. 또한 급격하게 변화하는 경영 환경에서 과거의 성공 방정식이 현재 또는 미래에도 그대로 적용될지는 미지수다.

　성공 사례를 통해 배우는 것도 중요하지만 때로는 실패한 사례를 거울 삼아 배우고 반면교사하는 것도 필요하다고 생각한다. 그래서 다양한 산업, 다양한 기업이 실제로 실패한 사례를 분석하고 원인을 규명함으로써 새로운 혁신의 길을 모색해 보고자 한다. 언론에 많이 노출된 사례에 대해서는 기업의 실명을 거론했으나 사람들이 알기 어려운 기업이나 민감한 케이스의 회사는 이름을 노출하지 않았으니 양해하기 바란다.

스스로 되새겨야 할
기본 조건 3가지

　오늘도 수많은 스타트업이 생겨나고 있다. 사회적 문제를 해결하려는 창업가가 많아지는 것은 바람직한 현상이지만 문제는 준비되지 않은 창업이 너무도 많다는 것이다. 중소벤처기업부에서 발표한 국내 기업의 창업 후 생존율을 보면 1년 차가 62.7%, 3년 차가 39.1%, 5년 차가 27.5%이다. 한국무역협회 자료에는 10년 차의 생존율이 8%로 줄어든다. 예상보다 생존율이 저조하다고 생각하는 사람도 있겠지만 개인적으로 이 숫자에는 허수가 많이 포함돼 있다고 생각한다. 생존의 의미가 서류상으로 폐업만 안 했을 뿐 직원들에게 급여를 주지 못하는 회사, 성과 없이 정부 지원금만으로 살아가는 좀비 기업, 비사업 목적 또는 불순한 의도로 만들어진 유령 회사들이 포함돼 있기 때문이다.

스타트업이 실패하는 이유는 너무 많지만 주요 원인은 3가지다. 첫 번째가 전문가로 팀을 구성하는 것이 아니라 비전문가와 지인으로 팀을 구성하여 높은 성과를 내기 어려운 구조에서 시작한다는 것이다. 둘째로 명확한 수익 모델의 부재다. 지금도 많은 스타트업이 사용자만 어느 정도 확보하면 돈을 벌고 투자도 받을 수 있을 것이라고 생각한다. 하지만 현실은 그러하지 못하다. 마지막으로 투자를 받은 이후에 잘못된 전략과 의사 결정으로 투자금을 무분별하게 사용하는 경우다. 이러한 실패 요인들을 분석하여 성공 가능성을 높이는 것이 필요하다.

1. 왜 비전문가와 지인을 모아 팀을 만드는가?

서울의 모 대학교 멘토링 프로그램을 통해 만난 A 스타트업은 창업 동아리 선후배들이 모여 애완동물을 키우는 사람과 동물병원을 연결해 주는 플랫폼 서비스를 출시했다. 펫 시장이 워낙 크고 있는 데다 정부 지원 사업에 선정되고 엔젤 투자도 받았기 때문에 성장 가능성이 높다고 생각했지만 최근에 폐업했다는 소식을 들었다. 아이템도 좋고 투자도 유치했는데 왜 실패했을까?

실패의 원인은 바로 팀 구성에 있었다. 최고의 전문가들로 팀을 구성해도 성공하기가 어려운데 아마추어들끼리 창업하고 회사 놀이를 한 것이다. 나이가 어린 창업자일수록 전문성이 부족하고 인적 네트워크가 약하기 때문에 매우 협소한 지인 네트워크 중에서 창업 팀을 구성하게 된다. 신뢰할 만한 사람을 찾는다는 점에서 좋은 방법이 될 수도 있으나, 문제는 그가 해당 분야와 담당하게 될 업무의 전문성이나 경험은 전혀 없이 그냥 친하다는 이유로 공동 창업자가 되고 중요한 업무를 맡는다는 것이다.

A 스타트업도 기획, 개발, 디자인, 영업, 마케팅, 운영, 고객 관리 등에 대해 제대로 아는 사람이 없이 열정과 패기만으로 시작하여 결국 실패했다. 이제는 열정 페이 또한 올드한 단어가 됐다. 초기 스타트업이 해당 분야의 최고 전문가를 영입하기는 어렵지만 최소한 해당 업무를 평균 이상으로 해 줄 사람을 찾아야 한다. 결국 전문가를 영입하지 못해서 주니어 위주로 팀이 결성됐다면 당장은 어렵지만 수개월 이내에 강도 높은 학습과 실행으로 일정 수준 이상 전문성을 끌어 올려야 한다.

2. 왜 수익 모델이 명확하지 않은가?

B 스타트업은 인공 지능을 이용하여 남녀를 매칭해 주는 데이트

앱을 만들었다. 다운로드 수나 트래픽이 조금씩 올라서 수익 모델로 광고를 도입했지만 기대와 달리 매출이 너무 저조했다. 월 매출이 비용의 10분의 1 수준이라 버티기 힘들어 투자 유치를 하기 위해 벤처 캐피탈을 만나 봤지만 대부분 투자하기 어렵다는 반응이었다. 인공 지능 관련 회사가 너무 많이 생기다 보니 단순히 기술력만 보는 것이 아니라 기술을 기반으로 성과가 나오는 회사 중심으로 투자하고 있다는 것이다. 처음부터 명확한 수익 모델을 만들지 못하고 사용자나 트래픽만 모으면 매출도 나오고 투자도 받을 거라는 막연한 생각이 애매한 상황을 만들었다.

많은 스타트업이 앱이나 웹 서비스를 제작하여 사용자를 모으고 페이지 뷰, 순 방문자 수, DAU, MAU 등 트래픽이 나오면 저절로 돈을 벌 것이라고 착각하는데 현실은 그렇게 녹록하지 않다. 실제 사용자 수가 많아지면 광고를 붙이거나 앱 안에서 유료 아이템을 판매하는 인앱 결제를 통해 수익 모델을 찾아야 하는데 대부분의 사용자가 무료로 사용하는 데 익숙해져 있기 때문에 유료화로 전환하는 것이 매우 어렵다. 앱 비즈니스를 하는 다수의 스타트업이 기본적인 기능은 무료로 제공하고 고급 기능에 대해서만 돈을 받는 Freemium(Free+Premium) 모델을 적용하지만 역시나 유의미한 매출이 나오기 어렵다. 따라서 창업 초기부터 성장 단계별 비즈니스 모델, 특히 수익 모델을 구축하여 지속적으로 테스트하면서 생존할 수 있는 구조를 만들어야 한다. 생존부터 해야 성장이 가능하다.

3. 왜 투자 유치 이후 잘못된 결정을 반복하는가?

D 스타트업은 뷰티 스타트업으로 K 뷰티 열풍에 힘입어 고속 성장을 하면서 2020년 초반에 200억 원 이상의 투자를 받았다. 투자를 받자마자 브랜딩을 강화하기 위해 수십억 원을 들여 버스 광고와 TV 광고도 하고 강남대로로 사무실을 옮기면서 인테리어도 고급스럽게 하는 등 공격적으로 자금을 집행했다. 많은 사람이 이 기업은 계속 성장하여 유니콘이 될 것이라고 생각했지만, 최근 투자금은 거의 바닥이 났고 다음 라운드 투자 유치가 되지 않아 재정적으로 매우 어려운 상황이며 심지어 직원들에게 급여도 제대로 못 주는 정도라고 한다.

투자를 받는 것도 어렵지만 투자 이후가 더욱 중요하다. 투자 이후에 그 돈을 어떻게 집행하는지에 따라 다음 단계로 도약하느냐 아니면 뒤안길로 사라지느냐가 결정되기 때문이다. 투자를 유치하면 치밀한 계획이나 준비 없이 브랜딩이라는 명목하에 버스 광고나 TV 광고를 하고 인테리어같이 꼭 필요하지 않은 곳에 자금을 집행하는 기업들이 많다. 심지어 100억 원을 투자받았다고 해서 그 100억 원이 자기 돈이 아닐진대 마치 자기 돈처럼 생각하는 대표들도 있어서 법인 차량으로 외제차를 렌트하는 경우도 있다.

투자 유치는 결과가 아니라 과정이다. 투자 유치는 성장과 도약을 위한 필수 조건이지 충분 조건이 아니다. 투자 유치는 사업의 끝이 아니라 새로운 시작이며 폭발적 성장을 만들어 내기 위해 총알을 장전하는 것이지 전쟁에서 승리한 것이 아니다. 투자 유치 이후에는 전략과 실행 계획을 치밀하게 세우고 효과적이면서도 보수적으로 자금을 집행하면서 뛰어난 인재들을 모아 폭발적으로 성장해야 한다.

사업을 안전하게
확장하고 싶다면

기업은 새로운 성장 동력을 만들거나 미래의 먹거리를 준비하기 위해 사업 다각화를 추진한다. 사업 다각화란 기업이 단일 사업에만 집중 투자하며 한 분야에 전념하기보다 주 사업 이외의 분야로 사업 범위를 확장하는 경영 전략을 의미한다. 기존 비즈니스 영역에서 상품 라인업을 확장하는 관련 다각화와 새로운 분야에 진출하는 비관련 다각화로 나눌 수 있다. 사업 다각화의 주요 목적은 시너지 창출, 지속적인 성장 추구, 시장 지배력 강화 등이며 주된 방식은 내부에 신규 사업 조직을 만들어 추진하는 방식과 진출하고자 하는 사업 영역의 주요 플레이어를 인수하는 방식이 있다.

기업은 원자재 구입이나 생산, 유통 과정 등 비즈니스 프로세스상에 변동이 발생했을 때 치명적인 타격을 입는다. 이를 대비하기 위해 현재의 마케팅, 생산 기술, 연구 개발 등의 노하우를 기초로 현재의 사업과 전혀 다른 산업에서 다각화를 추진해 성장의 기회를 만들 필요가 있다.

그런데 문제는 막대한 자금과 인력을 쏟아부은 사업 다각화가 수익을 창출하기는커녕 반대로 독이 되는 경우가 많다는 것이다. 특히 무분별한 사업 다각화로 기업 규모를 급속하게 확대하는 것은 기업의 생존 자체를 위태롭게 할 수도 있다. 사업 다각화가 실패하는 주요 원인은 3가지다. 첫째, M&A(인수 합병) 전략이 없는 상태로 단순히 외형만 키워 기업 가치를 올리는 것을 전략으로 착각하는 것이다. 둘째, 사업 다각화를 통해 수익성이 개선돼야 하는데 비용과 비효율이 증가해 그 반대의 결과를 초래하는 경우이다. 끝으로 사업 다각화 이후에 기업 간 문화를 통합하지 못하여 커뮤니케이션 코스트가 많이 발생하고 핵심 인력이 이탈하는 등의 역효과가 발생하는 것이다.

사업 다각화의 대표 주자
카카오에 중고 거래 사업이 없는 이유

카카오는 사업 다각화의 대표 주자로 생활 밀착형 서비스를 강화하기 위해 매우 적극적인 M&A 전략을 펼치고 있다. '김기사'로 유명한 록앤올(현 카카오네비), 로엔엔터테인먼트(현 카카오엔터테인먼트), 엔진(현 카카오게임즈), 포도트리(현 카카오페이지) 등을 인수하면서 전방위로 사업 영토를 넓히고 있다. 2021년 9월 기준 카카오의 계열사는 총 158개로 2016년 45개에서 규모가 4배 가까이 커졌다. 하지만 카카오라고 해서 모두 M&A에 성공한 것은 아니다. 카카오는 2015년에 전자제품 전문 중고 거래 플랫폼 '셀잇'을 인수하여 중고 거래 사업에 진출하려고 했다. 하지만 셀잇은 2017년에 카카오에서 번개장터로 매각된 후 2020년 서비스를 종료했다.

셀잇은 판매자가 스마트폰을 이용해 판매할 제품 사진을 올리면 국내 주요 중고 사이트의 실시간 시세를 반영해 자동으로 시세를 알려 주고 해당 제품이 2주 동안 판매되지 않으면 셀잇이 직접 제품을 매입하는 모델이다. 이는 중고 거래 절차의 복잡함과 사기 거래 위험을 최소화했다는 평가를 받으면서 많은 인기를 끌었다. 카카오는 셀잇을 인수하면서 카카오의 선물하기나 스토어와 같은 커머스 기능과 시너지가 날 것으로 예상했으나 결과는 그러지 못했다. 중고 거래 플랫폼이나 이커머스에 대한 구체적인 전략이 부재했던 사례로 평가된다. 만약 카카오가 셀잇을 통해 중고 거래 플랫폼 시장을 장악했다면 당근마켓이 탄생하지 않았을지도 모른다.

몸집만 불리지 말고
수익 향상에 신경 써라

유나이티드 항공사는 1987년에 사업 다각화를 통해 항공 비즈니스뿐만 아니라 복합 여행 서비스 회사로 확장하려는 시도를 했다. 항공사 운영을 통해 축적한 경험을 바탕으로 여행 서비스와 교통 서비스를 통합한 세계 최고 수준의 서비스를 제공한다는 전략이었다. 이러한 전략을 추진하기 위해 2년 동안 약 23억 달러를 들여 렌터카 회사부터 호텔, 여행 관련 에이전시를 적극적으로 인수했다. 하지만 유나이티드 항공사는 높은 인수 합병 비용으로 인한 자금난과 시너지 창출 실패로 수익성이 악화되어 결국 사업 다각화에 실패하고 말았다.

사업 다각화가 성공하기 위해서는 사업 자원이나 역량 면에서 상호 시너지가 나면서 비용을 줄이고 수익성이 증가하도록 해야 한다. 하지만 유나이티드 항공사는 M&A로 외형을 키우는 데만 집중하고 그보다 더욱 중요한 M&A 이후의 과정이나 수익성을 강화하기 위한 노력이 부족했다. 사업 다각화의 목적은 기업 가치나 외형의 확대가 아니라 미래 먹거리를 발굴하고 수익성을 향상시켜 지속적인 성장이 가능하도록 하는 데 있음을 명심해야 한다.

140개 기업이 각자도생한
대한민국 2호 유니콘의 결말

옐로모바일은 벤처 연합 모델로 세간의 관심을 받으며 승승장구했다. 수천 억대의 투자를 받았고 유망한 스타트업이나 중소기업의 지분을 맞교환하는 방식으로 단기간에 140여 개의 기업을 인수하면서 창업 2년 만에 기업 가치 1조 원 이상을 기록했다. 하지만 영광은 오래가지 않았다. 무분별한 사업 확장과 M&A로 인해 비용이 증가한 반면 인수한 회사들 간에 시너지가 나지 않았고 핵심 인력들이 이탈하면서 현재는 계열사들을 대부분 처분했거나 사업 정리 중이다. 옐로모바일은 140여 개의 회사가 모여 있음에도 불구하고 모든 회사가 각자의 방식으로 운영하는 것으로 유명했다. 통합하지 않는 것이 전략이라는 말까지 했다. 하지만 두세 개의 회사만 모여도 시너지가 나기 힘든 것이 현실인데 100개가 넘는 회사가 따로국밥처럼 운영되다 보니 의도했던 시너지가 나기란 어려웠다.

계속 말하지만 M&A 자체도 중요하지만 M&A 이후가 더욱 중요하다. 특히 회사의 가장 중요한 자산인 사람에 대한 세심한 배려와 계열사 간의 부드러운 기업 문화 통합이 필요하다. 인사, 조직과 관련한 다양한 연구에서 입증하듯 조직 자체를 물리적으로만 통합하는 것은 실패할 확률이 높다. 따라서 회사 상황과 인력 구조 등에 따라 탄력적인 방법을 찾아야 한다. M&A를 통해 기대하는 긍정적인 효과는 결국 사람과 조직에서 나올 수밖에 없다. M&A 이후 무리하게 조직을 통합할 필요는 없으나 기업 간의 문화를 통합하거나 커뮤니케이션 구조를 단일화하여 핵심 인재들이 떠나지 않고 지속적으로 최고의 성과를 낼 수 있는 조직과 환경을 만들어야 한다.

3장

세계 시장으로
나아가고 싶다면

최근 들어 국내 스타트업들이 한국 시장에만 머무르지 않고 해외에 진출하는 사례가 많아지고 있다. 한 나라의 인구가 1억 명을 넘어야 자체 내수만으로 시장 유지가 가능하다는 '1억 명 내수론'이 있듯이 우주로 도약하려는 스타트업에게 한국 시장은 좁을 수 있다. 철저하게 준비해 '중동의 카카오톡'으로 불릴 만큼 현지화에 성공하여 매치그룹에 약 2조 원에 매각된 하이퍼커넥트(서비스명: 아자르)와 창업 초기부터 미국에 본사를 세우고 글로벌 시장을 공략하여 성공한 모바일 채팅 솔루션 기업 센드버드가 대표적인 사례일 것이다.

하지만 아쉽게도 이렇게 해외 진출에 성공하는 기업은 매우 극소수에 불과하다. 대부분의 스타트업이 현지 문화나 상황을 잘 모르는 채 무턱대고 해외에 진출했다가 철저하게 준비하지 않아 자금을 모두 소진하고 낭패를 겪게 된다. 해외 진출에 실패한 기업들을 보고 준비를 철저히 하길 바란다.

해외에 안착한 라인, 국내에 자리 잡은 카카오톡

카카오는 자타가 공인하는 국내 넘버 원 메신저 플랫폼이다. 지금은 카카오뱅크, 카카오페이, 카카오모빌리티 등 카카오가 없으면 살기 불편할 만큼 우리 생활에 깊숙이 파고들었다. 이렇게 국내에서 승승장구한 카카오의 아킬레스건은 바로 해외 시장에서 성공한 사례가 거의 없다는 것이다.

카카오는 2015년에 동남아시아에서 인기가 높았던 SNS '패스'를 350억 원에 인수하여 해외 메신저 시장에 진출했으나 결국 페이스북과 인스타그램 등 미국발 SNS에 밀려 철수했다. 반면에 네이버의 '라인'은 국내 사용자 수는 많지 않지만 처음부터 해외 시장을 공략하여 현재 전 세계 19개 언어로 서비스되고 있고 월간 활성 사용자 수가 2억 명에 달한다. 일본, 대만, 태국에서는 부동의 1위 메신저로 자리를 잡았고 최근에는 야후 재팬과 통합하여 인공 지능, 포털, 커머스 등 다양한 영역에서 글로벌 사업을 전개하고 있다.

카카오가 해외 진출에 번번이 실패한 이유는 매우 복합적이다. 첫째, 해외 진출의 타이밍이 너무 늦었다. 모바일 메신저와 같은 플랫폼 비즈니스의 특성상 누가 더 많은 사용자를 더 빨리 초기에 모아서 시장을 선점하느냐에 따라 사업의 성패가 결정된다. 카카오는 국내 시장에만 집중하다 보니 라인, 위챗, 왓츠앱 같은 경쟁사에 비해 해외 진출의 타이밍이 너무 늦었다는 평가다. 둘째, 현지화 실패다. 카카오가 국내 사용자들을 중심으로 기획되고 디자인돼 있다 보니 해외 사용자들이 쓰기에 매우 불편했고 현지인들의 문화나 습관 등을 반영하지 못했다는 지적이다. 이 밖에도 경쟁사에 비해 상대적으로 적은 인력과 자본으로 해외 진출에 많은 투자를 하지 못했다거나 국내에서 발생한 개인 정보 강제 수집 의혹이나 무료 통화 도입 논란 등으로 해외 시장에 집중하지 못했다는 의견도 있다.

전 세계 기업들이
중국 진출에 고전하는 이유

A 스타트업은 뷰티 용품을 제조하는 기업으로 마스크팩 등 다양한 화장품을 생산하고 있다. 국내에서 2030 젊은 세대에게 인기를 끌면서 가파른 성장세를 보였고 공신력 있는 벤처 캐피탈로부터 수백억 원의 투자를 받는 등 승승장구했다. A 스타트업은 시간이 지나면서 성장의 정체기가 오자 해외 진출에 대한 고민을 하기 시작했다. 다양한 조사와 고민 끝에 중국 시장에 진출하기로 결정하고 중국 관련 업무 경험이 많은 사람들을 채용하여 조직을 세팅해 중국 지사를 설립했다. 한국의 뷰티 시장 규모가 16조 원인 반면 중국의

시장 규모가 79조 원 정도로 워낙 크기 때문에 처음에는 고생을 좀 하겠지만 어느 정도 자리를 잡으면 한국 시장보다 더 큰 매출이 나올 것으로 기대했다.

하지만 예상과 달리 제품 수출을 위한 행정적인 업무에만 수개월이 소요되고 자금은 계획보다 더 많이 지출됐다. 1년 가까이 제품 출시조차 못하고 있는 상황에서 계속해서 인력을 유지하고 투자를 하면 성과가 나올지 아니면 밑 빠진 독에 물 붓기가 될지 미지수다.

중국은 규제가 많기로 유명하다. 특히 자국 기업을 보호하기 위한 조치로 중국에 진출한 외국 기업들이 불합리한 경우를 당하는 일이 비일비재하다. 그래서 라인 같은 국내 기업은 물론이고 아마존, 이베이, 구글 같은 글로벌 회사들도 가장 힘들어하는 시장이 중국이다. 화장품 분야는 특히 심각하다. 화장품 샘플 통관 절차에만 수개월이 소요되는데 중국 내 생산되는 화장품과 달리 복잡한 규정과 절차를 통해 화장품 등록증을 발급받아야 한다. 또한 중국에 최초로 수입되는 화장품은 중국 정부에서 지정한 위생 검사 기관에서 위생 안전성 검사를 받은 후 중국 국가 식품 약품 감독 관리국에서 '수입 화장품 위생 허가증'을 발급받아야만 통관 및 중국 내 판매가 가능하다. 한때 중국 시장이 거대하다는 이유로 마치 약속의 땅, 기회의 나라인 것처럼 많은 기업이 진출했지만 현지의 규제나 절차를 잘 모르고 행정적인 리스크에 제대로 대응하지 못해 실패한 사례가 많이 있다.

이름 빼고 다 바꿔라,
철저하게 현지화하기

베트남 시장이 뜨겁다. 베트남 국민 평균 연령은 30세로, 전체 인구 9,800만 명의 50%가 30세 이하이며 스마트폰 보급률이 90%로 시장의 매력도가 매우 높다. 베트남은 기술 중심의 제품과 서비스에 대한 젊은 소비자들의 수요가 폭발적으로 증가함에 따라 많은 해외 투자자들과 스타트업이 진출하는 아시아 3대 시장이다. 그중 베트남의 게임 시장 규모는 약 3억 6,500만 달러로 이용자는 약 3,300만 명에 달한다. 게임은 다른 산업에 비해 상대적으로 해외 진출이 쉬운 편이다. 다른 제품이나 서비스와 달리 시장성만 있다면 언어만 바꿔서 빠르게 출시할 수 있기 때문이다.

B 스타트업은 모바일 게임을 개발하는 회사로 한국에서 어느 정도 자리를 잡았는데, 베트남의 시장성과 성장성에 매료되어 베트남 시장에 도전했다. 하지만 쓰디쓴 실패를 맛봐야 했다.

우선 국내 게임을 언어만 바꿔서 출시하면 성과가 나올 것이라는 생각부터가 잘못됐다. 언어뿐만 아니라 게임 장르, 게임 방식, 캐릭터 특성과 디자인 등 모든 것을 철저하게 현지화해야 성공할 수 있다. 베트남 사용자들은 대부분 중국의 무협 장르 게임을 선호하고 베트남의 게임 퍼블리셔*들도 우리나라 게임에 비해 훨씬 저렴한 중국 게임을 많이 배급하고 있기 때문에 모바일 게임 시장의 80% 이상을 중국산 게임이 차지하고 있다. (*게임 개발사의 게임을 받아서 유통 및 배급하는 회사를 말한다. 게임 서비스 인프라를 구축하고 게임의 번역 및 현지화, 서버 관리, 홍보, 이벤트, 사용자 관리 및 분석, 게임 시장 분석, 운영 체계 구축 등 게임의 서비스에 관련한 모든 사항을 책임지고 운영하는 곳이다.) 그만큼 우리나라의 작은 게임 스타트업들이 시장에 안착하기가 어려운 구조다. 조 단위의 매출을 올리는 국내의 대표적인 게임 회사조차도 베트남 진출에 여러 차례 실패한 후 절치부심하여 그 이후로는 게임을 현지화하는 과정에서 게임 이름만 빼고 모두 바꿨다는 점이 시사하는 바가 크다.

지금도 베트남 시장이 '포스트 차이나'로 불리면서 많은 스타트업이 진출하지만 현지화 전략의 부재로 실패한 사례가 많이 있다. 해외 진출에 앞서 현지의 문화나 제도, 소비자들의 특성과 소득 수준, 국민성 등을 잘 파악하고 시장 침투 전략을 세워야만 해외 진출에 성공할 수 있다.

4장

마케팅에 투자해도
효과가 없다면

4차 산업 혁명 시대에 우리나라가 기술 강국이 되기 위해서는 스타트업 생태계가 활성화되어 점점 더 많은 혁신적인 기업이 나올 수 있는 분위기가 조성돼야 한다. 다행히 몇 년 전부터 혁신적인 기술력을 바탕으로 좋은 제품이나 서비스를 만드는 스타트업이 많아지고 있어 반갑다. 그런데 기술이 좋다고 무조건 성공하는 것은 아니다. 많은 기술 기반의 스타트업들이 제품이나 서비스를 잘 만들면 고객들이 저절로 찾아올 것이라고 생각하는데 현실은 그러하지 못하다. 아무리 좋은 제품이나 서비스를 만들어도 고객 타깃팅을 통해 적절한 마케팅을 집행하지 않는다면 이 세상에 없는 제품이나 마찬가지가 된다. 스타트업 창업자들이 제품이나 서비스 또는 기술 측면에서 전문성이 있을지 몰라도 마케팅에는 문외한인 경우가 많다 보니 고객 타깃팅, 매체 및 상품 전략, 마케팅 메시지, 브랜딩 등에서 많은 시행착오를 겪는다. 그리고 이러한 시행착오는 결국 많은 시간과 비용의 낭비를 초래한다. 게다가 스타트업의 경우 마케팅 예산이 거의 없거나 부족할 수밖에 없기 때문에 힘들게 집행한 마케팅 캠페인이 효과가 약하거나 예상하지 못한 문제가 발생하면 회사의 존폐 위기까지 불러올 수 있다. 실제로 큰 금액의 마케팅 예산을 집행하고도 다운로드, MAU, DAU, 매출 등 유의미한 성과가 나오지 않고 자금 조달에 실패하면서 힘든 시기를 겪는 스타트업이 너무 많다.

고객이 혹하고 끌리는 메시지를 사용하라

마케팅 커뮤니케이션에서 중요한 것 중 하나가 바로 고객에게 전달하고자 하는 마케팅 메시지를 타깃 고객의 TPO(Time, Place, Occasion: 시간, 장소, 상황)에 맞게 잘 만드는 것이다. 마케팅 메시지는 기업이 전달하고자 하는 상징들이 콘셉트, 카피, 컬러, 이미지, 그래프, 도표, 스토리, 콘텐츠, 영상 등 다양한 조합으로 전달될 수 있다. 마케팅 메시지는 타깃 고객에게 소구하기 위해 제품이나 서비스의 특징을 잘 나타내면서 경쟁 제품들과의 차별성을 담고 있어야 한다. 이상적인 마케팅 메시지는 고객들의 주의를 끌고 관심을 갖게 하며 구매 욕망을 자극하여 구매 행동을 유도하는 것인데, 그러기 위해서는 의도하는 메시지가 명확하고 구체적이어야 한다. 영어 회화 앱 튜터링은 초반에 타깃 고객에게 적합한 마케팅 메시지를 전달하지 못해서 많은 시행착오를 겪어야 했다.

튜터링은 해외에 있는 원어민 강사들과 실시간으로 매칭하여 영어 수업을 할 수 있는 서비스다. 현재는 150만 명이 넘는 회원이 있고 마켓디자이너스에 인수되어 해외 진출까지 준비하는 서비스가 론칭 초반에는 고객들에게 환영받지 못했다. 애매한 마케팅 메시지 때문이었다. '게으른 스피킹 습관, 튜터링', '독하면 학원, 부지런하면 이러닝, 게으르면 튜터링'이라는 메시지는 예약을 하지 않고도 모바일로 바로 편하게 영어 수업을 할 수 있다는 참신한 의미였으나 시간을 쪼개 가며 영어 공부를 하려는 핵심 사용자들과는 맞지 않았다. 바쁜 와중에도 자기 계발을 위해 원어민과 영업 수업을 하려는데 본인한테 게으르다고 하는 서비스가 기분 좋을 리 없고 오히려 불편하게 느껴진 것이다. 튜터링은 실수를 캐치하여 지속적으로 마케팅 메시지를 테스트하면서 최적화 작업을 했고, 이후 좋은 결과를 낼 수 있었다.

실수든 의도든
고객을 불쾌하게 만들지 마라

성 인지 감수성이란 성별 간의 불균형에 대한 이해와 지식을 갖춰 일상생활에서의 성차별적 요소를 감지해 내는 민감성을 말한다.

1995년 중국 베이징에서 열린 제4차 유엔세계여성대회에서 사용된 후 국제적으로 통용되기 시작했다. 국내에서는 2000년대 초반부터 정책 입안이나 공공 예산 편성의 기준 등으로 활용되기 시작했고 현재는 정치, 경제, 문화 등 사회 전반적으로 널리 쓰인다. 단지 남성 혹은 여성이라는 이유로 비하하거나 불이익을 줄 수 있는 말과 행동을 섬세하게 포착할 수 있는 것을 말한다.

미미박스는 성 인지 감수성의 결여된 채 마케팅을 집행해 이후 기업 이미지 쇄신에 많은 비용과 시간을 들여야 했다. 미미박스는 뷰티 스타트업으로 화장품 서브스크립션(구독 모델)을 도입하여 큰 인기를 끌었고 현재는 자체 브랜드를 만들어 화장품을 제조, 유통까지 하는 기업이다. 수천억 원 이상의 막대한 투자를 받으면서 오프라인 매장도 내고 해외에도 진출하고 있으며 다양한 마케팅 캠페인을 진행하면서 브랜드 파워를 강화했다.

하지만 문제는 예상하지 못한 곳에서 발생했다. 바디 미백 크림을 판매하면서 '늑대들이 좋아하는 핑크빛 유두', '보기 좋은 떡이 먹기도 좋다' 등의 여성을 비하하는 문구를 넣은 광고를 해 소비자의 거센 비판이 일어났다. 미미박스는 바로 광고를 삭제하고 언론을 통해 해명했지만 과거에 이미 여러 차례 비슷한 일이 있었던 터라 고객들이 불매 운동까지 하는 상황이 일어났다. 제품을 판매하기 위해 자극적이고 신선한 문구를 찾으려는 마케터의 노력은 충분히 이해하지만 성인지 감수성의 결여로 인해 막대한 피해가 발생할 수 있다는 것을 간과해서는 안 된다. 마케팅 부서뿐만 아니라 모든 직원까지 지속적으로 교육하고 내부 점검 프로세스를 강화해 이런 일이 발생하지 않도록 자구책을 마련해야만 한다.

5장

계속해서 투자 유치를
하고 싶다면

기업이 혁신적인 기술을 보유했음에도 불구하고 적절한 시기에 자금 조달이 되지 않아 새로운 제품이나 서비스를 제대로 꽃 피우지 못하고 폐업까지 하는 경우를 많이 본다. 아무리 사업 아이템이 좋고 팀을 잘 구성했어도 제품이나 서비스를 만들기 위한 자금이 부족하거나 직원들에게 급여를 줄 돈이 없다면 우주로 가겠다던 원대한 꿈은 일장춘몽으로 끝날 수밖에 없다. 사업 아이템이 어느 정도 성과가 나와도 투자 유치는 쉬운 일이 아니다. 그러므로 돈이 필요한 스타트업에는 계속해서 투자 유치를 할 수 있는 기본기를 잃지 않는 것이 매우 중요하다.

누구에게 무엇을 어떻게
제공할 것인가?

1. 고객을 만족시키지 못하면 투자자도 설득할 수 없다

당신의 아이템이 시장에서 성공하기 위해서는 훌륭한 제품이 아니라 만족한 고객이 필요하다. 고객의 페인 포인트를 줄여 주거나 해소할 수 있는 가치를 제공해야만 당신의 비즈니스가 시장에 안착하고 성장할 수 있다. 고객에게 독특한 가치와 경험을 제공할 수 없다면 투자자들을 설득할 수 없다. 고객의 페인 포인트에 대한 기존의 솔루션이나 경쟁사 대비 뛰어나고 명확한 고객 가치를 제공할 수 있어야 한다.

2. 진입 시장의 규모를 전략적으로 판단하라

새로운 사업이 자리를 잡고 성장하기 위해서는 적절한 규모의 시장이 필요하다. 대부분의 투자자들은 1조 원 이상의 시장 규모를 선호하는 것이 사실이다. 예를 들어 광고 시장은 13조 원, 대리운전 시장은 3조 원, 부동산 정보 서비스 시장은 2조 원이다. 하지만 시장이 크다고 무조건 좋은 것은 아니다. 그만큼 대기업이나 빅테크 기업들이 시장에 참여하여 경쟁자가 될 가능성이 높기 때문이다. 반면에 시장 규모가 다소 작더라도 압도적으로 1위를 할 수 있다면 매력적일 수 있다. 산술적으로 1조 원 시장에서 시장 점유율을 1%를 차지하면 100억 원 수준인데 1,000억 원 시장이라도 해도 시장 점유율을 30%를 획득할 수 있다면 300억 원이 되는 것이다. 거대 시장에서 다수의 경쟁자들과 경쟁하며 한 자리를 차지할지 아니면 다소 작은 시장에서 1위 전략을 취할지 전략적으로 판단해야 한다.

3. 기술로 승부할 수 없다면 행복감이라도 선사하라

혁신이 기술적인 측면에 포커스되는 경향이 있는데 사실은 여러 가지 측면에서 가능하다. 기존의 제품보다 3배는 더 쉽고 빠르고 편한데 싸게 제공할 수 있다면 그 사업은 무조건 성공한다. 이런 기능적인 혁신이 아니라면 고객에게 행복감이라도 줘야 한다. 혁신은 기능, 가격, 디자인, 유통 과정, 사용자 경험, 시간과 자원의 효율화 등 모든 면에서 가능하다. 기술 혁신이 가져오는 파급 효과가 가장 크고 성공 가능성이 높지만 기술의 백그라운드가 없거나 기술 기반 스타트업이 아니라도 너무 위축되지 말자. 디커플링처럼 고객 가치 사슬에서 빈틈을 파고 들어가 경쟁사가 할 수 없는 차별화된 경쟁력을 만들 수 있다면 충분한 혁신을 만들 수 있다.

4. 아이템을 생각했다면 실행하고, 모든 문제에 대비하라

실행 가능성은 창업자의 역량과 법적·제도적 규제의 2가지 관점으로 생각해 볼 수 있다. 창업 아이템이 아무리 좋아도 창업자가 그것을 실행할 역량이 부족하다면 무용지물이 된다. 4,000만 원 대의 예쁘고 날렵하고 빠른 전기 차를 만들겠다는 생각은 누구나 할 수 있지만 지금까지 그것을 실행한 사람은 전 세계에서 일론 머스크 한 명뿐이다. 또한 기득권을 가진 세력과의 갈등으로 '타다 사태'와 같이 법적인 문제가 생기거나 사업이 좌초되는 경우가 많다. 그렇기 때문에 관련한 리스크를 사전에 주도면밀하게 분석해야 한다.

누구와 사업을 어떻게 운영할 것인가?

1. 공동 창업자는 배우자를 구하듯 신중하게 선택하라

공동 창업자는 일정 기간 동안 비즈니스의 성공을 목적으로 함께 할 파트너다. 따라서 공동 창업자를 구할 때에는 인생의 반려자를 구하는 것만큼 신중해야 한다. 하지만 다수의 창업자가 반려자는 커녕 반려동물을 구할 때보다 신중하지 않을 때가 많아 낭패를 겪게 된다. 스타트업이 정상적인 궤도에 오르기까지는 최소 3년에서 5년이 필요한데 이 기간 동안 공동의 목표를 이루기 위해 한곳을 바라보면서 하루 10시간 이상 365일을 함께 동고동락해야 한다. 무엇보다 공동 창업자의 능력과 노력에 따라 사업의 성패가 결정되는 부분이 크기 때문에 그만큼 신중하게 선택해야 한다.

2. 친하다는 이유만으로 함께하지 마라

안타깝게도 많은 창업자가 친한 사람, 동네 친구, 학교 선후배와 창업을 한다. 특히 비슷한 또래의 편한 사람들끼리 창업을 하고는 회사가 아니라 동아리처럼 운영한다. 물론 서로 신뢰할 수 있다는 장점이 있겠지만 전문성이 없다면 성과가 나오지 않고 기존의 신뢰 또한 깨지게 될 것이다. 각 분야 최고의 전문가들이 모여 창업을 해도 성공 할까 말까인데 아마추어들이 모여 팀을 구성하면 성공보다는 실패할 가능성이 크다는 점을 명심해야 한다. 조기 축구회 팀으로는 절대 프리미어 리그 축구 팀을 이길 수 없다.

3. 돈을 벌어 줘야 비즈니스 모델이다

투자 유치를 떠나 기업이 생존하기 위해서는 구체적인 수익 모델이 있어야 한다. 대표적인 수익 모델에는 물품 판매(자체 제작 및 판매, 유통·완제품 구매 후 재판매), 가입비·이용료, 라이선싱, 중개 수수료, 대여료·임대료, 광고 등이 있는데 2~3가지의 모델을 섞거나 파생 비즈니스 모델이 나올 수 있지만 이 6가지를 벗어나는 경우는 거의 없다. 만약 서비스를 무료로 제공하다가 유료로 전환할 때에는 신중해야 한다. 코스닥 상장사이면서 한때 업계 1위였던 다음에서 한메일을 유료화했다가 크게 참패하고 수많은 사용자를 네이버에 뺏긴 유명한 일화를 생각하자. 음원 스트리밍 서비스인 비트는 사용자가 늘어나서 트래픽이 많이 발생할수록 저작권료가 높아져 매출보다 비용이 더 커지는 구조였다. 사용자가 수백만 명이 되고 200억 원에 가까운 투자를 받았지만 결국 수익 악화로 서비스를 접게 됐다. 창업 초기부터 확실한 비즈니스 모델을 구축해야 한다.

4. 성장과 매출이 기업의 격이다

앞서 언급한 아이템, 창업 팀, 수익 모델 등이 좋으면 대체로 성과가 나오기 마련이지만 아무리 아이템이나 창업 팀이 좋아도 폭발적인 성과가 나오지 않는다면 사실상 외부 자금 조달은 어렵다고 봐야한다. 물론 아주 초기의 스타트업들이 아이템이나 잠재 가치만으로 엔젤 투자자나 지인 기반으로 수억 원가량을 조달할 수는 있겠지만 벤처 캐피탈 같은 기관 투자자로부터 수십억 원을 투자받기는 어려울 것이다.

매출이 인격이라는 말이 있다. 기업은 어떤 형태로든 성과를 내야 한다. 특히 기업의 규모가 작고 창업 초반기일수록 폭발적이고 지속적인 성장을 만들어 내야 한다. 실리콘 밸리의 유명한 엑셀러레이터인 와이콤비네이터에서는 스타트업이 매주 단위로 30%씩 성장하는 것이 바람직한 성장률이라고 한다. 매년 10%씩 성장하는 것도 쉽지 않은 일인데 매주 30%라니, 정말 살인적인 숫자다. 앱 비즈니스를 하는 경우 과거에는 다운로드가 많으면 투자를 받을 수 있었지만 요즘에는 체리 피커가 많아져 다운로드만으로 스타트업이 성과를 나타내기가 어려워졌다. 이제는 실제 사용자 수를 나타내는 DAU, MAU 등의 지표로 성과를 분석하고 판단해야 한다.

5. 벤처 캐피탈이 선호하는 지분 구조

투자자들은 투자하려는 기업의 지분 구조에 관심이 많다. 대표이사가 최대 주주인지, 공동 창업자들끼리 어떤 형태로 지분을 나누었는지, 기존에 다른 투자자들이 지분을 얼마나 갖고 있는지, 주주가 몇 명이나 되는지 등에 따라 투자 매력도가 올라가기도 하고 떨어지기도 한다. 일반적으로 투자자들이 싫어하는 지분 구조는 다음과 같다.

- 대표 이사가 최대 주주가 아닌 경우
- 대표 이사의 지분이 현저하게 낮은 경우
- 공동 창업자들이 지분을 동등하게 또는 비슷하게 나눈 경우
- 기업 외부 관계자의 지분이 내부 관계자의 지분보다 많은 경우
- 기존 투자자들이 지분을 과도하게 많이 보유한 경우
- 엔젤 투자 등으로 소액 주주가 너무 많은 경우
- 서류상 지분 구성과 실제 지분 구성이 다른 경우
- 기업의 특성과 지분 구조가 불균형한 경우

한국의 벤처 캐피탈들은 대표 이사가 압도적인 최대 주주이거나 가능하면 지분을 60%에서 70% 이상 보유한 것을 선호한다. 공동 창업자끼리 지분 보유율이 엇비슷하면 의사 결정이 늦고 배가 산으로 간다고 생각하는 것이다. 또한 대표 이사의 지분이 너무 적은 경우 투자가 계속되어 지분이 희석되면 경영권 방어에도 문제가 생길 수 있다.

대표 이사가 압도적인 최대 주주여야 한다는 말은 대표 이사를 제외한 공동 창업자들이 보유한 지분의 합이 대표 이사를 넘어서는 안 된다는 것을 의미한다. 예를 들어 3명이 공동 창업을 했는데 서로 사이 좋게 대표 이사가 40%, 2대 주주가 30%, 3대 주주가 30%를 가진

경우 2대 주주와 3대 주주의 지분의 합이 대표 이사보다 많아서 자칫 문제가 생겼을 때 대표 이사가 쫓겨날 수도 있다. 따라서 법인을 설립하기에 앞서 공동 창업자들과 잘 협의하여 투자 유치에 문제가 되지 않도록 지분을 현명하게 나누고 투자를 받을 때에도 지분 관리를 잘해서 경영권이 보장되도록 유지해야 한다.

6장

어제의 방식과 내일의 도전 사이에서 고민한다면

20세기는 규모의 경제가 중요한 시대였다. 규모의 경제는 생산량이 증가하여 평균 비용이 감소하는 것을 의미한다. 공급보다 수요가 많아서 만들기만 하면 팔리는 시대였기 때문에 규모의 경제를 이룬 기업들이 큰 성공을 거둘 수 있었다. 결과적으로 급속도로 확장되는 산업 사회에서는 규모의 경제를 추구하는 것이 사업을 키우는 가장 효율적이고 효과적인 방법이었다.

이제는 인공 지능, 빅 데이터, 클라우드, 자율 주행 같은 새로운 기술이 개발되고 플랫폼 기업들이 시장을 주도하는 시대가 되면서 탈규모의 경제 현상이 나타나고 있다. 이번에는 규모의 경제라는 구시대적인 경영 방식에 도취되어 시대 변화의 흐름을 놓치고 위기를 겪게 된 두 기업을 보고자 한다.

온라인과 오프라인의 사이
이커머스와 롯데쇼핑

롯데그룹은 1996년 국내 최초로 온라인 종합 쇼핑몰 '롯데쇼핑닷컴'을 선보이며 온라인 시장에 뛰어들었다. 롯데의 풍부한 유통 인프라와 전자 상거래 노하우를 결합하여 초반에는 꾸준히 성장했지만 수년 전부터 이마트 같은 기존 공룡 업체들은 물론이고 쿠팡, 네이버 등 이커머스 플랫폼들에게도 밀리는 양상을 보였다. 롯데쇼핑은 백화점과 홈 쇼핑 분야 등 유통업계의 최고 강자로 군림해 왔지만 시장의 무게 중심이 온라인으로 이동하는 사이 역으로 백화점과 아웃렛을 오픈하며 오프라인에서의 규모의 경제를 고집했다. 그 사이 경쟁 상대인 신세계가 이마트와 함께 SSG와 신세계몰을 통합 론칭하여 시장 점유율을 높였고 쿠팡과 네이버가 비약적으로 성장하면서 롯데의 입지가 점점 줄어들었다. 늦게나마 3조 원을 투입하여 단 한 번의 로그인으로 롯데 유통 7개 사(롯데백화점, 롯데닷컴, 롯데마트, 롯데슈퍼, 롯데홈쇼핑, 롯데하이마트, 롭스)의 온라인 쇼핑몰을 모두 이용할 수 있는 통합몰 '롯데온'을 출시했지만 뚜렷한 성과는 내지 못했다.

코로나19로 이커머스 시장이 급격한 성장을 했음에도 불구하고 유독 롯데온만 지지부진하다. 2020년에 이커머스 시장은 전년 대비

19.1%가 성장했는데 이 기간 롯데온은 7% 성장률을 기록하는 데 그쳤다. 같은 기간 경쟁사인 신세계의 SSG닷컴 거래액은 37% 성장률을 보였고, 쿠팡의 거래액은 전년 대비 40% 이상 늘어났다.

롯데온은 4,000만 명이 넘는 회원을 보유한 롯데 멤버스의 빅 데이터를 바탕으로 다양한 전략을 펼쳤지만 이렇다 할 차별화된 경쟁력을 보여 주지 못하고 있다. 자체 개발하여 생산한 제품이 아니라 셀러들이 올린 제품을 판매하는 플랫폼 성격의 이커머스 산업은 차별화된 경쟁력이 없으면 살아남기가 힘든 구조이다. 오프라인처럼 엄청난 물량 공세와 가격 할인 정책을 진행하면 온라인에서도 1등 기업으로 성장할 것으로 기대했는지 모르지만 현실은 그렇지 못했다. 대부분의 이커머스 업체들이 최저가 보상이나 할인 등을 무기로 삼기 때문에 대규모 물량이나 할인 혜택만으로 차별화하기는 쉽지 않다. 쿠팡은 로켓배송, 네이버 쇼핑은 스마트스토어와 검색이라는 막강한 카드를 갖고 있는데 롯데쇼핑은 내세울 만한 강점이 없는 상황이다.

또한 롯데온보다 다른 계열사들의 앱이 매출이나 트래픽이 더 많은 경우도 있고 롯데온에서 매출이 많이 나오지 않자 불만을 갖고 떠나는 셀러들도 많이 생겨났다. 최근 유통업계에서 가장 핫한 판매 방식인 라이브 커머스도 롯데온과 롯데하이마트, 롯데면세점 등 계열사가 각각 진행하고 있어 리소스가 분산되고 고객 주목도가 떨어진다. 전반적으로 롯데는 가진 카드는 많으나 제대로 활용하지 못하고 있다는 평가를 받고 있다.

롯데온의 가장 심각한 문제점은 앱을 잘 운영하지 못한다는 것이다. 점점 더 많은 고객이 스마트폰 앱을 통해 구매하기 때문에 앱 개발 및 운영은 이커머스 업체의 가장 중요한 경쟁력이 됐다. 그런데 롯데온은 공격적으로 진행한 '롯데온 세상 할인 프로모션' 당시 2시간여 동안 접속 오류가 빚어졌고 소비자들의 항의가 빗발쳤다. 사소해 보일지 모르지만 이러한 미숙한 앱 운영이 소비자들의 불만을 야기하고 등을 돌리게 한다. 3조 원을 들여 만든 앱에 대한 소비자들의 평가도 냉랭하다. 구글 플레이에서 롯데온에 대한 리뷰를 보면 모두 불평, 불만투성이다. 다른 이커머스 업체들의 평점이나 리뷰들과 비교해서 롯데온이 소비자로부터 얼마나 외면받는지 알 수 있다.

가성비와 고급화의 사이
DSC와 질레트

질레트는 1901년 킹 질레트가 창업한 회사로 안전 면도기 시장을 개척했다. 면도기를 최초로 개발한 사람이 질레트라고 아는 사람들이 많은데 면도기는 그 이전에도 존재했으며 최초로 안전 면도기 대량 생산에 성공한 사람이 질레트다. 질레트는 1차 세계 대전 당시 미국 병사들에게 면도기를 납품하면서 유명해져 100년이 넘은 지금까지도 명실상부 면도기의 대명사로 불리고 있다. 질레트는 전 세계 시장 점유율 1위이자 100여 개 국가에서 판매되고 있다. 2010년까지만 해도 질레트의 미국 남성 면도기 시장 점유율은 70%가 넘었다. 하지만 강력한 경쟁자들의 출연과 잘못된 전략으로 6년 연속 시장 점유율이 하락하여 50% 수준까지 낮아졌고 결국 2017년 4월에 가격을 20% 인하하겠다고 발표했다. 프리미엄 전략에 기초한 기존의 성공 방식과 규모의 경제에 집착한 나머지 시장과 소비자들의 변화에 신속하게 대응하지 못했던 것이다.

질레트는 가격이 지나치게 비싸다는 평가를 항상 받아 왔다. 질레트는 세계적인 스포츠 스타들을 모델로 기용하면서 천문학적인 액수를 마케팅에 쏟아부었고 유통 비용에도 엄청난 비용을 지불했다. 이런 비용들이 모두 제품 가격에 반영됐다고 볼 수 있다. 결국 소비자가 그 높은 비용을 지불하는 셈이다. 게다가 면도날을 추가하거나 진동 기능 등을 넣으면서 혁신적인 기능이라며 지속적으로 가격을 높여 소비자들의 불만을 야기했다. 소비자들은 비싼 가격에도 불구하고 대안이 많지 않았기 때문에 울며 겨자 먹기로 질레트를 계속 구매했지만 가성비를 따지는 MZ 세대가 소비의 주축이 되면서 조금씩 외면받기 시작했다.

질레트의 고가 전략으로 불편해하던 소비자들을 겨냥하여 가성비와 구독 배송 서비스를 내세운 강력한 경쟁자들이 출연했다. 바로 달러쉐이브클럽(이하 DSC)이다. DSC는 면도기를 자체 생산하는 것이 아니라 한국 기업인 도루코에서 생산한 면도기를 활용했는데 저렴한 비용과 정기 배송 서비스로 큰 인기를 끌었으며 2016년에는 미국 내 점유율 10%를 돌파했다. 이렇게 DSC 같은 신생 경쟁자들의 선전으로 미국 내 질레트 점유율이 지속적으로 하락했고 이에 위기의식을 느낀 질레트는 가격을 인하할 수밖에 없었다. 재미있게도 DSC는 2017년에 질레트를 보유한 P&G의 라이벌인 유니레버에 약 10억 달러에 인수됐다.

7장

사용자 경험이 무한대로 확장되는 시대를 준비하려면

메타버스는 차세대 인터넷을 주도할 새로운 개념으로 실감 콘텐츠를 만드는 가상 현실, 증강 현실, 혼합 현실, 홀로그램 등의 기술이 발전하면서 최근 몇 년 사이 디지털 트렌드로 급부상했다. 정부에서도 한국판 뉴딜 2.0 정책의 핵심 과제로 메타버스 같은 신산업을 집중 육성하기 위해 다양한 노력을 하고 있다. 그러나 일각에서는 메타버스가 투자를 부추기는 마케팅 용어로 단순 유행에 그치지 않을까 우려를 나타낸다. 앞선 기업들의 실패 사례를 통해 배우고 새로운 성장 동력을 만들 수 있는 메타버스 서비스가 많이 나타나기를 바란다.

메타버스 원조의 실패가 알려 주는
소비자 경험의 중요성

　미국의 샌프란시스코에 위치한 린든 랩은 2003년도에 3D 온라인 가상 현실 게임, 세컨드 라이프를 론칭했다. 가상 현실에서 자신의 아바타를 만들어 특정한 시나리오 없이 자신이 원하는 제2의 삶을 만들어 가는 새로운 형태의 게임이다. 사용자들은 가상의 공간에서 스스로 건물, 의복, 자동차, 각종 도구 등 가상의 아이템을 3D 오브젝트로 직접 제작하고, 자유롭게 판매와 교환을 할 수 있었다. 또한 일반적인 게임과는 달리 아바타를 이용하여 대리 체험과 대리 만족을 할 수 있는 사용자 참여형 커뮤니티 서비스를 제공했다.

　세컨드 라이프는 론칭 이후 매달 평균 20%의 성장세를 보이면서 미국뿐만 아니라 유럽과 일본, 한국에 이르기까지 글로벌 시장에 빠르게 확산됐다. 공식적으로 영어, 독일어, 일본어, 한국어가 지원됐는데 특히 한국은 인터넷이 발달되어 있고 커뮤니티를 이용하는 사용자들이 많아 시장성이 높게 전망됐다. 세컨드 라이프의 사용자 수는 지속적으로 증가하여 2007년 말 기준으로 1,200만 명까지 늘어났다. 하지만 얼마 지나지 않아 세컨드 라이프는 모바일 환경에 대한 대응 부족과 사용법의 어려움, 너무 방대한 맵 구성, 물건을 사고팔기 힘든 구조 등의 이유로 몰락의 길을 걷게 됐다.

　2008년 이후에 아이폰이 등장하고 스마트폰의 보급률이 늘어나면서 PC에서 모바일로 급격한 변화가 일어났다. 세컨드 라이프는 새로운 기술에 대한 습득과 모바일 콘텐츠로의 변화가 필요했지만 적절하게 대응하지 못했고 이때 트위터, 페이스북 등을 비롯한 다양한 소셜 네트워크 서비스가 인기를 끌기 시작했다. 결국 세컨드 라이프는 모바일 환경에서의 서비스 경쟁력이 떨어지면서 사용자들이 이탈하기 시작했다.

세컨드 라이프는 가상 현실에 가장 근접한 게임형 서비스였지만 가상 세계에서 느끼고 싶은 생생함과 몰입감 그리고 특별한 경험을 하고 싶어 하는 고객의 니즈를 반영하지 못했다. 인터페이스도 직관적이지 못했고 3D 그래픽을 처리하는 기술이 부족하여 사용자들이 원하는 수준의 완성도를 보여 주지 못했다. 아바타나 가상 세계에 대한 디테일한 표현이 미흡하고 서비스에 대한 가이드나 정보도 부족하여 고객들의 사용자 경험을 만족시키기 어려웠다.

일반적으로 대부분의 IT 기업들이 사용자들을 많이 모으고 그로부터 발생하는 막대한 트래픽으로 광고를 붙여 수익을 발생시키는 반면 세컨드 라이프는 서비스 초반부터 광고를 삽입하여 고객들의 불만을 야기했다. 서비스에 대한 충성도가 생기기 전에 지나치게 많은 기업들의 광고가 노출되면 사용자들에게 거부감이 생긴다는 것을 간과한 것이다. 또한 도박, 성매매 같은 불건전하고 불법적인 가상 서비스를 만들어 거래하는 사용자들이 늘어나면서 사회적 문제가 되기도 했다.

서비스를 활성화시키고 충성도를 높이기 위해서는 서비스 단계별로 동기 부여를 할 수 있는 리워드가 필요하다. 서비스 단계를 높이기 위해 많은 노력과 시간이 필요하다는 것을 느끼게 해 줄 때 사용자들의 성취감은 더욱 높아진다. 하지만 세컨드 라이프는 사용자의 성장 욕구와 성취에 대한 리워드가 정밀하게 설계되어 있지 않았다. 목표나 미션이 없고 만들어지는 콘텐츠도 지극히 심플하고 사소한 것들이 많아서 재방문율이 급격히 떨어지기 시작했다. 현실 세계의 지루함을 가상 현실에서 해소하고 싶어 하는 사용자들의 욕구를 채워 주지 못한 것이다.

혁신적인 제품이 성공하기 위해 해결해야 할 점들

2012년에 구글이 야심차게 개발한 구글 글라스는 〈타임지〉에서 최고의 발명품으로 선정할 정도로 전 세계의 관심을 끌었다. 구글 글라스는 스마트폰과 PC 기능을 모두 갖춘 안경으로 증강 현실 기술을 활용하여 눈에 비치는 여러 가지 정보를 안경의 작은 화면에 표시해 주는 혁신적인 디바이스였다. 사용자가 안경을 쓰고 야외에 나가면 날씨는 물론 구글 지도를 통해 내비게이션도 보여 줬다. 뉴스, 주식, 메일, 맛집 등 일상생활에 필요한 정보들을 취합해서 보여 주고 사용자가 보는 화면을 바로 촬영하여 친구들과 공유할 수도 있었다. 하지만 구글 글라스 프로젝트는 결국 비싼 가격과 기능 부족, 프라이버시 이슈 등으로 잡음이 일었다. 구글 글라스는 2014년까지 개발자들을 대상으로만 소량 공급됐을 뿐 일반 소비자들에게는 널리 판매되지 못하고 사업성이 부족하다는 이유로 2015년 1월에 종료하게 됐다.

구글 글라스는 1,500달러라는 비싼 가격에 비해 기능이 많지 않았고 그마저도 제대로 구현되지 않았다. 특히 디스플레이가 작고 성능이 낮으며 유용한 앱이 부족하다는 것이 소비자에게 선택을 받지 못한 큰 이유가 됐다. 가격은 아이폰이나 고사양의 노트북과 맞먹는데 할 수 있는 게 없으니 가성비를 추구하는 소비자들이 구매하기에는 많이 부족했던 것이다.

구글 글라스를 착용해 본 사람들은 대부분 구글 글라스가 무겁고 기능을 조작하기가 불편하여 다양한 기능을 활용하는 것이 어려웠다고 말한다. 게다가 배터리 용량이 부족하여 구글 글라스를 사용할 수 있는 시간이 불과 서너 시간밖에 되지 않아 자주 충전을 해야만 했다. 또한 안경의 특성상 머리에 오래 쓰다 보니 지속적으로 전자파에 노출되어 어지럼증을 느끼는 사람들이 많았고 유해성에 대한 문제도 대두됐다.

가장 큰 문제로 구글 글라스에 장착된 카메라는 사진이나 영상을 촬영할 때 불이 들어오도록 설계했는데 다른 사람들 입장에서는 본인이 모르게 촬영을 당할 수 있다는 불안감이 생기기 시작했다. 이런 이유로 구글 글라스가 개인의 사생활을 침해한다고 문제를 제기하는 사람들이 많아졌고 결국 도둑 촬영의 위험으로 술집, 카지노, 클럽, 병원 등의 공공장소에서 착용 금지 논란이 일기도 했다.

8장

로봇 기술에
기회가 있다고 생각한다면

4차 산업 혁명 시대는 인공 지능, 빅 데이터, 3D 프린팅, 가상 및 증강 현실, 로보틱스 등 다양한 첨단 산업의 중요성이 부각되고 있다. 그중 로봇 기술은 여러 산업과 생활 영역에서 선택이 아닌 필수로 자리 잡아 사람과 기업을 연결하고 돕는 역할을 하고 있다. 시장 조사 업체 OMDIA에 따르면 2020년 세계 로봇 시장 규모는 약 243억 달러로 최근 6년간 매년 10%대 고성장을 지속하고 있고 2026년에는 2,860억 달러로 확대될 것으로 추정된다. 로봇은 바이러스 전파에 걱정할 필요가 없고 안전성과 신속성, 정확성이 있기 때문에 모든 산업에 걸쳐 활용도가 높아질 것이다. 우리의 일상생활에서도 로봇의 활용도가 점점 커지고 있는데 이동 통신사 연합체를 중심으로 대기업과 스타트업들이 상호 경쟁, 연대하면서 네트워크를 강화하고 있다. 로봇 시장이 고속으로 성장함에 따라 그동안 관망하고 있던 삼성, LG, 현대, 두산 등 국내 굴지의 대기업이 로봇을 차세대 먹거리로 인식하고 본격적인 투자를 하고 있고 KT, SKT, LGU+ 등 이동 통신사는 인공 지능, 빅 데이터, 클라우드 역량을 융합해서 미래 서비스 로봇 시장을 선도할 수 있다는 판단에 공격적으로 로봇 사업에 진출하고 있다. 곧 다가올 거대한 로봇 시장 선점을 위한 적극적인 투자와 개발이 이루어지고 있는 것이다.

이렇게 로봇 관련 시장의 가파른 성장세에도 불구하고 일찍이 기술 혁신 사례로 주목받았던 로봇 공장과 로봇 레스토랑 서비스가 문을 닫고 파산한 실패 사례가 있다. 로봇 기술과 산업의 리더들은 기존 로봇 산업에 어떤 부분이 문제인지, 실패의 원인이 무엇인지 분석해야 진정한 혁신과 변화를 이룰 수 있다. 대표적인 산업용 로봇인 아디다스 스피드 팩토리와 서비스용 산업 로봇의 대표였던 줌 피자의 실패 사례를 통해 무엇을 배워야 할지 알아보고자 한다.

로봇이 생산력 증대와 비용 감소를 이룰 거라는 착각

독일 스포츠 용품 업체 아디다스는 2016년 9월 독일 안스바흐에 설립한 신발 공장 스피드 팩토리에서 '아디다스 퓨처 크래프트'를 처음 공개했다. 로봇과 3D 프린터 등 첨단 기술로 무장한 완전 자동화 공장인 스피드 팩토리는 일반 공장에서 디자이너가 기획하여 제품을 진열하기까지 1개월 가까이 걸리는 생산 과정을 20분의 1로 단축한다는 장점이 있다. 또한 고객이 신발, 깔창, 뒷굽 등을 원하는 색상으로 선택하면 5시간 안에 고객 맞춤형 제품 생산이 가능하고 고객의 주문이 들어오면 바로 제작하는 시스템으로 재고, 물류 및 보관 비용 또한 감소할 수 있다. 기존 고객에 대한 빅 데이터는 고객이 선호하는 것을 먼저 추천해 줄 뿐만 아니라 변화하는 패션 트렌드에 유연하게 대응하며 직접 트렌드를 주도할 수도 있다.

아디다스는 자국의 지속적인 인건비 증가로 인해 1993년부터 저렴한 노동력을 확보하기 위해 중국과 동남아로 생산 거점을 이동하여 신발을 생산해 왔다. 그런데 고도화된 로봇 기술을 활용하여 생산을 하면서 막대한 인건비 절감이 가능해졌다. 아디다스는 해외로 이전했던 제품 공장을 다시 설립 국가로 옮겨 올 수 있게 됐는데, 이것을 리쇼어링(Reshoring)이라고 한다. 고객의 니즈가 다양화된 시대에 아이디어의 기획과 생산이 설립 국가에서 함께 이루어질 수 있는 것은 비용의 감소뿐 아니라 기업 운영의 효율 면에서도 이점이다.

아디다스는 기업 설립 23년 만에 스피드 팩토리를 통해 설립 국가인 독일에서 제품을 생산할 수 있게 됐다. 그리고 미국 애틀랜타에까지 확장하여 스피드 팩토리를 설립하고 한정판 운동화를 제작하기 시작했다. 아디다스는 스피드 팩토리를 통해 수요가 많은 선진국에서 생산해 빠르게 공급하고 로봇을 통한 생산 자동화로 인건비에 대한 부담을 줄이며 3D 프린팅 등을 활용한 개인 맞춤형 생산을 이루고자 했다. 이로 인해 경쟁사인 나이키, 언더아머, 뉴발란스도 스마트 팩토리건설에 관심을 가지고 적극적인 검토를 하게 됐다.

　하지만 스피드 팩토리를 통해 제조업의 혁신을 이끌던 아디다스는 스피드 팩토리 설립 4년 만인 2020년 4월에 공장 중단을 결정했다. 그리고 가장 많은 신발을 제조하고 있는 중국과 베트남 공장에 로봇 기술을 적용하겠다는 뜻을 밝혔다. 스피드 팩토리가 중단된 가장 큰 이유는 로봇을 통한 제작 방식이 의외로 대량 생산이 어렵기 때문에 생산성이 떨어져 인력 감소와 인건비 절감이 제대로 이루어지지 않았다는 점에 있다. 정밀 공정과 대량 생산이라는 상충적인 두 마리 토기를 잡는 데 실패한 것이다. 아디다스는 3D 프린팅 로봇으로 신발을 만드는 기술은 세계 최고 수준이지만 아디다스가 생산해야 하는 4억 켤레 중 절반이라도 감당하려면 스피드 팩토리의 생산성이 200배 이상 향상돼야만 가능하다. 두 번째 이유는 3D 프린팅으로 모든 소재의 신발을 제작할 수 없고 특히 인기가 많은 가죽 신발을 제작할 수 없었기 때문에 고객의 다양한 니즈에 부합하지 못했다는 점이다. 세 번째 이유는 유럽과 미국에서 생산하고 역으로 아시아로 수출을 하다 보니 유통 관세 비용이 증가했다.

　결국 인건비는 절감했으나 생산성이 떨어지고 유통과 물류 비용이 증가하면서 스피드 팩토리는 실패로 끝났다. 하지만 아디다스의 혁신을 위한 도전과 열정 그리고 개방형 협업의 노력은 재평가돼야 한다고 생각한다.

자동화와 생산량 증대가
고객 수 증가로 이어질 거라는 착각

줌피자는 2015년 식당 주인인 줄리어 컬린스와 마이크로소프트에서 X박스 게임을 총괄했던 알렉스 가든이 설립한 피자 배달 스타트업이다. 줌피자는 인공 지능과 로봇을 활용하여 맛있는 피자를 합리적인 가격으로 빠르게 제공하는 혁신을 만들어 냈다. 줌피자는 스위스 산업용 로봇 제조업체인 ABB로보틱스와 협력하여 만든 자동화된 주방에서 1시간에 372개의 피자를 만들어 낼 수 있도록 설계했고 인공 지능이 오늘의 날씨, 스포츠 경기 일정 등 다양한 정보 데이터를 분석하여 고객들이 선호할 피자를 미리 예측하고 그에 따라 재료를 주문하도록 했다.

재료의 주문량은 과거 데이터를 기반으로 하여 오차 범위를 예측하고 가장 효율화된 수준으로 제시한다. 피자 배달차에는 이동식 오븐이 있어 배달 시간에 정확히 맞추어 피자가 구워지므로 고객은 식당에서 먹는 것과 같이 따뜻하고 신선한 상태로 피자를 먹을 수 있다. 피자를 제조하는 데 경쟁사가 약 45분 정도 걸리는 것에 비해 줌피자는 특허 출원한 '배달 중 굽는 방식'과 로봇을 활용하여 평균 22분이 걸려 2배 이상의 효율을 높였다. 미국 피자 시장은 연 390억 달러로 이 중 40%를 도미노피자와 피자헛, 파파존스, 리틀시저스 등 대형 프랜차이즈가 점유하고 있다.

그러나 패스트푸드만큼 빠르면서도 건강한 음식을 합리적인 가격에 제공하는 음식을 제공하는 외식 형태인 패스트 캐주얼 다이닝*

콘셉트가 급속도로 성장함에 따라 더 이상 고객들은 기존의 유명 브랜드만을 고집하지 않게 됐다. (*Casual Dining, 패스트푸드만큼 빠르면서도 건강한 음식을 합리적인 가격에 제공하는 음식, 외식 형태를 말한다.) 하루에 약 200개가 넘는 피자를 판매하는 줌 피자는 CNBC 방송이 선정한 유망 스타트업 25개 기업 중 1위로 뽑힐 만큼 실리콘밸리에서 유명한 회사가 됐다. 실리콘 밸리에서 시작되어 오븐을 갖춘 배달 차량을 늘려 미국 전역을 커버하겠다는 목표로 손정의가 이끄는 소프트뱅크로부터 3억 7,500만 달러의 투자를 받기도 했다.

소프트 뱅크의 대규모 투자 이후 미국 주요 도시뿐만 아니라 해외로도 사업 확장을 계획했던 줌피자는 2020년 초에 공식적으로 로봇 피자 사업을 철수하고 직원의 절반 정도인 360명을 정리 해고했다. 사업을 중단하게 된 가장 중요한 이유는 피자의 맛과 품질이었다. 로봇이 갓 구운 피자를 만들어 빠르게 배달한다는 콘셉트는 사람들의 관심을 끌기에 충분했다. 지속적으로 인기를 유지하기 위해서는 결국 피자의 품질과 맛이 중요하다.

그러나 줌피자는 기존 오프라인 기반의 경쟁사에 비해 차별화된 맛을 만들어 내지 못했다. 계속해서 변화하는 고객의 입맛을 맞추기 위해 기존의 경쟁자들은 매년 새로운 메뉴를 개발하는 데 비해 줌피자의 맛은 지나치게 평범했다. 또한 오븐을 장착한 큰 트럭이 움직이다 보니 커브 길이나 과속 방지 턱을 넘어가거나 급정거를 할 때 피자가 토핑이 쏠리는 등 훼손되는 경우가 많았다. 신속하긴 했으나 배달 과정에서 발생한 문제는 고객들의 항의로 이어졌고 줌피자의 성장에 치명타가 됐다.

  줌피자의 실패에는 방만하고 비효율적인 경영에도 원인이 있다. 3명으로 시작한 줌피자는 투자 이후 사업을 확장하기 위해 직원을 1,000명 넘게 늘리면서 막대한 인건비가 발생했다. 또한 기존 로봇의 유지 보수 및 새로운 기능을 개선하는 일에도 지속적인 투자와 비용이 발생하는 구조였다. 따라서 로봇을 통한 자동화를 이루어 단순 반복적인 피자 제조는 로봇에게 맡기고 직원들은 보다 창의적인 일을 하겠다는 취지와는 다르게 로봇과 사람의 리소스가 비효율적으로 운영되면서 많은 손실을 가져왔다.

  시시각각 변화하는 경영 환경과 고객 트렌드에 맞춰 회사를 성장시키기 위해서는 효율적인 경영 능력 또한 매우 중요하다. 줌피자는 대규모의 투자를 받았음에도 불구하고 피자라는 음식의 본질인 맛과 배달에서 고객을 만족시키지 못했고 방만한 회사 운영으로 결국 실패하게 됐다.

9장

ESG 경영을
시작하고 싶다면

기업 경영 환경에서 ESG의 중요성이 날로 커지고 있다. ESG는 환경(Environmental), 사회(Social), 지배 구조(Governance)의 약칭으로 기업의 비재무적 성과를 판단하는 기준으로 활용되고 있다. 이 중에서도 요즘 가장 중요한 화두는 환경 분야로, 여기에는 기후 변화 및 탄소 배출, 대기 및 수질 오염, 생물의 다양성, 삼림 벌채, 에너지 효율, 폐기물 관리와 물 부족 관련 내용들이 포함된다. 기업은 사업장의 환경 오염 물질 저감, 친환경 제품 개발과 탄소 중립* 등에 관심을 가져야만 한다. (*이산화탄소 배출량만큼 이산화탄소 흡수량을 늘려 실질적인 이산화탄소 배출량을 0으로 만드는 것이다.)

세계 최대 자산 운용사 블랙록뿐만 아니라 많은 투자자가 환경의 지속성과 ESG 공시의 중요성을 강조하면서 환경 문제를 외면하는 기업에는 투자하지 않겠다는 강력한 의지를 표명하고 있다. 환경에 대한 이슈가 대기업에만 해당된다고 생각하는 사람들이 많은데 환경 문제는 대기업뿐만 아니라 중소기업과 스타트업까지 모두가 함께 고민하고 관심을 가져야 한다. 환경이 이렇게 중요한 화두가 된 이유는 바로 기업의 역할에 대한 사람들의 인식과 환경 문제에 대한 가치관이 변했기 때문이다. 그렇기 때문에 환경을 외면하는 기업들은 소비자로부터 외면을 당할 수밖에 없는 상황에 직면해 있다.

고객과 상품을 위한
택배 포장재의 역습

코로나 19를 기점으로 소비자의 오프라인 매장보다 온라인 쇼핑 이용이 급증했다. 특히 온라인으로 식품을 구매하는 비율이 예년보다 폭발적으로 성장했는데 통계청에 따르면 2020년 온라인 식품 시장 거래액은 43조 4,000억 원으로 전년보다 62.4%가 늘었다. 2019년에는 26조 7,000억 원이었는데 1년 만에 40조 원을 넘어선 것이다. 문제는 온라인 식품 배송 업체들이 적절한 온도를 유지하고 상품의 파손을 방지하기 위해 이중, 삼중으로 과도하게 포장을 하는 데다가 완충제, 보냉제, 박스 등이 환경을 파괴하는 스티로폼이나 비닐 재질인 것이다.

온라인 식품 배송으로 유명한 마켓컬리 역시 환경을 외면한 과도

한 포장과 부실한 친환경 정책 운영으로 시행착오를 겪어야만 했다. 마켓컬리는 소비자가 자기 전에 주문하면 다음 날 새벽에 신선식품을 배송해 주는 서비스로 인기가 많다. 수천억 원의 투자를 받고 대대적인 TV 광고를 하면서 전 국민이 다 알 만한 서비스로 성장해 현재 회원 수는 1,000만 명에 이른다. 그런데 과도한 포장으로 인해 환경 파괴의 주범이라는 이미지가 생겨났고 심지어 이 때문에 탈퇴하는 고객들까지 늘어났다.

마켓컬리는 이러한 이슈를 해결하기 위해 포장에 사용하는 스티로폼 박스부터 완충재, 식재료를 담는 파우치, 지퍼백, 박스 테이프를 모두 친환경 종이로 교체하고 종이 박스를 회수하겠다는 정책을 발표했다. 하지만 포장재를 종이로 바꾸었다고 해도 여전히 과도하게 포장되어 분리 배송되고 종이 박스에 대한 회수 정책이 부실하게 운영되어 오히려 소비자들의 불만을 사고 있다. 좀 늦었더라도 환경에 대한 인식을 갖추고 정책을 펴는 것은 좋았으나 단순히 홍보를 위한 정책이 아니라 보다 철저한 준비와 실행으로 소비자들의 기대에 부응하면서 실질적으로 환경을 개선하기 위한 노력이 필요하다.

플라스틱 쓰레기 제조 기업의 과제

플라스틱으로 인한 환경 파괴 문제는 우리가 살아가는 21세기의 가장 큰 문제다. 한 번 생산된 플라스틱은 보통 수백 년, 길게는 수천 년씩 지구를 떠돌며 환경을 오염시킨다. 다행히 플라스틱의 환경 오염에 대한 심각성이 공론화되고 사회 인식이 바뀌면서 전 세계적으로 플라스틱 일회용품을 퇴출하자는 움직임이 거세지고 있다. 하지만 일부 기업들은 여전히 플라스틱 퇴출 움직임에 대해 상반된 입장을 보이면서 소비자들의 공분을 사고 있다.

2020년에 '올해의 플라스틱 쓰레기 최다 배출 기업'으로 선정된 코카콜라는 소비자의 기호를 앞세워 플라스틱병을 계속 사용해야 한다고 주장한다. 코카콜라의 지속 가능성 담당자는 스위스 다보스에서 열린 제50회 세계경제포럼연차 총회에 참석해 "소비자들이 여전히 일회용 플라스틱 용기를 선호하므로 계속해서 플라스틱 용기에 담아 판매하겠다"라고 밝혔다.

코카콜라는 1년에 300만 톤의 플라스틱을 사용해 페트병을 소비하는 세계 최대 플라스틱 사용 업체다. 가디언이 입수한 자료에 따르면 전 세계적으로 1분마다 100만 병, 1초당 2만 병의 페트병이 팔리고 있고 1초당 약 3,400병의 페트병을 생산하는 것으로 추정된다. 이 때문에 2020년 10월 미국의 환경 단체인 BFFP는 세계에서 가장 많은 플라스틱을 소비하는 최악의 오염 유발 회사로 코카콜라를 지목했다. 하지만 코카콜라는 당장의 매출만 신경 쓰면서 플라스틱 용기 제작량을 감축하면 소비자들이 좋아하지 않아 판매량이 줄어들 것이라고 반박한다. 코카콜라의 이기적인 행보에 소비자 단체와 환경 단체들은 문제를 제기하며 불매 운동 같은 단체 행동을 촉구하고 있다.

어떤 설문 조사를 통한 결과인지는 알 수 없으나 자사에 유리한 자료를 내세우며 환경 문제를 외면하고 오히려 환경 파괴를 지속하겠다는 것은 소비자들을 무시하는 시대착오적이고 위험한 생각이다. 소비자들이 달라지고 있다. 지금 당장은 큰 타격을 받지 않겠지만 환경에 대한 범세계적인 관심과 소비자들의 인식 변화에 적절하게 대응하지 못한다면 아무리 글로벌 기업이라고 해도 지속적인 성장과 밝은 미래를 장담하기 어려울 것이다.

10장

사업과 사람을
모두 지키고 싶다면

기업 환경이 갈수록 변화무쌍해지면서 기업에게 위기 관리 능력의 필요성이 커지고 있다. 특히 짧은 기간에 폭발적으로 성장하는 스타트업이나 IT 기업에 위기 관리 능력의 필요성이 대두되고 있다. 아이디어만 갖고 시작한 작은 스타트업이 기업 가치가 1조 원이 되거나 주식 시장에 상장할 만큼 폭발적으로 성장하기까지는 다양한 위기와 성장통을 겪는데 그 사이 기업 규모가 확장되는 만큼 위기 관리 능력이 따라가지 못해 심각한 상황을 맞이하기도 한다. 외형 성장에만 너무 집중한 나머지 직원들을 위한 조직 문화나 리더십, 위기 발생 시 대응 능력 등이 동반 성장하지 못한다면 마치 몸집은 농구 선수처럼 커졌으나 정신은 아직 초등학생 수준인 키 큰 아이에 불과한 것과 같다.

인터넷 포털 기업 네이버와 소셜 커머스 기업 쿠팡은 연이은 악재로 그동안 잘 쌓아 왔던 이미지가 한순간에 추락하는 일을 겪었다. 직원의 사망과 물류 창고 화재 등으로 논란이 된 두 기업의 위기 관리 실패 사례를 통해 위기 관리 중요성을 알아보고자 한다.

리더로서
옳은 일을 하고 있는가?

2021년 5월 국내 대표적인 인터넷 기업 네이버의 40대 남성 직원이 사망한 채 발견됐다. 경찰은 타살 의혹이 없기 때문에 자살로 확정지었으나 고인의 메모에 따라 직장 내 괴롭힘이 있었는지 추가로 조사하겠다고 밝혔다. 가족이나 동료들의 말에 따르면 고인은 주말이나 야간에도 시간과 관계없이 고강도의 업무에 시달렸고 현장에 있던 메모에도 고인이 평소 업무상 스트레스를 많이 받았다는 내용이 있었다. 또한 고인이 다른 직원들과 나눈 메신저 대화 내용이 노조를 통해 공개되면서 고인의 자살에 대한 원인과 책임 소재에 대한 논란이 일파만파 커졌다. 이에 담당 임원이 책임을 지고 물러났지만 근본적인 해결책을 내놓지 못해 노조에서 항의하는 등 후폭풍이 일어났다. 네이버는 직원의 죽음과 그에 대한 잘못된 대응으로 그동안 쌓아 왔던 이미지가 추락하게 됐다.

네이버는 직원들의 목소리를 듣기 위해 나름대로 노력해 왔다. 같은 직급이나 연차의 인원을 소수 선발하여 의견을 수렴하고 경영진에게 전달하는 제도를 운영하고 내부 직원들이 익명으로 각종 고충이나 민원을 이야기할 수 있는 플랫폼도 별도로 운영한다. 내부 직원들의 만족도를 높이기 위해 다양한 정책과 제도를 운영함에도 불구하고 직장 내 괴롭힘이나 갑질, 과도한 업무 등은 사라지지 않았다. 고인의 사망 원인이 특정 조직장에게 있다는 이야기가 나왔는데 가해자로 알려진 직원은 과거부터 평소 사용하는 언어가 바르지 않고, 조직 관리에 문제가 많아 퇴사를 했다가 주요 임원의 라인을 타고 재입사를 했다고 한다. 그 후로 많은 불만이 터져 나왔지만 오히려 불만을 제기했던 사람들이 이직을 하거나 퇴출당했다고 한다.

구직자들이 선망의 직장으로 여기는 네이버는 끊임없는 혁신을 통해 성장해 왔다. 하지만 이런 혁신 뒤에는 직원들이 감당한 과중한 업무와 노력이 있었으며 그에 따른 고통과 눈물이 있었을 것이다. 창의적이고 역량 있는 직원을 육성하고 자유로운 기업 문화와 상호 존중하는 문화를 만드는 것이 무엇보다 중요하지만 성과 중심적인 평가 시스템과 강압적인 조직 문화는 실적을 내는 데만 집중하게 만든다.

회사가 성숙한 문화를 갖기 위해서는 리더의 역량이 중요한데 개인적인 성과는 훌륭하지만 조직 관리 능력이 부족한 사람이 리더가 됐을 경우 예기치 못한 사고가 터지기 마련이다. 창업 초기 작은 회사의 리더와 수천 명의 직원을 관리해야 하는 회사의 리더에게는 분명히 다른 역량이 요구된다. 사업 내용의 변화만큼이나 조직의 변화도 빠르게 이뤄지기 때문에 그에 따른 리더십이 매우 중요하다.

조직의 규모에 맞게
리스크를 관리하는가?

쿠팡은 소셜 커머스 열풍이 불던 2010년 8월에 창업했다. 유통 강자들이 이미 장악한 레드오션 시장임에도 불구하고 혁신적인 물류 시스템을 도입하고 고객의 니즈를 정확하게 파악하면서 폭발적으로 성장해 나갔다. 특히 빠르고 신속한 배송과 차별화된 마케팅 전략을 통해 회원 수와 매출이 급성장하여 해외에 상장까지 한 거대 기업이 됐다.

그런데 코로나19에 대한 공포로 전 국민이 두려움에 떨고 있을 때 쿠팡의 물류 센터에서 계속 확진자가 나오며 사회적 이슈가 됐다. 수천 명이 쉴 틈 없이 고강도로 근무하는 물류 센터의 특성상 한 명이 감염되면 엄청나게 빠르게 전파될 것이다. 하지만 쿠팡이 내놓은 발표는 철저하게 방역하고 있다는 변명이 전부였고 사과는 없었다. 또한 2021년 6월에는 경기도의 물류 센터에서 대형 화재가 나면서 화재를 진압하던 소방관이 사망하는 사건이 발생했다. 놀랍게도 물류 센터 화재 당일 창업자가 대표 이사직에서 물러났다는 내용이 알려지면서 중대재해처벌법을 피하기 위한 것이라는 비난이 일어났고 소비자들의 불매 운동과 회원 탈퇴가 이어졌다. 쿠팡은 코로나19 방역 문제와 창고 화재부터 일본 욱일기 판매, 판매자들의 갑질 문제 등으로 사회적 논란이 계속됐다.

쿠팡의 물류 센터 코로나19 확진자 발생에 대한 논란은 초기 대응이 미흡했다는 데 있다. 다른 유통업체들이 확진자 발생 후 사업장을 폐쇄한 것과 달리 쿠팡은 24시간 이상 물류 센터를 가동하여 수천 명이 일을 했고 통보는 한참 후에 이루어졌다. 매일 소독과 방역을 하고 발열 체크와 추적 관리가 철저히 이루어진다고 했지만 실제 직원들의 안전모와 PC 등에서 코로나19 바이러스가 검출됐다. 화재 사건에 대한 원인은 더욱 복합적이다. 물류 센터 근로자들의 휴대폰 소지 금지 정책도 화재 신고를 할 수 없게 만들었으며 조기에 화재를 진압할 수 있는 스프링쿨러를 인위적으로 잠갔을 가능성도 보도됐다. 또한 물류 센터는 수많은 전기 장치가 설치된 데다 먼지까지 쌓여 있어 화재 위험이 높아 근무 환경의 근본적인 개선 대책이 필요했다.

쿠팡은 물류 센터 근무자의 코로나19 확진과 화재 사건에 모두 적절하게 대응하지 못했다는 지적을 받았다. 위기 관리는 어떻게 위기를 인식하고 사전에 준비하여 위기 상황 발생 시 효과적으로 대응하느냐가 중요하다. 사전에 잠재된 위기 상황을 분석하여 여러 가지 시나리오를 만들어 보는 것이 위기 대응 능력을 향상하는 데 큰 도움이 될 수 있다. 위기 발생에 대한 상황, 분야, 발생 가능성, 기간별로 목록을 만들고 파급 효과 등을 분석해 놓아야 한다. 그리고 위기 발생의 사각지대를 잘 모니터링하여 위기 발생의 신호를 놓치지 않고 미리 예방하는 것이 중요하다. 대응 매뉴얼이 준비되어 물류 센터에서 확진자나 화재 또는 그 밖의 사건 사고가 발생했을 때 조기에 신속하게 대응했더라면 큰 손실을 면할 수 있었을 것이다. 회사 규모와 상황에 맞는 위기 관리 및 대응 능력이 절실히 필요하다.

11장

실패의 전철을
밟고 싶지 않다면

　　기술 변화와 고객들의 인식 변화로 기업 환경이 급변하고 있다. 환경에 적합한 종만이 살아남는다는 다윈의 자연 선택설은 생물에만 해당하지 않는다. 기업의 생존에서도 시대의 흐름에 따른 변화와 혁신은 선택이 아닌 필수가 됐다. 글로벌 기업들 역시 예외가 아니다. 그러므로 시대의 흐름을 읽지 못해 사라지거나 정체에 빠진 기업들의 사례를 공유함으로써 그들의 전철을 밟지 않도록 하는 지혜가 필요하다. 기존의 산업 영역이 붕괴되고 새로운 기준이 만들어지는 이 시대의 기업에게는 경쟁력을 확보하고 지속 가능한 경영 활동을 위해서 끊임없는 혁신이 필요하다. 이번 장에서는 글로벌 1위라는 성공 경험에 도취되어 시대 변화의 흐름을 놓치고 혁신을 외면한

두 기업을 보고자 한다.

변화를 위협으로 느낀다면
정체성까지 전복될 수 있다

1880년에 조지 이스트먼이 설립한 코닥은 카메라 필름 산업의 선구자였다. '필름은 코닥'이라는 캐치프레이즈가 무색하지 않게 자체 개발한 롤 필름과 컬러 필름, 인화지, 코닥 카메라로 무려 100년 넘게 장수한 기업이었다. 독보적인 기술 개발을 주도해 온 코닥은 1970년대 미국 필름 시장의 90%, 카메라 시장의 85%를 점유했던 공룡 기업이다. 오늘날 애플이나 아마존과 같았다. 1934년 세계 표준이 된 35㎜ 필름을 출시하여 아날로그 필름 시장을 선도했고 1975년에는 휴대용 디지털카메라를 최초로 개발했으며 1969년에 아폴로 11호의 달 착륙 모습을 찍은 것도 코닥의 첨단 장비 덕분이었다. 특허도 많이 보유하고 있어 특허료만으로도 회사 운영이 가능하다는 소문도 있었다. 코닥은 자신이 잘하는 것에 집중하는 전략으로 핵심 사업인 사진용 필름 사업에 집중했다. 그러나 디지털카메라가 아날로그를 대체하면서 기존의 핵심 역량을 발휘할 시장이 점차 줄어들었다.

1980년대부터 시장에 등장한 디지털카메라 시장은 많은 변화를 가져왔다. 캐논과 니콘은 디지털카메라가 향후 아날로그 카메라를 대체할 제품이라 생각했고 디지털 카메라 사업에 집중했다. 코닥은

1975년에 이미 디지털카메라를 최초로 개발했으나 이 시점에 결정적인 실수를 한다. 필름의 최강자로 군림하다 보니 필름을 사용하지 않는 디지털카메라 시장을 기회가 아닌 위협으로 인식한 것이다. 이에 따라 디지털카메라 상용화를 중지하고 관련 기술에 지속적으로 투자하지 않았다. 오히려 필름 시장의 붕괴를 우려해 디지털카메라 시장으로의 모험을 피하고 아날로그 카메라가 유지 발전할 방향으로만 노력했다.

오랜 기간 혁신의 상징으로 독주했던 코닥은 시대의 변화에 안이했고 위험을 감수하는 열정도 사라졌으며 기득권의 틀에 갇히게 됐다. 그 뒤에 이어진 결과는 결국 급속한 쇠락이었고 2012년 1월 경영 위기로 법원에 파산 보호 신청을 하게 됐다. 참고로 MZ 세대에게 인기를 끈 코닥 어패럴은 코닥 본사에서 만든 브랜드가 아니라 하이라이트브랜즈라는 대명화학의 패션 계열사가 2019년에 미국 코닥 본사에서 라이선스를 획득하여 만든 브랜드다.

코닥은 아날로그에서 디지털로 판도가 바뀌는 흐름을 제대로 읽지 못해 여전히 필름 사업을 확대하는 데 투자했고 시너지를 내지 못하는 회사를 인수했다. 아날로그 필름 개발 사업에만 10억 달러 이상을 투자하고 프린터 사업까지 확장하지만 모두 실패했다. 또한 1988년 제약 회사 '스털링 드러그'를 50억 달러라는 거금을 들여 인수했으나 제대로 운영하지 못하고 6년 후 매각했다. 정작 투자해야 할 디지털카메라 개발 부문에는 투자하지 않고 OEM으로 생산하는 실수를 저질렀다.

코닥은 필름 기업의 정체성을 버리지 못한 것과 더불어 소비자들이 사진을 찍기만 하고 인쇄하지 않는 세상이 오리라고 생각하지 못했다. 코닥은 1990년대까지 코닥 사진기를 사용하여 코닥 필름으로 사진을 찍고, 코닥 인화 센터에서 사진을 인화하는 등 사진에 대한 전 과정에서 이익을 창출했다. 그 당시 필름 및 인화 관련 수익률은 약 60%에 육박했지만, 디지털카메라에 대한 수익률은 15% 미만이었다. 하지만 필름이 필요 없는 디지털카메라가 인기를 끌면서 사진을 인화하는 사람들이 급속도로 줄어들기 시작했고 더 이상 코닥은 설 자리가 없게 됐다.

현재의 영광에 취해 있다면
영원한 1위는 없다

핀란드의 대표 기업인 노키아는 전 세계 휴대폰 시장에서 1998년부터 2011년까지 14년간 1위를 기록한 기업이다. 휴대 전화 사업에 집중한 노키아는 1998년 4,100만 대를 판매한 6100시리즈를 계기로 모토로라 대신 휴대폰 제조 사업의 1등으로 등극하게 된다. 2001년에는 세계 최초로 카메라가 장착된 핸드폰 Nokia7650을 출시했고 2002년에는 세계 최초로 3G 핸드폰을 출시했다. 노키아는 2007년까지만 해도 핀란드 경제 성장의 25% 이상을 차지하고, 전체 수출 중 20%를 맡았으며 핀란드 법인세의 23%를 차지했다. 노키아는 명실상부 핀란드의 국민 기업이었고 노키아 때문에 핀란드까지 함께 각광받던 시절이 있었다. 하지만 노키아는 잘못된 의사 결정으로 애플과 삼성에 밀려 휴대폰 부문에서 완전히 철수하게 됐다.

노키아는 많은 투자를 통해 업계에서 최초로 스마트폰과 태블릿 PC를 개발했지만 기존 휴대폰 시장에서의 높은 시장 점유율만 믿고 외부 환경 변화에 대응하지 못해 적기에 제품을 출시하지 못했다. 그 결과 장악하고 있었던 피처폰 시장에서도 트렌드를 놓치게 됐다. 또한 성급하게 시도한 저가 전략으로 브랜드와 수익성에 치명타를 입었다. 신흥국 시장을 겨냥한 저가 휴대폰에 집중하는 전략은 새로운 시장을 선점하는 효과가 있었지만 화웨이, ZTE 같은 중국 제조업체와 경쟁하면서 엄청난 적자를 안게 됐다. 결국 스마트폰을 최초로 개발하고도 상용화시키지 못한 판단 오류와 안드로이드 같은 경쟁력 있는 운영 체제를 개발하거나 선택하지 못한 것도 실패의 원인이 됐다.

노키아는 2007년 출시된 아이폰에 대해 생산 원가가 너무 높고, 2G 네트워크를 기반으로 하며 터치스크린이 충격에 너무 약하다는 부정적인 평가를 하면서 시장에 살아남기 어렵다는 결론을 내렸다. 그러나 예상과 달리 아이폰은 엄청난 인기를 끌었고 결국 노키아는 경쟁력을 잃고 마이크로소프트사에 인수됐다.

노키아는 뉴욕 같은 대도시에서 통신사를 활용하지 않고 직접 판매하는 방식을 채택하여 보조금 지원 없이 소수의 고객만 확보했다. 이로 인해 미국 시장 내 노키아의 존재감이 미약해졌고, 스마트폰으로 전환된 시장에서도 노키아 제품을 판매하기 힘들어졌다. 이렇듯 노키아는 미국 시장의 소비력을 제대로 인지하지 못하고 1등 기업이라는 오만으로 인해 미국 내 주요 이동 통신사들을 동맹군으로 만드는 데 실패했다. 게다가 삼성전자와 LG전자가 적극적으로 통신사와 친화적 정책을 펼치면서 노키아의 시장 점유율 하락이 가속화됐다.

스마트폰은 작은 컴퓨터와 같아서 디바이스뿐만 아니라 운영 체제가 필요하다. 전 세계 스마트폰 운영 체제는 구글의 안드로이드 계열과 애플의 iOS 2가지로 양분돼 있는데 안드로이드를 개발했던 회사가 구글보다 휴대폰 제조사인 삼성을 찾아갔지만 거절당하고 구글에 인수됐다는 유명한 일화도 있다. 삼성은 안드로이드를 거절하고 갤럭시에 탑재할 자체 모바일 운영 체제를 만들었지만 결국 성공하지 못하고 안드로이드를 계속 쓰고 있다. 삼성은 황금알을 낳는 거위를 놓친 셈이다. 노키아 역시 스마트폰 운영 체제를 개발하기 위해 많은 노력했으나 결국 실패로 끝나고 말았다. 노키아 내부적으로 기존 운영 체제인 심비안을 개선하려는 팀과 미고라는 새로운 운영 체제를 개발하려는 팀으로 나뉘어 분열한 것이 결정적인 원인이 됐다. 이것은 많은 시간과 리소스의 낭비로 이어졌고 노키아만의 운영 체제 개발이 계속 지연되어 어느 것도 제대로 활용되지 못하게 됐다.

12장

100년 가는 글로벌 기업이
되고 싶다면

혁신적인 기술이 지속적으로 개발되고 기업간의 경쟁 환경이 점점 더 치열해지면서 많은 기업이 지속 가능한 성장과 새로운 도약을 위한 해법을 찾는 데 고민이 많다. 기술의 발달이나 고객의 변화에 따라 많은 기업이 흥망성쇠를 겪게 되는데 이는 100년 이상의 역사를 가진 글로벌 장수 기업들도 예외가 아니다. 규모의 경제나 전문화를 통해 성장 곡선을 만들어 온 기업들은 새로운 제품이나 해외 진출을 통한 신성장 동력을 찾을지, 아니면 기존 사업을 유지하고 발전시켜야 할지 선택의 기로에서 힘든 결정을 해야만 한다.

신규 제품을 개발하여 상품 라인업을 확장하는 전략은 변화하는 시대의 흐름에 맞추어 성장의 규모와 속도를 더욱 크고 빠르게 할 수 있고 서로 다른 제품에 분산 투자하여 경기 사이클 변화 등으로 인한 리스크를 분산할 수 있는 장점이 있다. 그러나 신규 제품을 출시하거나 해외 진출을 한 기업들이 성공보다는 실패하는 사례가 많아지면서 무분별한 사업 영역 확장에 대한 우려감이 커지기 시작했다. 과도한 상품 라인업이나 해외 진출은 핵심 사업에 집중하지 못하게 함으로써 기존 사업까지 무너지게 하는 요인이 되기도 한다. 글로벌 장수 기업의 실패 사례를 통해 사업 영역 확장에 대해 다시한 번 생각해 보는 계기가 됐으면 한다. 또한 앞으로 코로나19를 비롯한 다양한 위기를 이겨 낸 한국에서 100년 이상의 글로벌 장수 기업이 많이 배출되기를 간절히 기대한다.

2위를 견제하기 위해
자신의 시그니처를 버리지 마라

코카콜라는 아마도 지구상에서 가장 성공한 브랜드일 것이다. 실제로 코카콜라는 매일 20억 개씩 판매되고 있으며 세계에서 가장 인정받는 최장수 브랜드다. 130년이 넘은 코카콜라는 단순한 음료를 넘어 미국 문화의 대명사가 됐고 전 세계인의 음료가 됐다. 그런 코카콜라에게 유일한 경쟁자가 있는데 바로 펩시다. 수십 년 동안 코카콜라와 펩시는 라이벌 관계로 끊임없이 경쟁해 왔고 다양한 법적 다툼을 벌이기도 했다. 1950년대 후반까지 코카콜라는 펩시보다 5배나 더 많이 판매되면서 오랜 세월 동안 1위 자리를 굳건히 자리를 지켜

왔으나 '젊음의 음료'라는 문구로 빠르게 격차를 좁히는 펩시에게 위기감을 느끼기 시작했다. 코카콜라의 올드하고 고전적인 이미지에 대항하여 신선하고 젊은 브랜드를 표방한 펩시는 1970년대에 다양한 캠페인을 도입하여 지속적으로 인지도를 높였다. 그중에서도 가장 효과적이었던 캠페인은 소비자가 눈을 감고 두 회사의 음료를 시음하여 더 맛있는 음료를 선택하게 하는 것이었다. 캠페인 결과 많은 사람이 두 제품의 차이를 잘 느끼지 못하기도 하고 오히려 코카콜라보다 펩시를 더 선호하는 사람도 많았다. 1980년대에 들어서도 펩시가 계속해서 전 세계적으로 캠페인을 진행하며 시장 점유율이 올라가자 다급해진 코카콜라는 경쟁 우위를 유지하기 위해 새로운 전략으로 뉴코크를 출시했으나 쓰디쓴 참패를 맛보게 된다.

코카콜라는 100년 이상 된 음료를 시대의 변화에 맞게 바꾸기로 결정하기까지 엄청난 고민과 노력을 했다. 신제품 개발에 400만 달러 이상을 투자하고 20만 회의 블라인드 테스트를 거쳐 최종 결정된 맛은 다시 한 번 전 세계를 뒤흔들 것으로 기대했다. 하지만 코카콜라는 새로운 음료 출시 이후 고객들의 쏟아지는 항의를 받아야만 했다. 기존의 음료를 살리기 위한 단체들이 결성되고 뉴코크 대한 부정적인 기사들이 연일 미디어를 통해 보도됐다. 심지어 이전 음료를 사재기하는 현상에까지 이르렀다. 이런 결과를 가져온 주요 원인은 소비자들이 제품을 구매하는 이유를 정확하게 이해하지 못한 데 있었다. 코카콜라의 경영진은 사람들이 코카콜라를 좋아하는 이유가 단순히 맛이 좋았기 때문이라고 생각했다. 그러나 고객이 코카콜라를 선택하는 이유는 단순히 맛이 좋아서가 아니라 코카콜라를 마시면서 함께 누렸던 경험과 추억 때문이었다. 소비자가 제품을 구매할 때에는 제품의 기능(맛)이나 가격도 중요하지만 그 제품이 갖고 있는 역사, 문화, 경험, 패키지 디자인 등 다양한 요소가 의사 결정에 중요한 영향을 주게 되는데 이런 점을 간과한 것이다.

또 다른 원인은 시장의 주도권을 유지하기 위한 사업 다각화가 고객의 니즈를 제대로 반영하지 못했다는 것이다. 음료 시장은 시시각각 변화하고 새로운 제품이 계속 쏟아져 나오기에 분명 새로운 전략이 필요하다. 그러나 기존 제품의 인기가 하락한다고 하여 기존 제품을 버리고 무작정 새로운 제품을 출시하는 것은 바람직하지 못하다. 소비자들의 심리를 잘 읽고 그들의 니즈, 습관, 충성도를 파악하면서 기존 브랜드를 잘 관리하는 것이 새로운 브랜드를 출시하는 것보다 더욱 중요할 수 있다.

코카콜라는 소비자들이 갖고 있는 브랜드에 대한 느낌과 태도, 정서 등을 제대로 포착하지 못하고 맛 테스트에만 의존함으로써 수많은 시행착오를 겪었다. 결국 코카콜라는 1985년 7월 신제품을 출시한 지 두 달 반 만에 기존의 음료를 같이 팔기로 결정했고 기존의 음료는 '클래식'이라는 이름으로 신제품은 '뉴코크'라는 이름으로 판매했다. 이 소식이 얼마나 대단한 뉴스였는지 TV 방송 도중 뉴스 속보로 알려질 만큼 화제를 모았다. 현재 코카콜라는 다양한 시행착오와 연구 개발을 통해 코카콜라 오리지널, 코카콜라 제로, 코카콜라 라이트 3개의 라인업으로 판매되고 있다.

어제의 실패를 거울 삼아
끊임없이 쇄신하라

국내에서 콘푸로스트, 첵스 등으로 유명한 켈로그는 1906년 설립된 세계 최대의 시리얼 기업이다. 2020년 기준으로 매출액이 138억 달러이며 직원 수는 3만 명이 넘는다. 전 세계 17개국의 공장에서 크래커, 간식, 시리얼, 곡물, 채소, 국수 등 1,800여 가지에 달하는 제품을 생산해 약 180여 개 국가에 제품을 유통, 판매하고 있다. 켈로그의 창업자는 "최고 품질의 제품으로 고객을 건강하게 하자"라는 철학 아래 회사를 경영했으며 지금도 영양학적으로 좋은 제품을 만들기 위해 칼슘과 비타민을 첨가하고, 니트륨과 설탕 함량 줄이고, 트랜스 지방을 제거하고, 식이 섬유 함유량을 증가하는 등 다양한 방면에서 노력을 하고 있다.

켈로그는 1980년대에 북미와 유럽 시리얼 시장의 40%에서 50%를 점유하는 전성기를 누렸지만 1990년대에 들어서면서 경쟁사들의 성장과 함께 시리얼 시장이 포화 상태에 이르자 새로운 시장을 개척해야 한다는 필요성이 대두됐다. 켈로그는 다양한 국가와 지역에 대한 분석을 했고 그중에서 인도 시장이 1994년 당시 10억이 넘는 인구와 2억 5,000만 명 정도가 중산층으로 분류되어 잠재력이 매우 큰 시장이라고 판단했다. 그리하여 1994년에 6,500만 달러를 투자해 인도에 생산 설비를 마련하고 대대적인 마케팅을 하면서 시리얼 판매에 나섰다. 하지만 기대했던 것과 달리 시간이 오래 지나도록 성과가 부진했고 인도 소비자들의 반응 또한 싸늘했다. 나중에

알게 된 사실이지만 켈로그의 시리얼이 인도의 식습관과 맞지 않았고 가격 또한 합리적이지 않았던 것이다. 결국 켈로그는 오랜 기간 동안 인도 시장에서 고전해야만 했다.

켈로그의 시리얼은 바쁜 현대인에게 한 끼 식사를 빠르게 해결하면서도 다양한 영양소를 섭취할 수 있어 전 세계적으로 큰 사랑을 받았다. 미국과 유럽에서 이미 성공한 모델로 자리를 잡았던 시리얼이 인도에서 고전을 면치 못한 이유는 첫 번째로 현지 문화에 대한 이해가 충분하지 못했다는 데 있다. 인도의 전통 아침 식사는 도사(인도식 팬케이크), 이들리(인도식 떡), 파라타(인도식 밀가루 전) 등을 번갈아 먹는 것이 일반적이다. 이렇게 아침 식사에 정성을 들이는 인도 사람들에게 시리얼은 낯설고 성의 없게 보일 수밖에 없었다. 또한 인도인들은 위생상의 문제로 우유를 따뜻하게 데워 먹는 것이 일반적인데 시리얼에는 찬 우유가 어울리기 때문에 인도 식습관에 맞지 않았다. 아침부터 과자같이 바삭하고 딱딱한 켈로그의 시리얼에 찬 우유를 부어 먹는 것은 마치 우리나라에서 아침에 된장국을 즐겨 드시는 어르신들에게 식빵을 먹으라고 하는 것처럼 어색하고 불편한 것이었다. 오랜 전통과 문화를 지키는 것을 자부심으로 여기는 인도인들에게 서구형 아침 식사가 매력적으로 다가오지 않았던 것이다.

켈로그는 공략해야 하는 메인 고객을 고소득층으로 선정하는 실수를 했다. 인도는 세계 3위의 소비 대국으로 2025년에는 소비 시장 규모가 4조 달러에 이를 것으로 전망된다. 전체 소비 시장의 대부분을 중산층과 청년층이 차지하기 때문에 성장 잠재력이 어마어마하다. 따라서 메인 고객은 고소득층보다는 중산층 이하의 매스 마켓으로 잡아야 했다. 하지만 켈로그는 고소득층을 중심으로 마케팅을 진행했고 가격도 인도의 전통 식사에 비해 3배나 높게 책정했다. 이는 중산층 이하의 소비자들이 구매하고 싶어도 구매하기 어려운 가격이었다. 이렇게 많은 인구와 성장 전망이라는 숫자에 현혹되어 무모하게 진출한 켈로그는 인도 시장에서 실패를 경험해야 했다.

그 후에 켈로그는 끊임없이 현지화하려고 노력했다. 매콤한 살사 소스나 인도 고유의 푸다나 향료를 곁들인 콘플레이크 등 인도인의 입맛에 맞춘 제품을 출시했고 문제가 됐던 고가 정책도 인도 현지의 소비 수준에 맞춘 저가의 소용량 제품을 출시하면서 인기를 끌었다. 과거의 실패를 거울 삼아 인도만의 레시피를 지속적으로 연구하면서 합리적인 가격으로 시장을 넓혀 가고 있는 것이다. 한때 인도 시장이 거대하다는 이유로 마치 약속의 땅, 기회의 나라인 것 마냥 많은 기업들이 진출했지만 현지화 전략의 부재로 실패한 사례가 많이 있다. 해외 진출에 앞서 현지의 문화나 제도, 소득 수준, 국민성 등을 잘 파악하고 시장 침투 전략을 세워야만 성공적인 해외 진출을 할 수 있다.

4부

STARTUP

스타트업의 다음 혁신을 위한 전략

미래는 이미 와 있다.
단지 널리 퍼져 있지 않을 뿐이다.

윌리엄 깁슨(소설가)

⚑
1장

기술을 이용하는
사람에 주목하라

우리는 '세상이 하루가 다르게 변한다'는 말을 자주 한다. 하루 만에 무엇이 얼마나 바뀌겠느냐고 반문하는 사람도 있겠지만 수많은 기업과 혁신가들이 과거의 특정 시점부터 끊임없이 준비하고 연구하던 새로운 기술이나 제품이 혁신이라는 이름으로 매일 발현되고 있기 때문에 이 말은 과장되지 않았다. 조금 다르게 표현하면 '혁신적인 기업들이 첨단 기술을 활용하여 세상을 하루가 다르게 변화시키고 있다' 정도가 되지 않을까. 과거에는 '10년이면 강산도 변한다'고 했는데 이제는 수개월 만에도 강산이 변하고 예상치 못한 큰 변화가 펼쳐진다. 예전에는 상상도 못 했던 일들이 눈앞에 벌어지고 우리의 삶은 더욱 풍요롭게 진화하고 있다.

미래와 혁신은
과거부터 준비된 것이다

필자가 대학생이던 1990년대에는 일명 '삐삐'라는 이름의 무선 호출기가 혁신적인 제품이었다. 요즘 MZ 세대는 이해하기 힘들겠지만 누군가가 연락을 해 달라고 호출을 보내면 유선 전화로 전화를 해야 하는 방식이다. 그래서 길가에 있는 공중전화나 호프집에 있는 전화 부스 앞에는 늘 사람들이 줄을 서 있었고 급기야 테이블마다 전화가 있는 곳이 생겨나 인기를 끌었다. 그때는 무선 호출기가 나름 최첨단 제품이었는데 지금 생각해 보면 정말 답답하고 비효율적인 통신 수단이다. 그러다가 1997년에 발신만 되는 시티폰과 쌍방향 소통이 가능한 피처폰*을 거쳐 2007년에 아이폰이 처음 출시되어 모바일 혁명이 일어났다. (*2010년대 초반 이후 스마트폰이 널리 퍼지면서 스마트폰이 아닌 옛날 휴대폰을 가리키는 용어로 시작했다. 직역하면 기능형 전화기로 일반 전화〈피처폰(통화 기능 외 문자 메시지, 카메라 등의 다양한 기능 탑재)〈스마트폰(사실상 전화의 탈을 쓴 초소형 휴대용 컴퓨터)으로 계층화된다.)

이제는 전화기, 카메라, MP3 플레이어뿐만 아니라 지갑도 따로 갖고 다닐 필요 없이 스마트폰 하나로 언제 어디에서든 인터넷과 게임을 할 수 있고 사진을 찍고 영상을 즐기며 결제까지 할 수 있게 됐다. 그 이후에도 계속해서 혁신적인 디바이스와 ICT 기술이 개발되면서 모바일을 넘어 인공 지능과 로봇의 시대가 열리기 시작했다.

물론 혁신적인 기술이나 기업이 가져올 미래가 무조건 밝지만은 않을 수 있다. 오히려 인공 지능이 너무 발달하면 인간을 지배할 것이라는 식의 디스토피아를 말하는 사람들도 많이 있다. 하지만 혁신적인 기술이나 기업들이 21세기 현재 우리의 삶을 더 편하게 만들고 있다는 데는 모두가 동의할 것이다. 4차 산업 혁명이라는 이름으로 많이 회자되는 인공 지능, 로봇 공학, 자율 주행, 빅 데이터, IoT, 블록체인, 메타버스 등도 결국은 사람들이 좀 더 자유롭고 편하게 살 수 있도록 돕기 위해 태어난 것이다. 따라서 이렇게 급변하는 시대에 우리가 주목해야 하는 것은 기술 그 자체가 아니라 바로 고객이다. 끊임없는 혁신을 통해서 고객이 원하는 가치를 지속적으로 제공할 수 있는 기업만이 살아남아 또 다른 혁신을 만들어 낼 수 있기 때문이다.

사람이 기술을 만들고
그 기술이 사람을 바꾼다

자율 주행 기술에 대한 예를 들어 보자. 많은 기업과 미디어가 자율 주행 기술에 포커스하고 있다. 자율 주행 기술에는 0단계부터 5단계가 있고 현재 3단계까지 왔으며 조만간 5단계까지 상용화가 가능하다고 하는데 그런 내용은 고객에게 중요하지 않다. 차체에 탑재된 8개의 카메라가 360도 각도로 최대 250미터 전방의 물체를 인식하며 주행한다는 것을 알 필요도 없다. 정작 중요한 것은 자율 주행 기술 자체가 아니라 자율 주행 기술을 이용하게 될 사람들이다. 자율 주행으로 사람의 이동을 편하게 됨으로써 이동과 공간의 개념을 재해석하고 새로운 가치를 재창출할 수 있으며 인재로 인해 발생하는 교통사고를 줄일 수 있다. 이런 점이 자율 주행 기술의 핵심이다.

- 0단계 비자동화

  운전자가 모든 주행 기능을 수행

- 1단계 운전자 보조

  주행 기능을 수행하는 운전자의 탑승하에 시스템이 조향 혹은 가감속 등의 일부 주행 기능을 함께 수행

- 2단계 부분 자율 주행

  조향 및 가감속 장치를 감시 중인 운전자의 탑승하에 시스템이 조향 및 가감속 등의 주행 기능을 대신 수행

- 3단계 조건부 자율 주행

  조건 외 상황에서의 주행 제어권 이양에 대비한 운전자의 탑승하에 시스템이 조향 및 가감속 등의 주행 기능을 수행

- 4단계 고도 자율 주행

  극도로 예외적인 상황에 대비한 운전자의 탑승하에 시스템이 모든 주행 기능을 수행

• 5단계 완전 자율 주행

운전자 없이도 모든 상황에 대응할 수 있는 완전한 시스템이 모든 주행 기능을 수행

자율 주행을 이용한 출퇴근에 대해서 생각해 보자. 서울시에 따르면 서울 시민의 평균 출근 시간은 53분, 경기도에서 서울로 출퇴근하는 사람의 평균 출근 시간은 72분이다. 하루 평균 왕복 2시간 내외를 출퇴근 시간에 쓰게 된다. 대중교통을 이용할 땐 콩나물시루 같은 지하철과 버스가 힘들고 자가용을 이용할 땐 꽉 막힌 서울의 교통 체증이 너무도 힘들다. 하지만 자율 주행 기술을 이용하여 출퇴근을 하게 되면 집에서 회사까지 이동하는 데 걸리는 시간과 노력이 대부분 해소됨으로써 그 시간에 영화나 뉴스를 볼 수도 있고 쇼핑을 할 수도 있으며 부족한 잠을 잘 수도 있다. 심한 비약일 수 있지만 현재 서울과 경기에 몰려 있는 기업들이 지방으로 이전되고 자연스럽게 인구가 분산되면서 최근 몇 년 사이 오른 집값도 자율 주행 기술로 인해 일부 해소될 수 있다.

다음으로 자율 주행 기술이 교통사고에 미칠 영향에 대해 생각해 보자. 도로 교통 공단에서 발표한 자료에 따르면 교통사고의 95%가 인적 요인에 의해 발생된다. 참고로 미국 93.1%, 영국 84.8%, 일본 96%의 교통사고가 인적 요인에 의해 발생된다. 원인은 음주 운전, 졸음운전, 운전 미숙, 전방 주시 태만, 신호 위반 등 다양하다. 스마트폰을 보다가 발생하는 교통사고도 늘어나고 있다. 만약 자율 주

행 기술이 안착하게 된다면 인적 요인에 의한 교통사고를 현저히 줄일 수 있다. 자율 주행은 술도 먹지 않고 스마트폰도 보지 않으며 졸음운전을 하지도 않을 것이기 때문이다. 먼 미래에는 사람이 운전하는 것이 불법인 시대가 올지도 모른다. 다시 말하지만 중요한 것은 자율 주행 기술 자체가 아니라 자율 주행 기술을 이용하게 될 사람이다.

앞으로의 기술 발전이나 트렌드의 변화를 예측하는 것은 비트코인이 언제 오르고 언제 내리는지 맞추는 것처럼 불가능하지만 주요 키워드 몇 가지로 조심스럽게 향후 전망을 해 보고자 한다. 인공 지능, 블록체인, 클라우드 같은 특정 기술이나 산업이 아니라 전 세계적으로 비슷한 현상이 나타나고 있는 메가트렌드를 기준으로 선정했다. 그것은 바로 탈규모의 경제, 구독 경제, 메타버스, 빅블러, 디지털 트랜스포메이션, ESG 경영이다. 물론 이외에도 하루가 다르게 나타나는 신조어나 경제 경영 트렌드는 많이 있지만 앞으로 언제 다가올지 모르는 먼 미래가 아니라 이미 다가온 미래에 대해 말하고자 6개의 주요 키워드를 선정했다.

2장

탈규모의
경제 시대가 왔다

인공 지능과 빅 데이터 기술 등이 발달함에 따라 대량 생산과 대량 판매를 벗어나 개인 맞춤형 상품이 등장하기 시작했다. 디지털 환경을 기반으로 한 개인의 기호, 취미, 구매 성향 및 패턴, 즐겨 보는 콘텐츠 및 관심사 등에 대해 학습하고 그 정보를 바탕으로 최적화된 제품이나 서비스를 추천하는 것이다. 과거 수십만, 수백만 명의 대중에 판매하기 위해 기획된 보편적이고 평균적인 제품이 아니라 고객 1명을 위해 기획된 제품이 있다면 누구나 그 제품을 구매하게 될 것이다.

삼성전자의 비스포크는 고객 맞춤형 상품의 가장 대표적인 사례다. 비스포크는 2019년 6월에 삼성전자가 출시한 가전 브랜드로 개

성과 디자인을 중요시하는 MZ 세대에게 엄청난 인기를 끌고 있다. '비스포크'의 원래 의미는 '맞춤 제작하다'로, 패션 업계에서 많이 사용됐는데 최근 들어 고객의 개별 취향을 반영해 맞춤 제작하는 제품을 이르는 말로 전 산업에 확장되어 사용되고 있다. 과거 냉장고는 대표적인 가전제품으로 실용재이자 내구재였다. 디자인은 그다지 중요하지 않았고 오히려 성능, 크기, 편리성, 용량, AS 등이 더 중요했다. 그렇기 때문에 특정 디자인과 색상으로 대량 생산하여 매스 마케팅을 통해 대량 판매가 가능했다. 하지만 비스포크는 냉장고라는 제품의 속성을 새롭게 창조하여 재정의했고 '냉장고는 가구'라는 인식을 만들어 냈다. 이제 냉장고는 단순 실용재에서 디자인, 취향, 개성, 정서 등이 중요하게 반영된 쾌락재에 가까워지고 있다.

비스포크 냉장고는 디자인, 소재, 색상, 용량, 기능, 크기 등에 고객의 개별 취향과 라이프 스타일을 반영해 소량 제작할 수 있는데 현재 2만 2,000여 개의 조합이 나온다고 한다. 삼성전자는 비스포크 냉장고가 히트를 하자 세탁기, 건조기, 에어컨, 공기 청정기, 인덕션 등으로 비스포크 라인업을 계속 확장하고 있다. 삼성전자 같은 대기업이 규모의 경제에서 벗어나 인공 지능 같은 기술을 활용해 고객의 니즈를 기민하게 파악하고 개인 맞춤형 소량 생산을 위한 인프라를 갖춘 것은 놀라운 도전이라고 생각한다. '비스포크'라는 히트 브랜드의 탄생은 스타트업뿐만 아니라 모든 기업들에게 시사하는 바가 크다.

규모의 경제라는
오래된 전략

탈규모의 경제를 말하기 이전에 반대되는 개념인 '규모의 경제'부터 이해할 필요가 있다. 20세기는 이른바 규모의 경제가 중요한 시대였다. 규모의 경제는 투입 규모가 커질수록 장기 평균 비용이 줄어드는 현상을 말하는데 쉽게 말하면 제품을 많이 생산할수록 제품 1개당 생산 비용이 감소한다는 것이다. 그래서 규모의 경제를 대량 생산의 법칙이라고도 하는데 대량 생산을 할수록 전체 고정 비용이 더 많은 생산량에 분배되기 때문에 가격 인하가 가능해지고 그렇게 함으로써 대량 판매가 가능하게 되는 것이다.

규모의 경제는 그동안 대기업들에게 강력한 경쟁력을 줬다. 막대한 자본력과 대량 설비를 통한 대량 생산은 제품의 단가를 낮출 수 있었고 불특정 다수를 대상으로 한 매스 미디어 마케팅을 통해 엄청난 수익을 거둘 수 있었다. 이렇게 특정 기업이 거대한 규모를 구축해서 경쟁 우위를 확보하면 다른 경쟁자나 신규 진입자들이 쉽게 들어갈 수 없는 진입 장벽이 생기고, 진입 장벽이 높을수록 시장 점유율이 올라가고 수익성도 극대화됐다. 이런 이유로 20세기에는 대부분의 기업이나 단체가 규모의 경제에 집중하는 경향이 있었다. 더 큰 것이 언제나 더 좋고 더 많은 돈을 벌 수 있다는 논리가 강했기 때문에 기업, 병원, 미디어, 학교 할 것 없이 규모를 키우는 데 총력을 다했다. 거대 다국적 기업과 병원, 점점 더 커지는 종합 대학들이 생겨났고, 글로벌 금융 그룹이나 프랜차이즈들이 전 세계에 확산됐다.

그러다 보니 작은 기업이나 단체들의 입지는 점점 더 좁아질 수밖에 없었다.

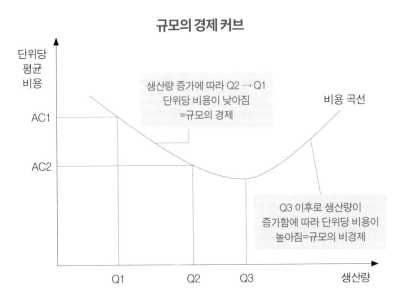

규모의 경제 커브

단위당 평균 비용

생산량 증가에 따라 Q2 → Q1 단위당 비용이 낮아짐 =규모의 경제

비용 곡선

AC1

AC2

Q3 이후로 생산량이 증가함에 따라 단위당 비용이 높아짐=규모의 비경제

Q1   Q2   Q3   생산량

그래프를 보면 Q1에서 Q3까지는 생산량의 증가에 따라 단위당 평균 비용이 낮아지는 것을 볼 수 있다. 여러 가지 원인이 있겠지만 대량 구매 시 구매 단가를 낮출 수 있는 바잉 파워, 점점 높아지는 학습 효과와 대규모 투자에서 얻을 수 있는 자본 비용, 상품 단위당 더 높은 마케팅 효과 등으로 요약할 수 있다.

문제는 Q3 이후에 발생하게 된다. Q3 이후에는 생산량이 증가함에 따라 단위당 비용이 높아지는 현상이 발생하는데 이를 규모의 비경제라고 한다. 과거에는 공급보다 수요가 많아 만들기만 하면 팔렸던 시대였기 때문에 규모의 경제를 이룬 기업들이 큰 성공을 거둘 수 있었고 급속도로 확장되는 산업 사회에서는 규모의 경제를 추구하는 것이 사업을 키우는 가장 효율적이고 효과적인 방법이었다. 하지만 인공 지능, 빅 데이터, 클라우드, 자율 주행 같은 새로운 기술이 개발되고 플랫폼 기업들이 시장을 주도하는 시대가 되면서 Q3 이후와 같은 탈규모의 경제 현상이 나타나고 있다.

기술로 무장한
작고 강한 기업들의 탄생

21세기에 들어 기업과 사회의 '탈규모화' 현상이 나타났다. 탈규모화는 기하급수적인 기술 변화 및 고객의 취향 다양화에 따라 규모의 제약을 받지 않는 흐름으로 정의된다. 최고의 비즈니스 가치로 여겨지던 규모의 경제가 경쟁력을 잃고 작고 강한 기업들의 영향력이 점점 커지고 있다. 미국의 유명한 벤처 투자 회사 제너럴캐탈리스트파트너스대표인 헤먼트 타네자는 《언스케일》에서 탈규모의 경제에 대한 인사이트를 전했다. 그는 21세기 들어 기술과 경제가 탈규모화를 이끌고 있으며 탈규모화란 단지 스타트업들이 기존 기업들을 파괴하는 것을 말하는 것이 아니라 좀 더 본질적인 부분에서의 변화라고 한다. 인공 지능과 이를 활용한 일련의 기술들이 탈규모의 경제를 통해 규모의 경제와 효과적으로 경쟁할 수 있게 만들었다. 혁신적인 기술이 대량 생산 및 대량 마케팅의 비용을 낮추고 개인 맞춤형 소량 생산과 정밀하게 표적화된 마케팅이 가능하도록 했다. 규모를 보유함으로써 진입 장벽을 높게 세우고 경쟁자를 물리칠 수 있었던 오래된 전략은 이제 서서히 사라지고 있다.

《언스케일》의 공동 저자인 미국의 디지털 산업 전략 전문가 케빈 메이니 역시 스마트폰과 인공 지능 기술의 발전으로 대량 생산의 시대는 가고 탈규모화와 개인화의 시대가 오고 있다고 말한다. 탈규모화는 유행과 같은 경영 전략이 아니라 거스를 수 없는 시대의 흐름이다. 특히 포스트 코로나 또는 위드 코로나 시대에는 이 트렌드를 제대로 읽고 기회를 만들어 나가는 기업만이 생존할 것이다. 일정 규모 이상을 유지하면서 안정적으로 이익을 내는 기업들이 현재의 비즈니스에만 집중하는 혁신가의 딜레마*에 빠져서는 안 되며 탈규모화 방식으로 비즈니스를 전개하는 스타트업과 파트너십을 맺거나 기업 내부에 별도의 신규 사업 TF 조직을 만들어 고객의 니즈를 분석하고 그에 맞는 신제품이나 서비스를 빠르게 출시하면서 새로운 시대에 적응해 가야 한다. (*시장을 선도하는 기술을 가진 거대 기업이 어느 시점에서 더 이상 혁신을 이루어 내지 못하고 후발 기업의 기술에 시장 지배력을 잠식당하는 현상을 뜻한다. 하버드 경영 대학원 교수 클레이턴 크리스텐슨이 1997년 출간한 《혁신가의 딜레마》에서 이 용어를 처음 사용했다.)

탈규모화를 이끄는 핵심 기술에는 인공 지능이 있다. 인공 지능 기술이 발전하면서 작은 기업들도 대량 생산과 매스 마케팅을 중심으로 한 규모의 경제를 이룬 거대 기업들과 효과적으로 경쟁할 수 있게 됐다. 인공 지능과 디지털 기술이 이끄는 경제에서는 고객 타깃이 명확하고 실행이 빠른 기업들이 다양한 기술과 플랫폼을 활용해서 혁신을 만들어 낼 수 있다. 개인에 대해 학습하고 그 정보를 바탕으로 고객 맞춤형 제품이나 서비스를 저렴하게 생산할 수 있게 됐기 때문이다. 기존에는 어떤 제품을 생산하기 위해 기업들이 자체적으로 구축해야 했던 생산 설비나 서버 운영, 유통 시스템 등을 이제는 원하는 기간 동안 원하는 만큼만 빌려서 사용할 수 있는 세상이 됐다. 대규모의 인프라 시설을 갖춘 업체로부터 생산 설비를 일부 렌트하여 공장을 짓지 않아도 적은 비용으로 제품을 생산할 수 있고 AWS(아마존 웹 서비스) 같은 클라우드 회사로부터 컴퓨팅이나 서버를 구독 방식으로 임대할 수 있게 됐다. 또한 인스타그램 같은 소셜 미디어로부터 소비자 접근 경로를 파악하여 타깃 마케팅을 통해 자사의 홈페이지나 쇼핑몰로 유입시킬 수 있게 됐다.

이제 작은 기업들은 어떤 시장이 성장하고 고객이 원하는 것이 무엇인지 정확히 알기만 하면 짧은 시간 안에 시장에 침투하여 영향력을 키울 수 있다. 기술이 대량 생산 및 대량 마케팅의 가치를 낮추고, 맞춤형 소량 생산과 정밀하게 표적화된 마케팅에 힘을 부여하는 것이다. 예를 들어 온라인 안경 브랜드 와비파커는 제품 기획, 디자인, 생산, 마케팅, 판매 등 모든 프로세스를 완벽하게 갖추지 않고도 소비자의 니즈에 발 빠르게 대응하는 제품과 서비스를 선보이고 있다. 클라우드 서비스를 통해 온라인 쇼핑몰을 구축하고 인스타그램을 통해 고객 접점을 확보하여 마케팅을 하고 있으며 공장을 만들어 안경을 직접 생산하는 것이 아니라 외부 생산 업체와 제휴해 안경을 제조한다. 대량 생산, 대량 소비의 시장은 인공 지능을 필두로 한 다양한 혁신적인 기술에 의해 점점 더 세분화되고 있다. 이것이 바로 탈규모의 경제를 이루는 근간이다. 새로운 기술이 끊임없이 개발되는 오늘날에는 모든 사람에게 동일한 제품을 판매하는 기업보다 고객 개개인이 원하는 제품을 만들어 제공하는 기업이 승리할 수밖에 없다.

기업들이 일하는 방식도 변하고 있다. 과거에는 쇼핑몰을 만들기 위해 별도의 서버를 두고 결제 시스템을 붙여 가면서 웹 사이트를 제작해야 했지만 지금은 네이버 스마트스토어나 쇼피파이 같은 쇼핑몰 운영 지원 서비스를 활용하여 1~2시간이면 뚝딱 만들 수 있다. 이 밖에도 기업 경영 활동에 필요한 다양한 서비스를 적은 비용으로 사용할 수 있게 되면서 예전보다 더욱 효율적으로 업무할 수 있게 됐다.

- 메일, 캘린더, 메신저 등 지원: 구글 워크스페이스, 네이버 웍스, 카카오 워크 등
- 문서 작성 및 관리 지원: 구글 드라이브, 오피스365, 어도비 PDF와 포토샵 등
- 영업이나 마케팅 활동 지원: 세일즈포스, 파이프 드라이브 등
- 기업 내 커뮤니케이션 지원: 슬랙, 잔디, 콜라비, 노션 등
- 재무, 회계, 급여, 근태 등 지원: 이카운트, 경리나라, 플렉스 등

- 화상 회의 지원: 줌, 구글 미트, 마이크로소프트 팀즈 등
- 쇼핑몰 운영 및 관리 지원: 네이버 스마트스토어, 쇼피파이, 메이크샵 등
- 풀필먼트* 서비스 지원: 품고, 딜리버드, 아워박스 등 (*물류 전문 업체가 판매자들에게 일정 수수료를 받고 상품의 입고와 보관부터 주문, 포장, 출고, 배송까지 판매자의 물류를 일괄 대행해 주는 서비스를 말한다.)

초개인화, 초연결, 초경쟁 시대가 가져오는 기회

탈규모화로 인해 경제 구조와 비즈니스 방식이 근본적으로 바뀌고 있다. 지금과 같은 속도로 탈규모화가 계속 진행이 된다면 수년 이내에 모든 산업에 영향을 미치게 될 것이다. 전문가들에 따르면 인공 지능, 클라우드, 빅 데이터, 사물 인터넷, 증강 현실 같은 첨단 기술들이 모든 것을 연결한 디지털화된 세상이 열리고 사람, 장소, 사물, 데이터 등을 하나로 묶는 초연결 사회가 그리 멀지 않은 미래에 도래할 가능성이 매우 높다. 또한 탈규모화로 인해 기존에 제품이나 서비스를 구매하고 소유하는 방식에서 벗어나 필요한 기간 동안 필요한 만큼만 빌려 쓰는 방식으로 변화할 것이며 이에 따라 구독 경제 또한 성장할 것이다.

그래서 최근 경제는 플랫폼을 가지고 있느냐가 기업 성패를 결정

하는 중요한 요인이 됐다. 고객 가치를 창출하는 원천이 규모의 경제에서 탈규모의 경제, 플랫폼 비즈니스로 옮겨 가고 있기 때문이다. 플랫폼을 가진 기업만이 생산자와 소비자 간의 상호 작용을 촉진할 수 있고 네트워크 효과를 극대화할 수 있다. 앞으로는 점점 더 많은 분야에서 플랫폼 비즈니스가 생겨나고 성공적인 케이스가 나오면서 플랫폼을 가진 기업들이 일반 기업들보다 경쟁 우위를 갖게 될 것이다. 과거 규모의 경제를 이룬 기업들이 시장을 장악했던 것처럼 이제는 플랫폼을 갖고 있느냐에 따라 사업 성공의 열쇠가 되는 것이다.

2021년 12월 기준으로 세계에서 시가 총액이 높은 상위 10개 기업 중 6개가 플랫폼 비즈니스 기업이다. 이 6개 기업은 바로 애플, 알파벳(구글의 지주 회사), 아마존, 텐센트, 페이스북, 알리바바이다. 또한 〈월스트리트저널〉과 다우존스 벤처소스가 매월 공동으로 발표하는 '10억 달러 스타트업 클럽' 상위 10개 중 7개를 플랫폼 비즈니스 기업이 차지했다. 10년 전만 해도 엑손모빌, 중국공상은행 등 에너지 기업, 금융업의 거대 기업들이 상위권이었던 것과 비교해 보면 엄청난 변화다. 스타트업 중에서 기업 가치가 1조 원 이상인 유니콘 기업의 대다수도 플랫폼 비즈니스가 차지하고 있다. 이 같은 글로벌 경제와 비즈니스의 구조적인 변화는 지금도 진행 중이다. 이런 시대에 이미 몸집을 키워 버린 대기업들은 성장 동력을 유지하기 위해 플랫폼 기업으로 리포지셔닝* 하거나 초개인화된 시장에 맞는 제품을 출시하면서 시장 변화에 기민하게 대응하는 전략이 필요하다.

(*소비자 욕구와 경쟁 환경 변화에 따라 기존 제품의 포지션을 분석해 새롭게 조정하는 활동을 말한다. 빠르게 바뀌는 소비 트렌드 따라가기 위한 필수 전략이다.) 그 성장의 열쇠를 찾지 못한 기업은 시장에서 도태될 수밖에 없을 것이다.

탈규모화가 완전히 자리 잡으면 더 이상 소수의 대기업들이 규모의 경제를 이용하여 특정 산업을 지배하는 일이 줄어들 것이다. 스타트업이나 중소기업들이 틈새시장을 파고들어 고객들의 니즈에 부합하는 제품이나 서비스로 대기업들과 경쟁을 하며 심지어 스타트업이 대기업을 이기는 현상도 나타날 것이다. 대기업들이 보유한 값비싼 대형 공장과 유통 시스템을 거치는 제품이 점점 인기를 잃어가면서 규모의 경제를 유지하는 비용이 큰 부담으로 다가올 것이다. 이러한 점들이 작은 스타트업들에게는 기회다.

탈규모화는 한순간의 경영 트렌드에 그치지 않고 모든 경제와 산업 분야에 적용될 것이다. 탈규모화는 이미 시작됐으며 앞으로도 계속 전 세계로 확대될 것이다. 이제는 고객 가치 창출의 기반이 바뀐 만큼 지금까지 해 왔던 방식에서 탈피해 근본적이고 철저한 혁신이 필요하다. 규모의 경제가 양으로 승부했다면, 탈규모의 경제는 플랫폼이 이끄는 질적 혁신과 차별화 전략을 필요로 한다. 지난 100년이 규모의 경제 시대였다면 앞으로 다가올 100년은 규모의 경제가 가져다준 전통적인 경쟁 역량들을 완전히 뒤집는 탈규모의 경제가 비즈니스를 주도할 것이다.

3장

소유에서 공유로,
공유에서 구독으로

요즘 MZ 세대 직장인들의 일상생활을 한번 들여다보자. 출퇴근 길에는 멜론이나 플로, 벅스로 음악을 듣고 유튜브 프리미엄을 통해 영상을 본다. 윌라나 밀리의 서재로 책을 보거나 듣고 구글 지메일을 통해 메일을 주고받으며 구글 포토로 사진을 관리한다. 포토샵이나 프리미어를 이용하여 이미지나 영상을 편집하고 마이크로소프트 오피스 365를 이용해 문서를 작업한다. 협업 툴 콜라비나 잔디, 슬랙 등으로 다른 직원들과 커뮤니케이션하면서 업무를 한다. 저녁에는 넷플릭스로 영화를 보고 쿠팡와우로 제품을 구매하며 프레시코드에서 주3회 정도 샐러드를 정기 구매한다. 네이버 플러스로 웹툰 같은 온라인 콘텐츠를 보고 주 1회 정도 청소연구소를 통해 청소를 하며 런드리고를 이용해 세탁을 한다. 그리고 주말에는 쏘카를 빌려 데이트를 한다. 그렇게 유별나지 않은 평범한 일상생활이지만 벌써 20여 개의 서비스를 사용하고 있다.

혹시 이 서비스들에 대해 특이한 점이나 공통점을 발견했는가? 그렇다. 열거된 모든 서비스가 매월 정액을 지불하는 구독형 서비스다. 우리는 생활의 편의를 위해 이런 다양한 구독 서비스들에 적게는 3,000원에서 많게는 2만 원 가까이 매월 돈을 내고 있다. 다양한 편의성과 혜택으로 점점 더 많은 사람이 구독 서비스를 사용하기 시작했고 이런 추세는 앞으로 계속 이어질 전망이다.

100조 원 규모의
합리적인 신시장

구독 경제에 대한 관심이 날로 높아지고 있다. 많은 빅테크 기업들이 너도 나도 구독 경제 시장에 진출하기 위해 노력하고 소비자들의 반응 또한 뜨겁다. 구독 경제란 정해진 기간 동안 일정 금액을 내면 사용자가 원하는 제품이나 서비스를 정기적으로 제공받는 비즈니스 모델을 말한다. 소비자 입장에서는 매번 구매하는 번거로움을 덜고, 다양한 부가 서비스를 이용하면서 할인받을 수 있다는 장점이 있기 때문에 구독 경제를 이용하는 사람들이 점점 많아지고 있다. 기업 입장에서는 매월 고정적이고 안정적인 매출 확보가 가능하고 고객에 대한 락인 효과가 발생하여 수요를 예측할 수 있으며 다양한 제품이나 서비스를 교차 판매*하여 매출을 극대화할 수도 있다. (*어떤 상품을 구입한 고객에게 여러 관련 상품을 판매하는 것을 의미한다. 예를 들어, 카메라를 산 고객에게 삼각대 구매를 제안하거나 스마트폰을 산 고객에게 케이스 구매를 제안하는 등의 판매 촉진 활동이다. 업체가 다양한 상품을 많이 구비한 경우 이 교차 판매의 중요성은 더욱 커지며 기술의 발달로 그 가능성은 더욱 커지고 있다.) 또한 단순히 매출을 확보하는 차원에서 벗어나 구독 서비스를 통해 확보한 고객의 데이터를 바탕으로 구매 시기와 성향을 분석하여 정교한 개인 맞춤형 서비스가 가능하다는 장점이 있다.

구독 경제가 새로운 트렌드로 급부상한 원인에는 여러 가지가 있겠지만 스마트폰의 보급, 경제 저성장에 따른 실용성을 중시하는 소비문화의 확산, 디지털 디바이스에 익숙하고 가성비를 중시하는 MZ세대의 등장 등으로 간추릴 수 있다. 코로나19로 인해 집에 있는 시간이 늘어나면서 다양한 구독 서비스에 대한 니즈가 생긴 것도 구독 서비스가 폭발적으로 증가한 주요 원인이다. 사람들이 많이 모이는 시설에 갈 수 없다 보니 영화, 동영상, 책, 음악, 교육 등의 디지털 콘텐츠 구독 서비스에 사람들이 많은 관심을 갖게 된 것이다. KT경제경영연구소에 따르면 국내 구독 경제 시장의 규모는 2016년 25조 9,000억 원에서 2020년 40조 1,000억 원으로 대폭 성장했고 2025년에는 100조원 대까지 성장할 것으로 예상한다. 또한 글로벌 투자 은행 UBS는 세계 구독 경제 시장이 매년 18% 수준으로 성장해 2025년에 1조 5,000억 달러에 달할 것으로 전망했다.

사실 구독 경제는 우리에게 매우 친숙한 비즈니스 모델이다. 미디어에서는 구독 경제가 마치 혁신적인 비즈니스 모델인 것처럼 포장하지만, 과거에 신문이나 잡지, 우유, 생수 등을 정기 구독했던 것을 떠올리면 비슷한 모델이라는 것을 금방 알 수 있다. 구독 경제 1세대는 우유, 신문 등의 정기 배달 서비스였다면 2세대는 정수기, 안마의자 등의 렌탈 서비스, 3세대는 플랫폼 사업자들이 제공하는 맞춤형 디지털 상품으로 보면 되겠다. 다만 과거의 정기 구독 형태와 달라진 점이 있는데, 예전의 정기 구독 모델이 기간별로 할인해 주는 방식이었다면 최근 들어 대두되는 구독 서비스들은 다양한 제품과 서비스를 교차 판매하면서 단순히 기간 할인이 아닌 고객들이 원하는 실질적인 가치를 제공한다는 것이다. 또한 고객 데이터를 기반으로 개인 맞춤형 서비스를 추천을 통해 제공한다는 점이 전통적인 구독 서비스와의 가장 큰 차이점이다.

세계적인 미래학자 제레미 리프킨은 저서 《소유의 종말》에서 "미래의 경제생활은 물건에 대한 소유가 아니라 서비스와 경험에 대한 접속이 될 것이다"라고 했다. 그의 주장대로 현재 경제를 움직이는 큰 축은 소유에서 공유로, 공유에서 구독으로 빠르게 변화하고 있다. 특히 코로나19의 영향으로 공유 경제가 후퇴하면서 디지털 기술과 다양한 비즈니스 모델로 고객 가치를 창출하는 구독 경제가 폭발적으로 성장했다. 기존의 소유 중심 경제는 사용자가 제품이나 서비스를 구매하면 소유권이 사용자에게 영구 이전되어 한 번 구매하면 변경하기 어려우며 대부분 일회성 소비에 해당된다. 따라서 거래 규모나 구매 전환율이 주요 지표가 된다. 반면에 구독 경제는 사용자가 원하는 제품이나 서비스에 대해 구독료를 지불하면 일정 기간 이용할 수 있는 권한이나 회원권이 부여된다. 소비자는 공급자에게 사용량이나 기간만큼만 비용을 지불하고 대부분 맞춤형 소유나 이용, 경험 등의 형태로 제공된다. 고객 생애 가치나 재방문율 등이 주요 지표가 된다.

구독 서비스의 대표적인 사례에는 국내에 쿠팡 로켓와우, 네이버 플러스 멤버십, 멜론 스트리밍 플러스 등이 있고 해외에는 아마존 프라임, 넷플릭스, 유튜브 프리미엄 등이 있다. 소프트웨어를 CD로 판매하는 것이 아니라 월정액 구독 방식으로 판매하는 방식도 많아지고 있는데 마이크로소프트, 어도비, 세일즈포스 등의 기업들이 구독 경제의 대표적인 성공 사례다.

마이크로소프트는 2014년부터 소프트웨어 CD를 판매하는 대신 오피스365 같은 구독 서비스에 집중했고 2020년에는 구독료만 내면 인공위성을 이용할 수 있는 클라우드 서비스 애저오비털을 발표하면서 세상을 놀라게 했다. 어도비는 포토샵과 일러스트레이터 등의 소프트웨어를 구독 서비스로 전환한 뒤 구독 매출 비중이 2013년 28%에서 2018년 88%로 증가했다.

이커머스 산업의 수많은 구독 서비스 중에서 가장 성공적인 상품은 아마존 프라임일 것이다. 고객은 아마존 프라임에서 다양한 추가 서비스를 이용해 경제적 이익과 편의성을 얻을 수 있고, 아마존은 교차 판매를 통해 추가 매출을 확보하고 다양한 마케팅 전략을 펼칠 수 있다. 아마존 프라임의 가입자 수는 2021년 4월 기준으로 2억 명을 넘어섰다. 연 단위 결제 비용이 한화로 약 13만 원인 것을 감안하면 아마존 프라임을 통한 연 매출이 약 26조 원이 된다. 한번 아마존 프라임 회원이 되면 만족도가 너무 높아서 멤버십을 거의 취소하지 않기 때문에 멤버십에 가입하고 1년 뒤에 재구매하는 비율이 93%나 된다고 한다. 참고로 한국의 아마존이라고 불리는 쿠팡에 로켓와우라는 멤버십 서비스가 있는데 회원 수가 약 500만 명에 이르는 것으로 추산된다. 멤버십 비용이 월 4,900원으로 쿠팡은 구독 서비스만을 통해서 매월 245억 원 정도를 확보하는 셈이다.

구독 경제 비즈니스의 효과

구독 서비스는 한 번에 큰 비용을 부담하지 않고 적은 금액으로 제품과 서비스를 사용할 수 있다. 그래서 최근에는 고가의 에어컨이나 TV, 안마 의자 등을 구매하지 않고 구독하는 고객들이 늘고 있다. 또한 제품이나 서비스를 구매하거나 소유하는 것보다 다양한 혜택을 받을 수 있는데 앞서 제시한 아마존 프라임이 대표적인 사례다. 산업별로 다르지만 온라인 콘텐츠의 경우 음원 스트리밍 서비스가 대체로 3,000원에서 5,000원 사이, 동영상 플랫폼이나 영화 스트리밍 서비스는 1만 원 대로 형성돼 있다. 소비자 입장에서는 크게 부담되지 않는 금액이기 때문에 구매에 대한 저항이 적은 편이다. 티끌

모아 티끌이라고 하지만 구독 서비스 몇 개만 해도 월 10만 원이 넘어가니 꼭 필요한 서비스만 구독하고 어떤 서비스에 돈이 나가는지 확인하면서 잘 사용하지 않는 서비스는 해지하는 것이 좋다.

구독 경제는 고객이 제품이나 서비스에 대한 소유권을 구매하는 것이 아니라 정기적으로 사용료를 내면서 약정 형태나 계약 범위 내에서 마음껏 소비할 수 있다는 데 있다. 실제로는 자신의 소유가 아니지만 마치 자기 것처럼 자유롭게 사용할 수 있고, 생활용품같이 소유하는 물건이라도 구독료를 내면 일정한 주기로 배달해 주는 것이 바로 구독 경제의 특징이다.

또한 구독 경제는 기존의 다른 비즈니스 모델이나 마케팅 전략보다 선점 효과가 매우 크다. 일정 기간 계약을 하고 정기적으로 선금을 내는 비즈니스 모델인 만큼 고객과 공급자 사이의 신뢰가 매우 중요하며 후발 주자는 이미 끈끈히 맺어진 신뢰를 비집고 들어가기 어렵다. 구독 서비스를 통해 모은 가입자가 바로 강력한 진입 장벽이 되는 것이다. 아마존, 애플, 구글, 네이버, 카카오 같은 빅테크 기업들이 구독 경제를 도입하는 이유는 바로 이런 선점 효과가 있기 때문이다.

최근 각광받고 있는 대부분의 구독 경제 모델은 공급자가 중간 유통 과정을 거치지 않고 직접 최종 사용자에게 제품이나 서비스를 제공하는 D2C 판매 방식을 취하고 있다. D2C 기업들은 제품이나 서비스를 직접 기획, 생산, 마케팅, 유통을 하면서 생산 및 판매 비용을 최소화할 수 있기 때문에 비교적 저렴한 가격에 정기 배송이나 유료 멤버십 등을 결합해 구독 경제 모델을 만들 수 있다.

구독 경제는 소비자와 공급자 모두에게 장단점이 있는 비즈니스 모델이다. 소비자 관점에서 구독 경제는 상대적으로 저렴한 비용으로 다양한 제품이나 서비스를 자유롭게 이용할 수 있고 개인 맞춤형 서비스가 가능하다는 장점이 있다. 가격 대비 풍부한 가치를 경험할 수 있고 원할 때 즉각적으로 이용할 수 있으며 핵심 서비스 외에 부가 서비스 혜택을 패키지로 받을 수도 있다. 반면 사용하지 않는 제품이나 서비스에 대해 지속적인 비용 발생하고 서비스 해지 시 위약금이 발생할 수 있는 단점이 있다.

공급자 입장에서는 고객 록인 효과로 안정적인 매출 확보가 가능하고 매출 예측 가능성이 증대된다는 장점이 있다. 교차 판매를 통해 추가 매출을 확보할 수 있고 양질의 고객 데이터 확보도 가능하다. 또한 충성 고객을 지속적으로 관리할 수 있고 재고 관리나 물류 비용 등을 절감할 수 있다. 단 경쟁이 치열하기 때문에 고객 이탈을 방지하기 위한 노력 필수적이고 지속적인 마케팅을 해야 한다. 진입장벽이 높아 다양한 콘텐츠와 상품을 보유해야만 가능하며 경쟁사가 선점한 시장에 침투하기 어렵다는 단점도 존재한다.

구독 서비스는 영화, 음악 같은 온라인 콘텐츠부터 샴푸, 세제, 화장지, 쌀 같은 생필품이나 차량 대여 서비스 등 실생활로 확대되고 있다. 또한 기존에는 자사의 서비스만을 중심으로 묶어서 패키지 형태로 제공하는 방식이 많았다면 이제는 여러 회사가 제휴하여 서로 시너지를 낼 수 있는 통합 구독 상품도 출시되고 있다. 대표적으로

SK텔레콤에서 출시한 'T우주'는 아마존, 11번가, 구글, 스타벅스, 이마트, 배달의민족 등 사람들이 많이 사용하는 업체들과 제휴하여 다양한 서비스를 제공하고 있다.

구독 서비스의
3가지 종류

1. 무제한 이용형 모델

일정 금액을 내고 제품이나 서비스를 무제한 사용하는 것을 말한다. 기존의 빅테크 기업들의 구독 서비스나 SaaS 상품을 보면 적게는 1개월에서 길게는 6개월까지 무료로 제공하면서 유료 멤버십 가입을 유도한다. 카드 결제 정보를 등록해 놓고 취소를 하지 않으면 계속 결제가 되는 구조다. 디지털 콘텐츠는 대부분 이런 방식을 취하는데 대표적으로 영화와 음악 스트리밍, 게임 구독 서비스 등이 있다. 맛보기 → 만족 → 중독 → 재구매의 선순환 사이클을 만들기 위함이라고 판단된다. 어찌 보면 대형 마트 식품관에서 시음 코너를 운영하는 것과 위워크 같은 공유 오피스가 첫 입주 시 30% 이상 파격적인 할인을 해 주는 것과 유사한 전략이라고 볼 수 있다.

2. 정기 배송형 모델

일정 금액을 미리 지불하고 소비자가 원하는 제품을 정기적으로 배송받는 모델이다. 최근에는 개인 맞춤형 추천 서비스까지 추가되어 다양한 형태로 진화하고 있다. 생수, 휴지, 샴푸, 치약, 쌀, 면도기 같은 생활용품처럼 일정 주기로 고정량이 필요한 제품이나 우유, 달걀, 샐러드 같은 신선식품 등이 대표적인 품목이다. 정기 배송형 모델이 인기를 끌면서 최근에는 와인이나 커피 같은 제품들도 배송이 되고 있다.

3. 렌탈형 모델

고객 입장에서 처음에 구입할 때 비용이 많이 드는 고가의 제품을 매월 일정 금액을 지불하고 일정 기간 빌려 사용하는 모델이다. 정수기, 안마 의자 등이 대표적인 제품이고 과거에는 당연히 구매해서 사용하던 TV, 냉장고, 에어컨도 렌탈하는 사용자가 늘어나고 있다. 기존의 자동차나 부동산을 렌탈하는 것과 유사한 개념이다. 기업들은 생산 설비나 각종 인프라같이 많은 비용이 발생하는 시설을 직접 구축하지 않고 기존에 보유하고 있는 업체로부터 렌탈하여 저렴한 비용으로 제품을 생산할 수 있다.

산업별 대표 구독 서비스는 다음과 같다.

- 이커머스: 쿠팡와우, 아마존 프라임, 티몬 슈퍼세이브, 요기요 슈퍼클럽, 마켓컬리 컬리패스
- 이동통신: SKT, KT, LG U+
- 소프트웨어: 마이크로소프트 AZURE · 오피스365, 아마존 AWS, 어도비 크리에이티브, 구글 워크스페이스, 슬랙, 잔디, 플

로우, 트렐로, 경리나라

- 소비재 및 식음료: 와이즐리, 이랜드 키즈픽, 애경 플로우, CJ푸드빌 더샐러드클럽, 파리바게뜨 월간 커피, 샐러드, 제주삼다수, 롯데제과 월간과자, 프레시코드, CU 캔맥주구독, GS25 더 팝 플러스
- 도서: 리디북스, 밀리의 서재, 윌라
- 모빌리티: 테슬라 FSD, 현대 셀렉션, 제너시스 스펙트럼
- 생활 서비스: 청소연구소, 런드리고, 세탁특공대
- 동영상: 넷플릭스, 유튜브 프리미엄, 왓챠, 웨이브, 티빙
- 음악: 멜론, 지니, 벅스, 플로우, 네이버뮤직
- ICT: 네이버 플러스, 카카오 이모티콘 플러스, LG전자 케어솔루션, SM엔터테인먼트 리슨, 토스 프라임
- 가구: 페더, 카사원

개개인이 제공한 데이터가
가져다주는 기회

코로나19로 인해 재택근무가 늘고 집에 있는 시간이 많아지면서 구독 서비스에 대한 니즈가 폭발적으로 늘어났고 사회적 거리 두기가 완화된 시점에서도 여전히 성장세가 지속되고 있다. 포스트 코로나 상황에서도 구독 경제는 고객의 라이프 스타일 전반에 걸쳐 스며들 것이며 점점 더 다양한 분야에서 유망한 비즈니스 모델로 부상하

게 될 것이다. 전문가들은 구독 서비스가 모든 산업으로 확대할 것으로 예측하고 있는데 미국의 시장 조사 업체인 가트너는 2023년 전 세계 기업의 75%가 소비자와 직접 연결된 구독 서비스를 제공할 것으로 예상했다. 또한 가트너는 현재 70% 이상의 기업이 구독 서비스를 도입했거나 고려 중이라고 밝혔다. 한국 정부도 구독 경제 시장 활성화와 관련 기업들의 해외 진출을 돕기 위해 각종 규제를 완화하고 구독 경제 관련 제도를 개선하기 위해 노력하고 있다.

오늘날 메가트렌드가 된 디지털 구독 경제는 단순히 정기적으로 반복되는 서비스에서 ICT 기술이 접목된 개인 맞춤형 서비스로 진화하게 될 것이다. 그동안 축적된 기술력과 노하우에 고객들이 제공해 준 방대한 양의 데이터를 분석하여 각 고객의 취향에 맞는 개인화된 경험과 편리함을 제공할 수 있게 됐기 때문이다. 기업들은 기존 비즈니스 모델 중 일부를 구독 모델로 전환하거나 자체 상품 라인업에서 고객의 욕구를 충족시킬 구독 서비스를 개발해야 한다. 또한 다른 회사들과 협업을 통해 지속적으로 통합 상품을 개발하거나 구독 비즈니스 관련 스타트업을 인수 합병함으로써 경쟁력을 강화해야 할 것이다.

구독 경제는 이제 시작이라고 해도 과언이 아니다. 아직 발전 가능성이 무궁무신하고 그만큼 혁신이 많이 필요한 영역이다. 특히 국내 구독 경제 시장은 미국, 일본 등 선진국과 비교하여 초기 단계로 시장 잠재력이 매우 높다. 그렇기 때문에 영화나 음악같이 초기 자본이 많이 필요하여 진입 장벽이 높은 일부 산업을 제외하고는 작은 스타트업에도 많은 기회가 열릴 것으로 보인다. 다만 구독 경제는 다수의 사용자를 기반으로 하거나 플랫폼을 보유한 기업들에게 유리하기 때문에 스타트업이 구독 경제를 도입하기 위해 해결해야 할 과제가 적지 않다. 현재 샐러드, 면도기, 신선식품, 꽃, 그림, 의류 등의 상품을 정기 배송하는 스타트업들이 인기를 끌고 있는데 아직 개발되지 않은 다양한 영역에서 구독 경제 모델을 도입하는 혁신적인 스타트업들이 나타나 기존 기업들을 위협하게 될 것이다.

고객들은 점점 더 자신의 취향과 요구 사항을 반영한 맞춤형 큐레이션 서비스를 요구하게 될 것이다. 큐레이션은 원래 미술관에서 기획자들이 우수한 작품을 뽑아 전시하는 행위를 가리킨다. 콘텐츠 큐레이션은 여러 분야에서 양질의 콘텐츠만을 취합, 선별, 조합, 분류해 특별한 의미를 부여하고 가치를 재창출하는 행위를 뜻한다.

따라서 향후 구독 경제의 성패에는 인공 지능 같은 기술도 중요하지만 점점 더 높아지는 고객의 눈높이를 맞출 수 있는 차별화된 구독 서비스를 개발하는 것이 더 중요해질 것이다. 특히 디지털 디바이스와 기술에 대한 이해도가 높고 소유보다 경험을 중시하며 가성비를 따지는 MZ 세대에게 충분한 가치를 제공하는 구독 서비스만이 살아남을 것이다. 앞으로도 계속해서 우리의 삶을 풍요롭게 하는 구독 서비스가 나오길 기대해 본다.

🚩

4장

메타노믹스가
세계를 견인한다

요즘 초등학생들은 페이스북이나 인스타그램을 거의 하지 않는다. 대신 네이버에서 만든 3D 메타버스 플랫폼 제페토에서 많은 시간을 보내고 있다. 학교에서 친구를 만나기 어려워지면서 아바타를 만들어 가상 공간에서 친구를 만나고 함께 놀면서 우정을 쌓는 것이 일상이 됐다.

초등학생들이 제페토에 접속해서 가장 먼저 하는 일은 바로 자신의 캐릭터를 꾸미는 것이나. 의상, 헤어스타일, 피부와 눈의 색깔 등을 자신의 취향에 맞게 자유자재로 바꿀 수 있다. 용돈이 생기면 자기 물건을 사는 게 아니라 캐릭터를 위한 아바타를 사는 것이 당연하게 됐다. 캐릭터를 예쁘게 꾸미고 가는 곳은 바로 제페토 월드다.

제페토 월드에 있는 다양한 맵에서 여러 사람과 교류할 수 있고 특히 BTS 캐릭터를 활용한 BT21 테마파크부터 현실과 동일하게 만든 한강 공원 등이 인기가 많다. 마치 2030세대가 홍대나 강남역 같은 핫플레이스로 놀러가는 것과 유사하다.

시공간의 제약이 없다 보니 접속한 사람과 함께 공원도 거닐고 영화도 보고 놀이동산도 갈 수 있고 심지어 아바타에 입힐 옷을 사고 팔면서 자연스럽게 상거래도 하게 된다. 아바타를 이용하여 일종의 역할놀이인 상황극도 많이 하는데 학교, 병원, 카페, 가족 상황극 등이 인기가 많다. 초기에는 메타버스 안에 아바타로 구현된 연예인들을 동경하는 수동적인 모습이었는데 이제는 본인이 직접 아바타가 되어 자신의 캐릭터를 꾸미고 상거래를 하는 등 다양한 활동을 하는 적극적인 모습을 보이고 있다.

초등학생들에게 메타버스는 놀이터이자 미래의 나를 만드는 공간이기도 하다. 다양한 상황극을 하면서 여러 직업을 경험하고 미래의 자신의 모습을 상상할 수 있다. 유튜브 같은 영상 콘텐츠가 대세가 되면서 유튜버, 크리에이터 등 신조어도 생겨났는데 이제는 메타버스 크리에이터라는 새로운 직업이 등장하고 메타버스 크리에이터가 모여 회사를 차린 사례까지 등장했다. 밀레니얼 세대가 웹툰이나 웹 소설을 즐겨 봤다면 Z 세대는 움직이는 제페토 웹 드라마를 즐긴다고 한다. 바야흐로 메타버스라는 가상의 새로운 세상과 세계관이 열리고 있다.

《스노우 크래쉬》부터
〈레디 플레이어 원〉, 메타까지

전 세계적으로 메타버스 열풍이다. 먼 미래의 일이라고 생각했던 가상의 세계가 우리 앞으로 성큼 다가왔다. 가상과 현실 세계의 벽이 허물어진다는 의미의 메타버스는 코로나19 이후 비대면의 수요 증가와 함께 차세대 인터넷을 주도할 새로운 개념으로 전 세계적으로 각광받고 있다. 팬데믹은 일상에서 당연하게 여겨졌던 모든 것에 대해 인식의 변화를 가져왔고 이러한 인식의 변화가 새로운 가치관을 만들면서 오랫동안 유지해 왔던 행동 양식과 문화를 바꾸고 있다. 실제 생활에서 교류가 어려워지면서 온라인에서 현실과 유사한 경험을 하고 싶어 하는 욕망이 메타버스에 더욱 열광하게 만드는 것이다.

메타버스는 미국 작가인 닐 스테픈슨이 쓴 소설《스노우 크래쉬》에 처음 등장했다. 놀라운 점은 이 소설이 스마트폰은커녕 인터넷이 상용화되기도 전인 1992년에 발표됐다는 것이다. 이야기는 세계 경제 붕괴 이후의 21세기 LA를 배경으로 하는데 주인공은 현실에서는 빚 때문에 마피아에게 쫓기는 피자 배달부지만, 메타버스 내에서는 최고의 전사이자 영웅으로 그려진다. 그는 가상 세계에 접속하여 악의 무리에 맞서 세상을 구하기 위해 다양한 활약을 한다.

닐 스테픈슨의 소설 이후 많은 사람에게 메타버스에 대한 관심에 불러일으킨 것은 2018년에 개봉한 스티븐 스필버그의 영화 〈레디 플레이어 원〉이다. 2045년의 미래 시대를 배경으로 하고 있으며 주

인공이 '오아시스'라고 불리는 가상 세계에 접속하여 게임과 모험을 펼치는 내용이다. 영화에서 그려지는 오아시스는 누구든지 원하는 캐릭터가 되어 어디든지 갈 수 있고, 상상하는 모든 것을 실현할 수 있는 공간이다.

이런 SF소설이나 영화에서 나오듯이 디지털 기술을 이용해 만든 가상의 공간은 다양한 형태로 구현될 수 있는데 그것이 바로 메타버스다. 메타버스 서비스의 시초라고 말할 수 있는 것은 2003년도에 미국의 린든 랩이 제작한 3D 온라인 가상 현실 게임 '세컨드 라이프'이다. 세컨드 라이프는 정해진 시나리오가 없다. 자신의 아바타를 만들어 가상 현실 속에서 자유롭게 제2의 삶을 만들어 가는 형태로 수천만 명이 사용하는 메타버스 플랫폼이 됐다. 세컨드 라이프는 여러 이유로 결국 실패했지만 가상 현실의 표준을 만들고 가상 현실과 관련하여 다양한 오픈 소스* 프로젝트를 이끌었다는 데 큰 의미가 있다. (*소스 코드를 공개해 누구나 제한 없이 그 코드를 보고 사용할 수 있는 오픈 소스 라이선스를 만족하는 소프트웨어를 말한다. 통상 간략하게 오픈 소스라고 말한다.)

2006년에는 구글에서 세컨드 라이프와 유사하게 스케치업을 통해 구글 어스에 건물을 지을 수 있는 구글 라이블리라는 가상 공간 플랫폼을 공개했다. 이 프로젝트 역시 여러 한계에 부딪혀 계속 성장하지는 못했지만 지금의 메타버스 열기를 선도하는 로블록스, 마인크래프트, 메타(구 페이스북) 등 다양한 메타버스 플랫폼이 탄생하는데 기반이 됐다.

글로벌 컨설팅 컴퍼니 PwC에 따르면 글로벌 메타버스 시장은 2020년에 957억 달러였고 2025년 4,764억 달러를 넘어 2030년에는 1조 5,429억 달러 시장으로 성장할 것이다. 당연한 이야기지만 최근 몇 년 사이 메타버스 관련 회사들의 주가가 계속 오르고 메타버스 관련 기술을 보유한 스타트업들이 투자를 많이 받고 있다. 기업뿐만 아니라 정부 부처에서도 메타버스 시장을 선점하기 위한 다양한 노력을 하고 있다.

현실과 가상을 허물어트린 메타버스의 모든 것

비영리 기술 연구 단체 ASF는 메타버스를 구현하는 공간과 정보 형태에 따라 증강 현실, 라이프 로깅, 거울 세계, 가상 세계로 분류했다. 증강 현실은 실제 환경에 가상의 사물이나 환경을 합성하여 보여 주는 것으로 포켓몬고 게임이 대표적인 사례다. 라이프 로깅은 개인들의 현실에서 이루어지는 정보를 통합해 보여 주는 것으로 애플 워치나 갤럭시 워치 같은 웨어러블 디바이스가 필요하다. 거울 세계는 가상 공간에서 외부 환경 정보를 보여 주는 것으로 대표적인 예로 구글 3D 맵이 있고 가상 세계는 네이버의 제페토나 세컨드 라이프처럼 가상 공간에서 개인이 다양한 경제 활동이나 일상생활을 영위하는 것이 특징이다.

· 증강 현실

현실 공간에 가상의 물체(2D, 3D)를 겹쳐 상호 작용하는 환경이
다. 위치 기반 기술과 네트워크 기술을 활용해 스마트 환경을 구축
하는 것이 특징이며 AR 글래스, 차량용 HUD, AR 원격 협업에 활용
된다. (예: 포켓몬고)

· 라이프 로깅

사물과 사람에 대한 경험 정보를 저장, 가공, 공유, 생산, 거래하는
기술이다. 센서·카메라·SW 기술을 활용해서 사물과 사람의 정보
기록·가공·제생산·공유하는 것이 특징이며 웨어러블 디바이스,
지능형 CCTV에 활용된다. (예: 애플워치)

· 거울 세계

실제 세계를 그대로 반영하면서 정보적으로 확장된 가상 세계다.
3차원 가상 지도, 위치 식별, 모델링, 라이프 로깅 기술을 활용하는 것
이 특징이며 지도 기반 서비스에 쓰인다. (예: 구글어스, 에어비앤비)

· 가상 세계

디지털 데이터로 구축한 가상 세계다. 이용자의 자아가 투영된 아
바타 간의 상호 작용이 특징으로 온라인 멀티 플레이어 게임, 소셜
가상 세계에 활용된다. (예: 리니지, 제페토, 로블록스)

메타버스의 특징은 크게 5가지로 정리된다. 첫째는 연속성(Seam-lessness)이다. 하나의 아바타로 업무, 게임, 쇼핑 등 모든 활동을 할 수 있기 때문에 경험이 단절되지 않고 지속적으로 연결된다. 둘째는 실재감(Presence)이다. 가상 세계 안에서도 사용자가 현실과 유사하게 사회적, 공간적 실재감을 느낄 수 있다. 앞으로는 기술의 발전으로 시각, 청각뿐만 아니라 후각, 촉각까지 연결되어 더욱 생생하게 전달될 수 있을 것이다. 셋째는 상호 운영성(Interoperability)이다. 초기의 메타버스 모델은 가상 세계와 현실 세계가 동떨어져 있고 상호 연동이 되지 않았지만 최근 개발되는 메타버스 플랫폼들은 현실의 정보와 가상의 정보 데이터가 서로 연동되어 메타버스 플랫폼을 통해 경험한 모든 것이 현실 세계에 자연스럽게 이관된다. 넷째는 동시성(Concurrence)이다. 현실 세계와 같이 여러 명의 사용자가 하

나의 메타버스 플랫폼에서 동시에 활동하고 동시간대에 서로 다른 다양한 경험을 할 수 있다. 마지막은 경제 흐름(Economy)이다. 메타버스 플랫폼 안에서 판매자와 구매자가 가상 화폐를 통해 자유롭게 거래할 수 있고 실물 거래와도 연계되어 메타버스 안에서 실제적인 경제 활동이 일어나게 된다. 이 5가지 특징의 앞 글자를 따서 메타버스 SPICE 모델이라고 부르기도 한다.

전 세계가 이주하는 디지털 지구

전 세계가 메타버스 플랫폼에 주목하고 있다. 미국을 비롯한 유럽 연합 및 영국 등의 선진국에서는 이미 기존 산업을 혁신할 수 있는 동력으로써 메타버스를 주목하고 다양한 지원과 정책을 수립하고 있다. 미국은 1990년대부터 원천 기술을 개발하여 2010년대 중반까지 VR기술을 고도화했고 현재는 AR, 인공 지능 기술과의 융합에 초점을 맞추고 과학, 공학, 교육 분야의 혁신을 시도하고 있다. 유럽 연합은 2019년부터 약 2,340만 유로를 투자해 교육, 돌봄, 건강, 건설, 제조 분야의 XR를 개발하여 산업 현장에 적용하고 있다.

한국도 메타버스가 경제 활성화를 위해 중요한 부분임을 인식하고 글로벌 시장 선점을 위해 2조 6,000억 원의 예산을 투입하여 다양한 정책적 지원을 하고 있다. 과학기술정보통신부는 현대차, 분당서울대학교병원, 네이버 랩스, SKT, KT, LGU+, 카카오 엔터테인먼트, CJ ENM, 롯데월드 등과 민관 연합 메타버스 얼라이언스를 출범했다. 문화체육관광부 역시 실감형 콘텐츠 제작을 지원하기 위해 1,355억 원의 예산을 편성하는 등 적극적인 노력을 하고 있다. 정부 차원에서 메타버스 TF를 꾸려 구체적인 발전 전략 논의를 통해 우리 기업이 확보한 디지털 혁신 기술과 서비스가 글로벌로 진출할 수 있도록 지원하고, 인프라 구축을 위해 투자하는 것은 매우 긍정적인 현상이다.

이동 통신사들도 메타버스 시장 선점에 활발하게 나서고 있다. SKT는 2020년에 VR 휴먼 다큐멘터리 제작사 비브스튜디오스와 사업 협력 및 지분 투자 계약을 체결하고 메타버스 경쟁력 강화에 나섰고 KT는 메타버스 생태계 조성을 위해 메타버스 원팀을 결성했다. KT의 메타버스 원팀에는 메타버스 관련 기술력을 보유한 9개 기업과 국내 VR·AR 기업 연합체인 한국가상증강현실산업협회가 참여한다. LGU+는 세계 5G 콘텐츠 연합체 XR 얼라이언스의 의장사를 맡고 있는데 이 연합체는 미국, 프랑스, 대만의 최대 이동 통신사 버라이즌, 오렌지, 청화텔레콤을 비롯해 7개 지역 11개 사업자가 참여한 글로벌 콘텐츠 동맹이다.

이렇듯 메타버스에 대한 혁신과 변화의 요구가 더욱 커지고 있다. 그러므로 디지털 기술, 오감 기술, 3차원 영상, NFT, 인공 지능 등 기반 요소 기술과 3차원 공간 정보, 도시 정보, 지역 공간 정보, 산업용 에셋 데이터 등 데이터, 콘텐츠 개발, 디바이스 개발 등의 요소가 잘 어우러져 개방형 메타버스 플랫폼의 생태계를 구축하는 것이 필요하다. 또한 이를 통해 기업, 정부, 학교의 협업 네트워크를 만들어 메타버스의 미래를 위한 연구가 지속돼야 한다. IT 강국인 한국이 메타버스를 통해 세계적인 경쟁력을 갖기 위해서는 산, 학, 연, 관의 유기적인 생태계가 잘 이루어져야 하며 이것이 글로벌 네트워크로의 확장을 통해 산업의 발전과 투자가 선순환으로 이루어질 수 있어야 한다. 아직은 임자 없는 메타버스라는 무주공산에서 고객의 가치를 창조하고 성공 사례를 만드는 것이 무엇보다 중요한 시점이다. 기술과 산업의 혁신을 통해 사회의 고질적인 문제를 메타버스 플랫폼 안에서 해결하여 새로운 가치를 창출할 수 있기를 기대한다.

앞으로의 경제 체제는 메타노믹스다

많은 전문가가 미래의 메타버스는 메타노믹스, 즉 메타버스 경제로 이동할 것이라고 예측한다. 메타노믹스는 메타버스와 경제학을 의미하는 이코노믹스를 합성한 단어로 메타버스 생태계 안에서 발생하는 경제 시스템을 말한다. 메타버스 플랫폼을 구축하는 기업들은 블록체인 기술을 활용한 코인이나 토큰을 만들어 사용자들이 메타버스 안에서 경제 활동을 할 수 있도록 노력하고 있다. 결국 현실세계에 있는 통화 시스템을 가상의 세계에도 동일하게 구축하는 것이다.

로블록스라는 온라인 게임 플랫폼은 미국 Z 세대의 55%가 사용하는 데 월간 활성 사용자가 1억 5,000만 명에 이른다. 이들은 로벅스라는 가상 화폐를 통해서 수익의 일정 금액 이상을 실제 화폐로 환전할 수 있다. 2020년에는 125만 명의 로블록스 크리에이터가 3억 3,000만 달러를 벌어들였다. 미국의 유명 래퍼 트래비스 스콧은 코로나19 이슈로 오프라인 공간에서 공연을 못하게 되자 미국의 에픽게임즈에서 출시한 게임 포트나이트에서 온라인 콘서트를 열었는데 동시 접속자가 1,230만 명에 이르렀고, 216억 원의 수익이 발생했다. BTS도 포트나이트에서 '다이너마이트'의 안무 버전을 론칭하고 뮤직비디오를 공개했고 블랙핑크는 제페토에서 팬사인회 열어 4,600만 명의 참여를 이끌었다.

제페토에서 아이템을 제작하는 크리에이터 수는 70만 명이 넘고, 등록된 아이템은 200만 개에 이른다. Z세대에게 제페토는 게임 그 이상의 콘텐츠를 즐기는 문화 공간으로 자리 잡게 된 것이다. 명품 브랜드들도 메타버스의 파급력을 실감하고 새로운 시도를 하고 있는데 구찌는 제페토에 구찌 빌라를 만들어 아바타가 직접 패션 아이템을 착용해 본 뒤 구매할 수 있게 했다. 가상 세계에서도 구찌 아이템이 유한하다는 입소문이 퍼져 나가자 몇몇 아이템은 완판이 됐다. 현실 공간에서 200만 원에 가까운 가방이 제페토에서는 3,000원에 판매되고 있다. 현실 세계에서 판매되고 있거나 곧 출시될 제품을 메타버스 안에서 선보이면서 MZ 세대의 잠재적 소비 욕구를 자극하고 브랜드에 대한 경험을 늘리는 것이다. 제페토에서 3,000원짜리 구찌 가방을 사던 학생이 성인이 되어 자연스럽게 200만 원짜리 실제 가방을 사게 만들려는 고도의 마케팅 전략이 될 수 있다. 구찌가 제페토에서 1020 세대에게 인기를 끌자, 루이비통, 크리스찬 디올, 티파니, 펜디, 불가리, 지방시 등을 보유한 프랑스 패션 기업인 LVMH도 주력 브랜드인 크리스찬 디올의 메이크업 세트를 입점시켰다.

메타버스의 수익 모델은 초창기 유로 아이템 판매로 시작하여 트래픽이 폭발적으로 증가함에 따라 광고와 마케팅 솔루션을 제공하고 결국에는 이커머스나 콘서트 등 실물 세계와 연계되는 방향으로 진화할 것이다. 또한 메타버스는 게임과 엔터테인먼트 산업에만 머무르는 것이 아니라 장기적으로 의료, 관광, 패션, 뷰티, 교육 등 다양한 산업으로 확대되어 현실과 가상 세계를 연결하는 수익 모델을 만들어 갈 것이다.

하지만 곧 다가올 메타버스 세상에서는 예측하기 어려운 부가 가치가 창출되는 것만큼 새로운 이슈와 많은 분쟁이 발생될 것으로 예상된다. 가상 세계에서는 현실에서 하지 못하는 다양한 활동을 자유롭게 하고 싶어 하는 사람들이 많은데 그러한 개인의 욕망과 활동이 현실 세계의 법과 규범과 맞지 않을 때 새로운 법과 제도가 필요하다. 예를 들어 메타버스에서는 엄청난 양의 개인 정보가 수집되는데 어느 누군가가 개인의 사생활 정보를 수집하여 남용한다면 큰 사회적 문제가 될 것이다. 또한 메타버스 플랫폼에서 사용자들이 획득한 도구를 이용해 만든 창작물에 대한 저작권 문제가 발생할 수 있다.

실제로 제페토에서는 크리에이터들이 만든 다양한 옷과 액세서리가 팔리고 있는데 카피가 쉽기 때문에 피해를 보는 사례가 많아지고 있다. 블록체인 기술에 기반한 NFT는 메타버스 안에서 뿐만 아니라 현실 세계에서도 현금화가 가능하다. 혹시 창작자가 아닌 다른 사람이 불순한 의도로 NFT를 선등록하여 소유권을 주장할 때 창작자가 법적인 보호를 받을 수 있는 장치도 필요하다. 메타버스가 현실 세계와 결합되어 우리의 삶을 더욱 풍요롭고 재미있게 만들지, 아니면 현실을 도피하고 싶어 하는 사람들의 피난처가 되어 폭력과 불법이 난무하는 무법천지의 세상이 될지는 아직 장담하기 어렵다. 그렇기 때문에 우리는 메타버스 세상에서 발생 가능한 잠재적인 분쟁 요인을 미리 파악하고 산업과 기술의 발전을 저해하지 않는 범위 내에서 메타버스라는 새로운 세상을 위한 제도와 정책, 법규를 준비해야 한다.

5장

빅블러가
모든 경계를 붕괴한다

과거의 휴대폰은 전화가 잘 터지는 게 중요했다. 통화 기능이 가장 중요하고 다른 기능은 부가적인 것으로 대부분 있으나 마나 했다. 휴대폰 제조사와 이동 통신사들은 통화 품질에 대해 광고하면서 시장을 선점하기 위해 노력했다. "걸면 걸리는 걸리버" 같은 광고 카피와 마라도에 짜장면 배달을 시켜 통화가 된다는 것을 강조하던 시절이 있었다. 기술이 발전하면서는 전화 외에 다양한 기능이 추가되기 시작했고 이제는 휴대폰이 너무도 똑똑해져 휴대폰이 아니라 스마트폰이라는 단어가 더 익숙해져 버렸다. 스마트폰은 기존에 전화만 가능하던 휴대폰에 카메라와 음악 재생 기능이 들어가면서 디지털카메라나 MP3 플레이어와의 경계를 무너뜨렸고 이후 이메일, 문

자 메시지, 웹 서핑, 결제 등의 서비스가 지속적으로 추가되면서 PC
와의 경계 또한 무너졌다.

모든 산업의 경계가
해체되고 재연결되다

과거에는 산업 간, 업종 간 경계가 비교적 명확했다. 군대 용어를
빌리자면 피아 식별이 쉬웠다. 피아식별은 적군과 아군을 식별하는
행위나 수단을 지칭한다. 유통 회사들은 유통업만 했고 제조 회사들
은 제조만을 전문으로 했으며 IT 회사들은 정보 기술 분야의 사업에
만 집중했다. 전통적으로 기업 경영에서 완전히 새로운 분야에 대한
진출은 금기시됐다. 맥킨지나 베인앤드컴퍼니 등 많은 글로벌 컨설
팅 회사들도 핵심 역량을 갖춘 사업 분야가 아니면 진출하지 말라고
했고 경영의 구루이자 GE의 CEO였던 잭 웰치도 1등이 아닌 사업 분
야에서는 모두 철수하라고 조언했다. 사업 기반과 경험이 전혀 없는
분야는 더 많은 투자를 요구함과 동시에 시행착오와 실패에 대한 가
능성이 더 크기 때문이다.

하지만 4차 산업 혁명이 시작되고 전 산업 영역에 걸친 디지털 전
환이 이루어지면서 이런 경계가 무너졌다. 최근에 벌어지는 플랫폼
기업들의 사업 확장 전략은 과거 재벌들의 문어발식 계열사 확장과
는 확연하게 차이가 난다. 단순히 돈이 되는 사업을 추가하여 수익
을 더 창출하기 위한 선택적인 전략이 아니라 지속적으로 고객 가치

를 창출하고 살아남기 위한 필수적인 전략이 되고 있다.

전 세계적으로 빅블러 현상이 가속화되고 있다. 빅블러 현상은 첨단 기술이 만들어 낸 융합의 결과물로, 변화의 속도가 빨라지면서 기존 산업 간의 경계가 희미해지고 산업과 산업이 뒤섞이는 현상을 말한다. 기존 산업과 정보 통신 기술의 융합으로 이종 산업 간의 경계가 사라지는 것을 의미하기도 한다. 블러(Blur)라는 용어가 생소할 수 있는데 사전적으로 흐릿해진다는 의미다. 전 하버드 경영 대학원 교수이자 미래학자인 스탠 데이비스는 1999년에 저서 《블러》에서 기술의 혁신적인 발전에 따라 존재하는 것들 사이의 경계가 허물어지는 의미로 이 단어를 사용했다. 그는 "정보 통신 기술의 발전 아래 모든 산업은 소프트웨어 산업이 되고, 여러 산업이 한데 섞일 것"이라고 예측했다.

이 책에 등장한 블러 개념은 20년이 지난 지금, 새로운 산업 생태계를 설명하기 위한 경제 용어로 사용되고 있다. 우리나라에서 빅블러의 개념은 2013년에 더이노베이션랩의 대표 조용호가 《당신이 알던 모든 경계가 사라진다》에서 최초로 제시했는데 인공 지능, 빅 데이터, 사물 인터넷, 핀테크, 드론 등의 혁신적인 기술로 업종 간 경계가 모호해지고 비즈니스 모델이 대충돌을 일으키는 현상이라고 설명했다.

빅블러 현상은 더욱 가속화되고 모든 산업에 걸쳐 확산되고 있다. 산업 영역 간의 융합이 이뤄지면서 이로 인해 전에 없던 새로운 가치가 만들어지고 있다. 빅블러는 소비자의 역할, 기업의 관심사, 서비스의 역할, 비즈니스의 모델, 산업의 장벽, 경쟁의 범위의 6가지 측면에서 동시다발적으로 힘이 작용한다. 이에 따라 생산자와 소비자, 구매자와 판매자, 소기업과 대기업, 온라인과 오프라인, 제품과 서비스 간의 경계가 점점 더 흐릿해지고 그 흐릿한 경계에서 다양한 혁신의 새로운 흐름이 일어나고 있다.

과거에 소비자는 상품을 구매하는 역할에 국한돼 있었고 기업은 고객과의 거래에만 집중하면 됐다. 동일 시장에서 유사한 가치를 제공하는 단일 기업끼리 또는 가치 사슬 내에서 경쟁했고 산업별로 고유한 영역이 존재했다. 하지만 빅블러 시대가 되면서 소비자들은 단순 구매자에서 벗어나 기업 활동의 주요 영역에 참여하기 시작했고 기업은 고객과의 지속적인 관계 형성에 관심을 갖기 시작했다. 그러므로 기업은 단순히 판매를 하는 데 그치는 것이 아니라 지속 성장이 가능한 비즈니스 모델을 만들어야 하고 시장을 재정의해 차별화된 가치를 만들어 내기 위해 노력해야 한다. 빅블러 시대가 되면서 산업 간 경계를 초월한 경쟁이 시작됐고 이러한 변화는 거의 모든 산업의 생태계 중심으로 확대되고 있다. 이제 극장의 경쟁자는 다른 극장이 아니라 넷플릭스나 왓챠 등 온라인 스트리밍 서비스가 됐고 은행의 경쟁자는 다른 은행이 아니라 토스나 핀다 등 핀테크 업체들이 됐다. 또한 이커머스가 활성화되면서 대형 마트의 경쟁자가 지역 내 다른 마트가 아니라 쿠팡이나 11번가 같은 업체들로 바뀌어 가고 있다.

빅블러의
4가지 유형

한국과학기술기획평가원의 연구원 김선재가 작성한 〈대한상의 브리프 제142호〉에 따르면 빅블러 현상은 크게 '기술 융합'과 '산업 융합'으로 구분된다. 이것이 각각 '가치 창출형'과 '가치 추가형'으로 구분됨으로써 총 4가지 유형으로 분류할 수 있다.

1. 기술 융합 - 가치 창출형

기술혁신으로 기존의 한계를 뛰어넘으면서 새로운 가치를 창출하는 유형이다. 세계 최초로 개발된 코로나19 백신이나 완전 자율 주행 기술처럼 기존에 구현하지 못했던 것을 기술의 융합을 통해 가능하게 만드는 것이다. 코로나19 백신은 극저온 콜드 체인 유통 기술이라는 새로운 기술과의 융합을 통해 이동의 안정성을 높이면서 전 세계로 유통됐고 자율 주행 기술은 인공 지능, 빅 데이터, 배터리, 레이더 기술 등이 융합되면서 가능해졌다.

2. 기술 융합 - 가치 추가형

기술 융합에 의해 기존의 제품이나 서비스에 가치를 추가하는 유형이다. 대표적인 예로 반도체 분야의 절대 강자 인텔이 최근 미세 공정화 경쟁에서 밀리며 TSMC와 삼성전자에 위탁 생산을 고려하고 있다고 발표했는데 이는 TSMC와 삼성전자가 EUV(극자외선) 노광 기술로 생산성을 대폭 높였기 때문에 가능한 일이다. 카메라 필름을 현상하는 원리와 동일한 노광 기술을 진화시켜 기존 반도체 생산에서 가치를 추가한 기술 융합 사례다.

3. 산업 융합 - 가치 창출형

이종 산업 간의 제품이나 서비스 융합을 통해 새로운 수요를 창출하거나 기존 시장을 강화하는 유형이다. 코로나19에 따른 사회적 거리 두기로 매출이 대폭 감소한 영화관 업계가 e스포츠나 오페라를 상영하는 등 다른 영역의 콘텐츠를 접목한 것을 예로 들 수 있다. 이처럼 타 산업과의 융합을 통해 새로운 시장 수요를 발굴할 수 있다.

4. 산업 융합 - 가치 추가형

산업 간 융합을 통해 기존 시장을 강화하는 유형이다. 비대면 기술을 활용해 온라인 교육 시장이 활성화되고 이커머스 시장이 폭발적으로 성장하고 있다. 또한 소매업과 요식 업계가 물류 업계 및 배달업과 융합해 온라인과 오프라인을 융합한 유통 산업의 가치를 올리고 있다.

빅블러의 흐름을 탄
세계의 빅테크 기업들

빅블러 현상이 여러 영역에서 동시다발적으로 일어나고 있다. 여기에 가장 능동적으로 대응하는 곳이 바로 빅테크 기업들이다. 빅테크 기업들이 보유한 핵심 기술이나 플랫폼을 바탕으로 미래 먹거리를 위해 다양한 산업으로 확장하면서 빅블러 현상이 보편화되고 있다. 거대한 빅블러의 흐름에서 자신들이 잘해 오던 산업의 영역을 뛰어넘어 다양한 분야로 진출한 국내외 대표적인 기업들의 사례를 보자.

애플카로 뒤흔들릴 모빌리티 시장

1976년에 설립된 애플은 퍼스널 컴퓨터, 노트북, 스마트폰, 태블릿 등의 하드웨어 시장뿐만 아니라 소프트웨어와 온라인 서비스 분야에서도 절대 강자로 군림하고 있다. 이런 애플이 2020년에 반도체 분야 진출을 선언하면서 인텔, 삼성, 엔비디아 등과의 경쟁이 불가피하게 됐다. 또한 애플카 사업을 시작으로 모빌리티 시장에도 뛰어들 예정이다. 최근 자동차 시장이 휘발유 차에서 전기 차로 급속도로 바뀌고 있는데, 이 모습은 마치 2010년 즈음에 피처폰이 스마트폰으로 탈바꿈한 것과 비슷한 양상이다.

애플은 이런 시장 환경의 변화에 대처하고 시장 우위를 점하기 위해 그동안 추진해 오던 자동차 업체와의 공동 개발 전략을 직접 개발로 변경했다. 애플은 2014년에 '타이탄 프로젝트'를 비밀리에 시작해 전기 차를 자체 개발하려고 했으나 여러 가지 한계에 부딪혀 2016년에 자동차 업체들과 공동 개발과 위탁 생산을 타진해 왔다. 하지만 수십 년간 자신만의 브랜드 아이덴티티를 구축해 온 자동차 업체들이 아이폰을 생산하는 폭스콘처럼 하도급 업체로 생산만 하는 것은 쉽지 않은 일이었다. 결국 애플은 다시 직접 개발로 전략을 수정하고 전기 차 관련 핵심 인력들을 영입하고 있다. 앞으로도 애플카 관련 직원만 1,000명 이상을 채용할 예정이라고 한다.

지구를 넘어 우주를 제패할 아마존

1994년 제프 베이조스가 온라인 서점으로 시작한 아마존은 현재 세계 최대 규모의 이커머스 플랫폼이다. 2020년에는 우리나라의 쿠팡와우가 벤치마킹한 아마존 프라임 회원 수는 2억 명을 넘어섰다. 아마존이 고속 성장한 이유에는 이 같은 충성도 높은 고객들이 있었기 때문이다. 아마존은 보유한 첨단 기술과 데이터를 기반으로 다양한 산업에 뛰어들고 있다. 그중 대표적인 사업이 2006년에 시작하여 현재 전 세계 클라우드 컴퓨팅 시장에서 1위를 차지하게 된 아마존 웹 서비스(AWS)이다. 2017년에는 미국 최대 유기농 식품 체인 홀푸드마켓을 137억 달러에 인수하여 오프라인 유통 시장에도 본격적으로 뛰어들었고 '아마존고'라는 무인 점포까지 운영하고 있다.

창업 초기부터 지금까지 변하지 않는 아마존의 지향점은 언제나 '최고의 고객 경험'이었다. 고객을 최우선으로 생각하는 아마존의 가장 중요한 철학은 "경쟁자만 바라본다면, 경쟁자가 무엇인가를 할 때까지 기다려야 한다. 고객에 집중하면 보다 선구자가 될 것이다"라는 제프 베이조스의 말에도 잘 녹아 있다. 아마존은 고객에게 최고의 경험을 제공하기 위한 수단으로 전자 상거래 플랫폼에 핀테크 기술을 접목해 금융업에도 진출하기 위한 기반을 다지고 있다. 아마존은 현재 보유한 2억 명의 고객에게 지급 결제, 은행 계좌, 대출 보험 등의 서비스를 제공하면 언제든지 금융사로 변신할 수 있다는 평가를 받는다. 2021년 7월에는 제프 베조스가 설립한 '블루 오리진'을 통해 버진그룹 회장 리처드 브랜슨에 이어 두 번째로 민간 우주여행에 성공했다. 상업용 우주관광 시대를 여는 본격적인 신호탄을 쏘아 올린 것이다.

현재 아마존의 10대 주력 사업은 전자 상거래(미국 전자 상거래 시장 점유율 1위, 약 40% 점유율), 물류(물류 센터 50개, 보잉기 40여 대, 트럭 4,000대, 드론 배송 등), 식료품(미국 식료품 5위 홀푸드 인수), 패션(2021년 미국 소매 의류 매출 1위), 클라우드(전 세계 시장 점유율 1위), 인공 지능(에코 스피커 시장 점유율 70%), 엔터테인먼트(아마존 프라임 가입자 약 6,000만 명), 제약 및 의료(미국 12개 주에서 약국 면허 취득), 금융(2만 개 중소 사업자 대상 대출 30억 달러 수준), 우주관광(민간 우주관광 시작)으로 대부분 세계 1위를 하고 있거나 상위권에 진입해 있다. 아마존의 전방위 사업 확장과 빅블러 현상은 계속될 것이다.

핀테크 기업으로 발돋움하려는 스타벅스

스타벅스는 글로벌 커피 프랜차이즈 전문점으로 2020년 178억 달러의 브랜드 가치를 평가받으며 전 세계의 커피 체인 중 독보적인 위치에 있다. 매장 수는 2021년 1분기 기준 전 세계 78개국에 3만 2,938곳이며 우리나라에는 1,533곳의 스타벅스 매장이 있다. 단순히 커피 체인으로 알고 있던 스타벅스가 고객 편의성을 증대하기 위해 IT 기술을 활용하여 '사이렌 오더' 서비스를 만든 것은 2014년이었다. 스타벅스 코리아가 전 세계 최초로 커피 주문과 결제를 한 번에 할 수 있는 사이렌 오더를 선보였고 이후 미국뿐 아니라 유럽과 아시아 주요국에서도 사이렌 오더를 도입하면서 전 세계로 확산됐다. 더 나아가서 국내에서는 앱에 차량 번호를 등록하고 드라이브스루 매장을 이용하면 고속 도로의 하이패스처럼 자동 결제가 되는 시스템을 갖췄고 미국에서는 사이렌 오더로 미리 주문한 뒤 매장을 찾으면 음파로 스마트폰을 인식해 음료를 내주는 서비스를 제공한다. 미국 디지털 시장 조사 업체 이마케터가 발표한 자료에 따르면 스타벅스의 모바일 결제 시스템 사이렌 오더 이용자 수는 미국에서만 2,340만 명에 달한다. 사이렌 오더를 이용하는 고객들이 늘어날수록 고객의 음료 취향, 충전 및 구매 패턴, 주요 이용 매장 등의 정보가 빅 데이터화되어 고객 개인별로 추천 알고리즘을 활용하여 맞춤형 상품을 추천하거나 새로운 상품을 기획하고 마케팅할 때 활용할 수 있다.

전 세계 스타벅스 이용자들이 사이렌 오더에 충전한 금액은 20억 달러를 넘어선 것으로 추정된다. 스타벅스는 이 예치금으로 아르헨티나 은행 방코 갈리시아와 파트너 계약을 맺고 실제 오프라인 은행 지점을 오픈하며 글로벌 핀테크 기업으로의 성장을 준비하고 있다. 국내에서도 전용 앱과 카드 등을 통해 예치한 선불 충전금이 약 2,000억 원에 달한다. 이는 국내 주요 핀테크 기업인 토스와 네이버

파이낸셜보다 많은 금액이다. 만약 스타벅스가 모바일 결제 가능 매장을 확대하거나 새로운 핀테크 기술을 도입한다면 기존의 신용 카드 회사나 금융, 유통업체에 큰 위협이 될 수 있다. 업계는 스타벅스가 본격적으로 자산 운용업에 진출한다면 금융업에 미치는 파급 효과가 상당히 클 것이라고 분석한다. 실제로 스타벅스는 암호 화폐 같은 디지털 자산 결제에 대한 실험을 꾸준히 진행하고 있다.

풍부한 콘텐츠를 바탕으로 게임을 만드는 넷플릭스

2021년 2분기 기준 전 세계 유료 가입자 수 2억 900만 명을 확보한 세계 최대 OTT 서비스 넷플릭스가 2021년 7월에 게임 시장 진출을 선언했다. 넷플릭스 오리지널이라는 자체 콘텐츠를 제작하여 큰 성공을 경험한 넷플릭스는 오리지널의 콘텐츠 영역을 영화 제작에서 게임까지 확장하겠다는 전략이다. 넷플릭스는 이미 미국 게임사 EA에서 게임 개발을 진두지휘했던 핵심 인력들을 게임 개발 부문에 영입해 2022년 서비스 출시를 목표로 하고 있다.

넷플릭스의 동영상 스트리밍 서비스는 세계 어디서나 초고속으로 대용량의 영상 파일을 전송할 수 있는 클라우드 기술의 발전으로 가능하다. 여기에 데이터 전송 지연 시간이 극도로 짧은 5세대 이동통신 기술이 더해지면서 내용이 정해진 영화뿐만 아니라 사용자의 조작에 따라 상황이 바뀌는 게임 영상도 실시간으로 보내 줄 수 있게 됐다. 이른바 '클라우드 게임'이다. 멀리 떨어진 클라우드에서 실행된 게임을 내 PC나 스마트폰에 영상으로 보여 주는 것이지만, 시간 지연이 없기 때문에 마치 내 PC나 스마트폰에서 게임이 돌아가는 것처럼 느껴진다. 그동안 클라우드로 영화 서비스를 해 온 넷플릭스 입장은 영화를 저장해 놓은 클라우드 서버를 게임용으로 바꾸면 된다는 계획인데 경쟁이 치열한 게임 업계에서도 넷플릭스가 두각을 나타낼 수 있을지 귀추가 주목된다.

이커머스 시장을 장악한 네이버

국내 최대 포털 서비스 네이버는 이커머스 시장에서도 선두의 자리를 차지하고 있다. 2022년 1분기 기준으로 네이버 스마트스토어 수가 약 50만 개이며 2021년 거래액은 업계 최대 규모인 23조 원, 거래액은 매년 35%씩 성장하고 있다. 일본에 진출한 네이버의 이커머스 플랫폼 '마이 스마트스토어'는 일본 최대 포털 야후 재팬, 일본 국민 메신저 라인과 연계하여 속도를 내고 있다.

통계청이 발표한 2020년 온라인 쇼핑 전체 거래액은 161조 원으로 네이버와 쿠팡이 국내 이커머스 시장의 30% 정도를 차지한다. 네이버가 단순히 검색 포털이 아니라 쇼핑에서 두각을 나타내고 심지어 쿠팡을 누르고 1위를 차지한 것에 놀라는 사람도 있을 것이다. 네이버는 스마트스토어를 통해 국내 대표 포털 기업에서 이커머스 최대의 플랫폼으로 도약했고 인공 지능이나 헬스케어, 자율 주행 같은 새로운 산업에서도 절대 강자로 군림하고 있다. 심지어 네이버 공화국이라는 표현도 나온다.

네이버는 코로나19로 인해 온라인 쇼핑 수요가 급증함에 따라 브랜드스토어, 물류 파트너십, 라이브 커머스 등 기존 경쟁력을 강화하기 위해 지속적으로 신규 서비스를 선보였다. 특히 네이버 페이라는 간편 결제 서비스를 통해 쇼핑 업계 강자로 등극하는 동시에 금융권 진출의 발판을 마련했다. 현재 네이버는 포털에서 쇼핑 플랫폼으로, 그리고 핀테크 분야와 인공 지능, 로봇 분야로 영역을 확대해 나가는 중이다. 또한 막강한 온라인 플랫폼을 기반으로 CJ대한통운과 함께 브랜드스토어에 입점한 상품을 24시간 안에 배송하는 풀필먼트 서비스도 시작했고 신세계그룹과 2,500억 원 규모의 지분 맞교환도 진행했다. 네이버와 신세계그룹은 이커머스 사업부터 물류와 멤버십, 상생 등 전방위에 걸쳐 협력하기로 함에 따라 신세계그룹이 가진 이마트 장보기, 신세계 백화점 패션 명품 등의 강점이 네이버의 막강한 플랫폼과 결합해 고객들에게 새로운 서비스를 제공할 수 있게 됐다. 신세계 그룹의 전국 물류망 7,300여 곳에 네이버의 물류 파트너들까지 협력하면 지금의 새벽 배송은 물론 3시간 내에 도착하는 즉시 배송까지 가능할 것으로 예상된다. 네이버 → 신세계 → CJ대한통운'으로 이어지는 삼각 물류 협력 체계가 그 가능성을 높이면서 네이버의 물류에 대한 큰 그림이 완성되고 있다. 네이버는 3년 이내에 CJ그룹과 메가 물류 센터를 설립하고 이마트와의 협업을 통해 쿠팡을 뛰어넘는 배송 경쟁력을 확보한다는 계획이다.

막대한 트래픽을 기반으로 한 카카오의 전방위 확장

카카오는 거의 모든 국민이 사용하는 카카오톡 서비스를 통해 얼는 막대한 트래픽을 기반으로 다양한 분야에서 사업을 확장하고 있다. 2010년에 메신저 서비스로 시작한 카카오는 2021년 말 기준으로 전자 상거래(카카오커머스), 금융(카카오페이, 카카오뱅크), 게임(카카오게임즈), 콘텐츠 및 연예 기획(카카오엔터테인먼트), 부동산(카카오스페이스) 모빌리티(카카오모빌리티) 등 해외 자회사를 포함하여 158개의 계열사를 가진 대기업이 됐다. 카카오페이는 금융 서비스를 확대하기 위해 바로투자증권을 인수했고 손해 보험업에도 진출하기 위해 인가를 받았다. 카카오뱅크는 이미 국내 2호 인터넷 전문 은행으로 상장하여 시가 총액이 30조 원에 이르며 카카오모빌리티는 택시, 대리운전, 퀵서비스 등의 서비스를 출시했고 2022년에 상장을 준비하고 있다.

골목 상권 침해로 사업 전략에 일부 수정이 필요하겠지만 대세에는 크게 지장이 없다는 게 업계 전문가들의 평가다. 카카오엔터테인먼트는 로엔엔터테인먼트와 멜론을 인수하면서 기틀을 잡았고 웹툰을 중심으로 다양한 온라인 콘텐츠를 유통하던 카카오페이지가 합병하여 탄생했다. 카카오의 공격적인 사업 확장은 ICT 기술을 매개로 산업 간 경계가 무너지는 빅블러 현상을 보여 주는 대표적 사례이다.

한국의 아마존 쿠팡의 OTT 사업

쿠팡이 2021년 3월 11일 미국 뉴욕증권거래소에 화려하게 상장했다. 우리나라 언론과 커머스 업계에서는 만년 적자를 이유로 쿠팡의 기업 가치에 거품이 너무 많다는 시각이 많았다. 그럼에도 불구하고 쿠팡의 기업 가치가 미국에서 높은 평가를 받으며 상장할 수 있었던 가장 큰 이유는 이커머스를 뛰어넘는 쿠팡의 사업 확장성에 있다. 그동안 쿠팡이 창업부터 현재까지 성장해 온 궤적을 보면 아마존의 성공 방식과 유사하다는 것을 금방 알 수 있다. 소프트뱅크의 손정의를 포함한 해외의 투자자들이 쿠팡을 한국의 아마존으로 인식하는 것도 무리가 아니다. 쿠팡은 로켓배송부터 시작하여 다양한 혁신적인 서비스를 선보였는데 그중에서도 특이한 것은 온라인 스트리밍 서비스 쿠팡플레이다. OTT(Over The Top) 서비스인 쿠팡플레이는 영상 콘텐츠를 시간과 장소의 제약 없이 무제한으로 즐길 수 있는 동영상 스트리밍 서비스로 넷플릭스와 유사하다. 쿠팡은 아마존 프라임과 동일한 방식의 '쿠팡와우'라는 서비스를 출시했고 멤버십 서비스에 가입한 회원은 월 4,900원만 내면 무료 배송, 당일 도착, 쿠팡플레이 등 다양한 서비스를 이용할 수 있다. 2021년 6월 기준으로 쿠팡의 로켓와우 회원 수는 500만 명에 이르는 것으로 추산된다.

금융 제왕 토스가 바꿀 모빌리티의 판도

빅블러 현상은 핀테크 영역에서도 많이 나타난다. 빅테크 기업들의 간편 결제 서비스는 송금과 결제를 넘어 토탈 금융 서비스로 확장 중인데 특히 두각을 나타내는 기업이 토스다. 간편 송금 서비스로 화제를 모으며 시작한 토스는 기술 기반의 핀테크 기업으로 2,000만 명이 넘게 사용하면서 대한민국 혁신의 상징이 됐다. 토스는 단순히 간편 송금 서비스에서 머무르지 않고 금융 제왕으로 성장하고 있다. 모바일 증권사 토스증권과 토스뱅크를 출범했고 선불 전자 지급 수단인 토스머니, 온라인 지급 결제 사업 업체인 토스페이먼츠 등 금융 서비스 라인업을 폭넓게 확보했다.

토스는 2021년 10월에 모빌리티 서비스 기업인 타다의 지분 60%를 확보하면서 모빌리티 시장에도 진출했다. 타다에 토스의 다양한 서비스를 붙여 금융 서비스를 확장하고 새로운 수익 모델을 창출하며 모빌리티 서비스 이용자에게 편의를 제공한다는 전략이다. 타다 이용자가 900만 명 정도인데 타다의 이용자를 대상으로 확장된 멤버십 프로그램이나 혜택 등을 제공하면서 시너지를 모색할 수 있다. 토스가 타다를 인수하면서 국내 모빌리티 시장 판도가 바뀔 것으로 예상된다. 지속적인 투자가 필요한 모빌리티 시장에 토스의 새 자본이 투입되면서 카카오모빌리티와 티맵모빌리티로 양분돼 있는 시장에 새로운 경쟁자가 등장하게 될지 업계의 관심이 쏠리고 있다.

모든 경계가 붕괴되는 시대에서의 전략

이제 빅블러 현상은 짧은 시간 유행처럼 지나가는 현상이 아니라 세계적인 흐름이 됐다. 빅블러 현상은 모든 비즈니스 영역에서 자리를 잡아 가고 있고 이러한 현상은 더욱 강화될 것으로 전망된다. 전세계 빅블러 관련 시장은 약 3조 8,000억 달러 규모로 추산되는데 전문가들은 앞으로 더욱 가속화되어 새로운 시장과 산업을 만들어 나갈 것으로 예상한다. 비즈니스의 많은 분야에서 주요 경계가 무너짐에 따라 다양한 혁신과 변화, 융합 등 새로운 흐름이 일어나게 될 것이다. 그렇다면 이러한 거대한 변화의 흐름 속에서 기업은 어떤 대응 전략을 취해야 할까.

산업과 기술의 경계가 모호해지는 빅블러 현상이 가속화될수록 원천 기술의 가치는 더욱 중요해질 것이다. 빅블러 현상은 바로 원천 기술에서 파생되기 때문이다. 점점 다양해지는 개별 소비자의 니즈에 따라 제품이나 서비스를 생산하고 유통할 수 있는 기업만이 살아남을 수 있는데 기술의 혁신 없이는 고객의 변화를 따라갈 수 없다. 빅블러 시대가 전개되면 기술, 산업, 기업 간 경계가 낮아지고 기회의 문이 넓어지지만, 한편 경쟁자의 범위도 넓어지기 때문에 지속적인 기술 혁신을 통해 원천 기술을 확보하는 것이 중요하다.

또한 장기적인 관점에서 기업의 경쟁자에 대한 새로운 정의가 필요하다. 빅블러 현상으로 인한 산업 간의 경계 둔화로 경쟁자에 대한 정의와 구분하는 기준을 무의미해질 수 있다. 누가 아군이고 누가 적군인지 알 수 없는 전쟁을 하는 것과 같다. 산업 간의 경계가 희미해지는 것은 경쟁자가 없어지는 것이 아니라 경쟁자 범위가 확장된다는 의미다. 예컨대 물류 업체는 동종 물류 업체와 경쟁하기보다 이커머스 업체들과 협력을 통해 새로운 시장을 확보할 수 있고 핀테크 업체들은 모빌리티나 인공 지능 업체들과도 경쟁 또는 협력할 수 있다. 경쟁자가 누구인지 명확하여 피아 식별이 쉬웠던 시절에는 경쟁자 분석을 통해 경쟁자가 무엇을 잘하는지 못하는지 아는 것이 상대적으로 쉬웠다. 하지만 경쟁자가 누구인지, 어디 있는지조차 모르는 불명확한 시대에서 경쟁자를 정의하고 전쟁을 준비하는 것은 지금껏 경험하지 못한 도전인 동시에 지속적인 성장을 가능하게 하는 기회가 될 것이다.

이와 동시에 기업은 빅블러 현상의 가속화에 대응하기 위해 다른 기업들과 전방위적인 협력을 해야 한다. 과거에 경쟁자였다고 하더라도 현재 또는 미래에는 가장 협력적인 동반자가 될 수 있다. 예를 들어 ESG 경영 등으로 강화되는 환경 규제에 대응하거나 소비자와의 접점이 모바일 공간으로 이동한다면 그에 적합한 기술을 가진 업체와의 제휴 방안을 강구해야 한다. 네이버처럼 플랫폼은 갖고 있으나 물류가 약하다면 시너지를 낼 수 있는 CJ대한통운 같은 회사와의 협력 방안을 찾아야 하고 이마트처럼 오프라인에서 강하지만 온라인에 약하다면 이커머스 업체들과 시너지를 낼 수 있는 방법을 찾아야 한다.

빅블러는 이제 선택이 아니라 경계 붕괴 시대의 생존을 위한 필수조건이 됐다. 기업 관점에서는 쉽지 않은 도전이 되겠지만 소비자의 입장에서 본다면 빅블러 현상을 통해 더 많은 고객 가치가 창출될수 있다. 혁신의 본질이 파괴가 아닌 가치 창출이라는 측면에서 본다면 경계가 사라진다는 것은 기존에 없던 새로운 서비스의 출현과 가치를 창출하는 것이다. 기업이 빅블러를 전략적으로 활용하지 못하면 장기적으로 성장하기는커녕 생존에 위협이 될 수 있다. 거대한 변화의 소용돌이에서 기업들은 현재 상황을 점검하고 트렌드를 읽어 내는 능력을 키우며 다가오는 거대 융합 시장에 대비해야 할 것이다.

6장

생존을 위한 전략 디지털 트랜스포메이션

나이키는 전 세계적으로 성공한 스포츠 브랜드다. 많은 사람이 나이키는 운동화나 스포츠웨어를 잘 만드는 회사로 알고 있지만 사실은 빅테크 기업이기도 하다. 나이키는 2006년도부터 디지털 시대를 선도하기 위해 다양한 시도를 해 왔다. 스포츠 브랜드에서는 세계 최초로 디지털 웨어러블 제품인 '나이키 플러스'와 '나이키 애플 아이팟' 등을 출시했다. 나이키 플러스는 신발 밑창 밑에 넣어서 사용자의 걸음 수를 측정할 수 있는 센서인데 지금은 스마트폰이나 스마트워치로 손쉽게 측정할 수 있지만 웨어러블 디바이스의 개념조차 생소했던 당시에는 매우 혁신적인 제품이었다. 나이키는 2010년도에 디지털 스포츠 부서를 신설하여 '나이키 GPS', '나이키 애플워치'

등 기존의 나이키 제품에 디지털 기술을 접목하려는 노력을 계속해왔다. 혁신의 대명사인 애플과 지속적으로 컬래버를 했고 2019년에는 '나이키 핏'이라는 자체 인공 지능 서비스까지 출시했다. 머신러닝 기반의 추천 알고리즘을 통해 매장에 방문하는 고객의 발 사이즈를 자동으로 찾아낼 수 있게 한 것이다. 고객의 편의를 위해 끊임없이 도전과 혁신을 하는 나이키의 디지털 트랜스포메이션 전략은 기존 고객들의 로열티를 높이면서 신규 고객을 유치하는 데 큰 도움이 됐고 수십년째 글로벌 넘버 원 스포츠 브랜드의 위치를 유지하는 비결이 되고 있다.

글로벌 기업들이 정의하는 디지털 트랜스포메이션

많은 기업이 빠르게 변화하는 경쟁 환경에 적응하고 보다 효율적으로 업무를 하기 위해 디지털 트랜스포메이션을 도입하고 있다. 디지털 트랜스포메이션은 기업이 인공 지능, 빅 데이터, 클라우드, 사물 인터넷, 블록체인, 가상 현실 등의 디지털 기술을 활용하여 전사적인 혁신을 추진하는 것을 말한다. 기업의 다양한 비즈니스 프로세스를 디지털로 전환하여 빠르게 의사 결정을 하고 실행할 수 있는 조직을 만드는 것을 목표로 한다. 최근 디지털 트랜스포메이션이 주목받는 이유는 디지털 경제 시대에서 기업 간의 경쟁이 치열해지고 기업의 생존 기간이 단축되면서 ICT 기술을 활용하여 제품이나 서비스를 개발하고 비즈니스 모델을 갖추는 것이 무엇보다 중요해졌기 때문이다. 사실 디지털 트랜스포메이션이라는 개념은 인터넷이 확산되던 1990년대 처음 등장했다. 디지털 기술을 사회 전반에 적용해 전통적인 사회 구조를 혁신한다는 뜻을 담고 있다. 본래 라이프스타일 모든 분야에 디지털 기술의 적용이 필요하다는 의미였으나 근래에는 기업 경영 환경에 포커스 되어 사용되고 있다.

　디지털 트랜스포메이션은 기술 발전에 따라 새롭고 혁신적인 비즈니스 방식을 도입할 때 발생하는 현상으로, 디지털 기술을 사용해 근본적인 변화를 일으키며 기존의 것을 개선하거나 새로운 것으로 대체하는 문화적 변화를 나타낸다. 디지털 트랜스포메이션의 목적은 고객 경험 향상이나 가치 창출일 수도 있고, 디지털 디스럽션으로 인한 혁신의 가속화일 수도 있다. 디지털 트랜스포메이션에 대한 정의는 기관마다 조금씩 다르게 정의하는데 종합적으로 보면서 파악해 둘 필요가 있다.

　우선 글로벌 컨설팅 회사들이 말하는 디지털 트랜스포메이션의 정의를 살펴보자. 베인앤드컴퍼니는 디지털 엔터프라이즈 산업을 디지털 기반으로 재정의하고 게임의 법칙을 근본적으로 바꿈으로써 변화를 일으키는 것이라고 정의했고, 에이티커니는 디지털 신기술로 촉발되는 경영 환경상의 변화에 선제적으로 대응하고 현재의 비즈니스 경쟁력을 획기적으로 높이거나 새로운 비즈니스를 통한 성장을 추구하는 기업 활동이라고 말했다. PwC는 디지털 소비자와 에코 시스템이 기대하는 것을 비즈니스 모델과 기업 경영에 적용하는 일련의 과정으로 정의한다.

　글로벌 IT 기업들이 말하는 디지털 트랜스포메이션의 정의는 결이 조금 다르다. 마이크로소프트는 고객을 위한 새로운 가치를 창출하기 위해 지능형 시스템을 통해 기존 비즈니스 모델을 새롭게 구상하고 사람, 데이터, 프로세스를 결합하는 것이라고 말하고, IBM은 기업이 디지털과 물리적 요소를 통합해 비즈니스 모델을 변환하고 전체 산업의 새로운 방향을 정립하는 것으로 정의한다. IDC는 고객과 시장의 변화에 따라 디지털 능력을 기반으로 새로운 비즈니스 모델, 제품 서비스를 개발해 경영에 적용하고 지속 가능하게 만드는 것으로, 세계경제포럼은 디지털 기술과 성과를 향상시킬 수 있는 비즈니스 모델을 활용해 조직을 변화시키는 것으로 정의했다.

　이 중 디지털 트랜스포메이션의 본질을 가장 잘 파악한 기업은 마이크로소프트라는 생각이 든다. 다른 기업들은 대부분 디지털과 기술을 강조했지만 마이크로소프트만이 고객 가치 창출을 목적으로 설정했기 때문이다.

　디지털 트랜스포메이션은 지금까지 3단계의 진화를 거쳤다. 1단계는 1990년대 말 이루어진 디지털 인프라 기반 구축으로 인터넷이 도입되면서 다양한 디지털 디바이스와 제품들이 등장했고 서버, 네트워크와 같은 IT 인프라가 구축되는 시기였다. 2단계는 2000년대 초반에 등장한 디지털 비즈니스 추진으로 1단계에서 구축된 IT 인프라를 기반으로 검색, 포털, 이커머스 시장이 태동하기 시작했다. 특히 인터넷 보급이 확산되면서 전체 상거래 중에서 이커머스가 차지하는 비중이 폭발적으로 늘어나는 시기였다. 2010년대 초반에 나타난 3단계는 비즈니스 모델과 경영 전략을 디지털 트랜스포메이션하는 단계로 첨단 기술과 플랫폼의 등장으로 가능하게 됐다.

재창조의 핵심은 기술이 아니라 사람이다

최근 디지털 트랜스포메이션이 주목받는 이유는 기업의 경쟁 환경이 치열해지고 미래에 대한 불확실성이 커지는 가운데 고객의 니즈에 맞춰 신속하게 제품이나 서비스를 개발하고 지속적으로 개선해 나가야 하기 때문이다. 또한 팬데믹으로 인한 고객의 변화가 디지털 트랜스포메이션을 더욱 가속화했는데 조사 결과에 따르면 팬데믹 기간 동안 전자 상거래는 8주 만에 10년간의 변화를, 원격 의료는 15일 만에 10배의 성장을, 비디오 스트리밍은 5개월 만에 7년간의 조회 수를, 온라인 교육은 2주 만에 2억 5,000회를 넘어서는 폭발적인 성장세를 나타냈다. 인류 역사 이래 가장 급격한 변화라고 할 수 있다.

디지털 트랜스포메이션이 세대로 된 기업은 이러한 변화를 통해 막대한 수익을 창출했겠지만 그렇지 않은 기업은 이러한 성장세에 편승하지 못하고 도태되거나 생존의 위협을 받고 있을 것이다. 디지털 트랜스포메이션을 적용한 기업은 디지털 기술을 활용하여 기존에 불가능했던 일을 효율적으로 처리할 수 있게 됐고 많은 사람이 수개월 동안 해야 하던 일을 인공 지능을 이용하여 몇 시간만에 끝낼 수도 있게 됐다. 이제 디지털 트랜스포메이션은 선택이 아니라 필수인 시대다.

디지털 트랜스포메이션은 과거에 대기업 중심으로 많이 도입된 ERP*나 재무 프로그램같이 지극히 제한된 분야에 적용되는 단편적인 기술이나 솔루션이 아니다. (*Enterprise Resource Planning, 우리말로는 전사적 자원 관리라고 하며 조직이 회계, 구매, 프로젝트 관리, 리스크 관리와 규정 준수 및 공급망 운영 같은 일상적인 비즈니스 활동을 관리하는 데 사용하는 소프트웨어 유형을 말한다.) 디지털 트랜스포메이션은 기업 경영 전반에서 광범위하게 이루어지며 비즈니스 모델을 바꾼다. 이러한 변화는 제품이나 서비스의 디지털화를 의미하는 것뿐만 아니라 생산 및 운영 프로세스, 물류, 마케팅, 고객 응대 등 기업 전반에 걸쳐 새로운 비즈니스 모델을 창출해 내고 있다.

점점 더 치열해지는 디지털 경제 환경에서 디지털이라는 옷을 제대로 입지 못한 수많은 기업이 사라져 갔다. 2000년 이후 디지털 대전환기를 맞아 〈포춘〉 선정 500대 기업의 절반 이상이 사라졌고, 살아남은 기업들도 대부분 디지털로 무장한 신생 기업들의 견제를 받으며 디지털 전환에 대한 강한 필요성을 느끼고 있다. 〈포브스〉에 따르면 금융 기업의 91%가 향후 2년 이상 디지털 트랜스포메이션을 위한 예산을 증가할 것이며, 39%의 기업은 2년 이내에 주요한 디지털 트랜스포메이션을 경험하게 되고, 점점 더 많은 새로운 형태의 기업들이 나타날 것이다.

이렇듯 디지털 트랜스포메이션이 기업의 생존과 성장을 위한 필요 요소가 되면서 많은 기업이 디지털 트랜스포메이션을 시도하고 있지만 전략의 부재로 어려움을 겪는 기업들 또한 많아지고 있다. 디지털 트랜스포메이션이 기업의 지속 가능성 제고에 긍정적인 영향을 주는 것은 자명한 사실이지만 아직까지 소수의 기업만이 디지털 트랜스포메이션에 성공한 것으로 나타났다. 컨설팅 회사들의 조사 결과에 따르면 현재 디지털 트랜스포메이션을 추진하는 기업의 70% 이상이 목표 달성에 실패하고 있다. 세계적인 컨설팅 회사인 베인앤드컴퍼니가 2017년 전 세계 1,000개 기업을 대상으로 실시한 조사에서 디지털 트랜스포메이션을 추진한 기업 중 스스로 설정한 기대치를 달성 또는 초과했다고 답한 기업은 5%에 불과하다. 맥킨지에서 2019년에 발표한 자료에 따르면 석유, 자동차, 제약 등 전통적인 산업에서의 디지털 트랜스포메이션의 성공률은 4%에서 11%였고 기술, 미디어, 통신 등 디지털 기반의 산업에서조차 성공률은 26% 이하를 기록했다.

이처럼 기업의 디지털 트랜스포메이션 성공률이 낮은 주된 원인은 기술 우선주의의 함정에 빠져 실제 실행 주체인 사람(고객과 직원 포함)을 간과하기 때문이다. 디지털 기술은 그 자체로 의미 있는 것이 아니라 그 기술을 활용해서 비즈니스 프로세스와 서비스를 혁신해 직원들이 보다 효율적으로 일하며 고객 경험을 창출할 때 비로소 가치를 창출한다. 혁신적인 디지털 기술을 도입하기만 하면 디지털 트랜스포메이션이 저절로 이루어진다거나 디지털 기술을 도입하는 것 자체가 곧 디지털 트랜스포메이션의 완성이라고 오해하는 경우가 많은데 아무리 혁신적인 디지털 기술을 도입하더라도 그 기술을 이용하는 사람을 간과한다면 조직의 변화를 이끌어 내지 못하고 결국 디지털 트랜스포메이션에 실패할 것이다. 성공적인 디지털 트랜스포메이션을 위해서는 단순히 기술적인 변화가 아닌 강력한 고객 경험 창출에서부터 운영, 비즈니스 모델의 재창조에 이르는 디지털 역량과 이를 안정적으로 달성하기 위한 강력한 리더십이 필요하다.

세계적인 컨설팅 회사인 보스턴컨설팅그룹은 2020년 10월에 '기업의 디지털 트랜스포메이션 성공을 위한 6가지 필수 요소'에 관한 연구 결과를 발표했다. 모든 산업과 모든 기업에 적용되기는 어렵겠지만 디지털 트랜스포메이션의 핵심을 가장 잘 파악했다는 평가를 받고 있어 눈여겨볼 필요가 있다.

기업이 디지털 트랜스포메이션에 성공하기 위해서는 첫째, 명확한 혁신 목표와 통합된 전략이 필요하다. 혁신적인 목표와 통합된 전략은 전체 비즈니스와 조직에 명확한 비전을 불어넣고 최신 디지털 기술을 접목해 지속적인 경쟁 우위를 확보해 나갈 수 있도록 한다. 둘째, 최고 경영진부터 중간 관리자에 이르기까지 강력한 리더십이 있어야 한다. 성공적인 디지털 트랜스포메이션을 위해서는 모든 직원이 변화를 위한 노력에 적극적으로 참여해야 하며 특히 중간 관리자의 리더십이 매우 중요하다. 셋째, 디지털 트랜스포메이션을 추진할 때는 조직에서 가장 우수한 직원들을 배치하고 활용해야 한다. 디지털 트랜스포메이션에 성공한 기업은 대부분 혁신을 주도할 수 있는 최고의 인재를 활용했으며 그들의 노력과 선택이 디지털 트랜스포메이션의 성공 열쇠임을 인지하고 있다. 넷째, 폭넓은 시야와 민첩한 업무 추진 방식이 필요하다. 리더는 폭넓은 사고방식으로 변화를 관리해야 하며 조직 전체가 디지털 트랜스포메이션을 위해 민첩하게 행동할 수 있도록 해야 한다. 다섯째, 목표 달성 현황에 대한 지속적이고 효과적인 모니터링을 해야 한다. 목표 달성 현황을 모니터링하는 것은 단순히 지켜보기만 하는 것이 아니다. 전략적 목표와 관련한 상세한 운영 지표나 재무 지표의 정의, 프로젝트 결과의 정기적인 점검, 데이터 적합성 등에 대한 주기적인 모니터링을 해야 한다. 끝으로 디지털 기술의 개발과 확장을 지원하기 위해 비즈니스 목적에 맞는 빅 데이터 플랫폼을 도입해야 한다.

신속한 대응만이
고객의 충성심을 지킬 것이다

디지털 트랜스포메이션은 ICT 기술을 이용한 기업의 일부 환경에 대한 변화만을 모색하는 것이 아니라 전사적 차원에서 접근해야 한다. 조사 결과에 따르면 디지털 트랜스포메이션을 성공적으로 수행한 기업들은 도입하지 않은 경쟁 기업들보다 매출 면에서는 9%, 수익성 면에서는 26%의 높은 성과를 나타냈다. 이렇게 디지털 트랜스포메이션을 추구하는 기업은 더욱 차별화된 역량을 확보할 수 있으며 기업의 운명에도 큰 영향을 미칠 것이기에 전사적으로 디지털 역량을 키우고 전폭적인 투자를 통해 변화를 모색해야 한다.

　기업은 성공적인 디지털 트랜스포메이션을 통해 고객 가치와 경험을 혁신할 수 있다. 디지털 기술을 활용해 축적한 데이터를 통해 고객을 더욱 이해하여 밀접한 관계를 형성하고, 이를 바탕으로 새로운 고객 경험을 제공할 수 있게 됐다. 또한 고객의 요구에 실시간에 가깝게 반응하여 맞춤형 상품이나 서비스를 제공하고, 고객의 니즈와 취향을 파악해 적합한 상품이나 서비스를 추천할 수 있다. 자신이 무엇을 필요로 하는지 정확히 알지 못하거나, 구매에 대한 동기부여가 필요한 고객에게는 구매의 필요성이나 시기를 반영한 맞춤형 구매 정보를 제공하는 것이 매우 중요한 전략이 될 것이다.

　디지털 트랜스포메이션에 관한 기업의 경쟁력은 고객의 니즈, 취향, 행동 방식을 얼마나 선제적으로 파악해 신속하게 대응하는가에 달려 있다. 개인화 서비스를 신속하게 제공할수록 고객의 충성도를 향상시킬 것이며, 이런 충성 고객 집단은 아마존 프라임 멤버십에 가입한 2억 명의 고객처럼 기업 경쟁력의 원천이자 지속 가능한 수익의 기반이 될 것이다. 고객 데이터와 이를 분석해 얻은 통찰은 곧 기업의 시장 지배력으로 작용할 수 있다.

　디지털 트랜스포메이션은 팬데믹 이후 기업의 규모나 업종에 상관없이 미래를 준비하는 기업에게 필수 전략이 됐다. 또한 기업뿐만 아니라 대학, 관공서, 병원 등 다수의 고객을 상대하고 데이터를 관리하는 조직은 모두 디지털 트랜스포메이션을 거부할 수 없는 시대의 흐름으로 받아들이고 생존과 성장을 위한 기회로 삼아야 한다.

핵심은 언제나 고객에게 있다. 디지털 트랜스포메이션을 성공적으로 수행하기 위해서는 단순히 비즈니스 모델이나 프로세스의 변화가 아니라 디지털 기술의 활용을 통해 고객의 문제를 어떻게 해결할 것인가에 초점을 맞춰야 한다. 따라서 디지털 트랜스포메이션을 통해 현재 비즈니스 모델을 점검하고 고객 경험 강화에 기여할 수 있도록 리모델링해야 한다. 현재 기업의 경쟁 우위를 바탕으로 디지털 기술의 도입 범위를 설정해야 하며 고객들의 제품 및 서비스 경험을 향상시킬 수 있는 비즈니스 모델을 구축해야 한다. 코로나19 이전의 상황으로 돌아가기는 어렵겠지만, 경제가 회복될 모습이 서서히 보임에 따라 기업은 포스트 코로나 상황에서의 변화와 성장을 위한 계획을 세우고 착실하게 수행해 나가야 한다. 피터 드러커는 "격변의 시기에 가장 큰 위험은 격변 그 자체가 아니라 과거의 논리로 대응하는 것이다"라고 했다. 디지털 트랜스포메이션을 도입한 기업은 더욱 고도화 전략을 추구하고, 도입하지 않은 기업은 빠른 시일 내에 도입해야만 포스트 코로나 시대에 살아남을 수 있을 것이다.

7장

글로벌 기업들이
사활을 건 ESG 경영

안전하기로 유명한 자동차 브랜드 볼보가 2021년에 극한의 안전 테스트에 도전하는 콘셉트로 TV 광고를 진행했다. 볼보의 광고는 일반적인 안전 테스트와 동일하게 벽을 들이받거나 도로 이탈 테스트를 보여 주는 것으로 시작한다. 그리고 마지막 부분에 30미터 상공에서 자동차를 떨어트리는 테스트를 하려다가 갑자기 빙하가 녹아내리는 장면을 보여 준다. 그리고 "기후 변화, 지구에 대한 극한의 안전 테스트. 이것이 볼보가 전기 자동차 회사로 전환하는 이유입니다"라는 자막이 뜬다.

이 광고를 처음 접한 많은 사람은 살짝 충격을 받았을 수도 있다. 볼보를 상징하는 안전을 소재로 단순히 자동차를 많이 판매하기 위한 광고가 아니라 다소 극적인 반전을 통해 환경과 기후 변화에 대한 심각성을 보여 줬기 때문이다. 이 광고는 소비자들에게 환경에 대한 관심을 불러일으켰을 뿐만 아니라 볼보가 전기 자동차를 만드는 이유를 자연스럽게 이해하도록 만드는 매우 전략적이고 훌륭한 마케팅 캠페인으로 평가받고 있다.

볼보는 환경 이슈에 가장 적극적으로 대응하는 기업이다. 자동차에 대한 안전의 개념을 지구의 안전으로까지 확대하고 이를 실천하기 위해 2025년부터 연간 비용 1,320억 원, 탄소 배출량 250만 톤을 줄이는 것을 목표로 한다. 자동차의 모든 부품을 재사용할 수 있도록 설계, 개발, 제조하는 순환 비즈니스 모델을 도입할 계획이며 2030년까지 100% 전기 차 기업으로 전환하여 2040년까지 탄소 중립 기업이 되겠다는 야심찬 목표를 밝혔다. 볼보의 순환 비즈니스는 비용 절감과 새로운 수익 창출뿐만 아니라 환경을 보호하는 데 긍정적인 영향을 끼칠 것으로 예상된다.

기후 변화의 리스크가 곧 투자의 리스크다

ESG 경영에 대한 관심이 전 세계적으로 높아지고 있다. ESG는 환경(Environmental), 사회(Social), 지배 구조(Governance)의 영문 첫 글자를 조합한 단어로 기업의 지속 가능성(Sustainability)을 달성하기 위한 3가지 핵심 요소이며 중장기 기업 가치에 큰 영향을 미치는 비재무적 성과를 판단하는 기준을 말한다. 각각의 항목에 대해 세부적으로 들여다보면 환경 분야에는 기후 변화 및 탄소 배출, 환경 오염 및 규제, 생태계와 생물의 다양성, 자원 및 폐기물 관리, 에너지 효율 등의 내용이 포함된다. 사회 분야에는 고객 만족, 개인 정보 및 데이터 보호, 인권, 성별, 다양성, 지역 사회, 공급망 관리, 근로자 안전 등의 내용이 포함되며 지배 구조에는 이사회 및 감사 위원회 구성, 기업 윤리, 공정 경쟁, 뇌물 및 반부패, 컴플라이언스(법규 준수, 준법 감시, 내부 통제) 등이 있다.

기후 변화에 위기 의식이 고조되고 환경 보호에 사회적 요구가 커지면서 ESG가 기업 경영의 최대 화두로 떠올랐다. 과거에는 기업의 가치를 평가할 때 주로 재무제표 같은 단기적, 정량적 지표에 의존했던 것에 반해 이제는 ESG와 같은 비재무적인 요소들까지 함께 고려하고 평가해야 한다는 의견이 점점 더 많아지고 있는 것이다.

점점 더 많은 투자자가 환경 보호, 사회적 책임, 투명 경영에 앞장서는 기업들에 투자를 늘리고, 반대의 기업에는 투자를 줄이는 방식으로 투자자 스스로를 보호하고 사회도 개선해 나아가려는 움직임을 보이고 있다. 스위스의 컨설팅 회사 웨버 샌드윅의 CEO 폴 매시는 글로벌 투자자 중 60%가 투자 시 ESG 요소를 심각하게 고려 중이며, 약 88조 달러의 자산이 ESG 원칙에 의해 투자되고 있다고 말했다. 세계 최대 자산 운용사 블랙록의 회장 래리 핑크는 연례 서한에 "기후 변화 리스크가 곧 투자 리스크이며, 이러한 리스크 평가를 위해 일관성 있는 양질의 주요 공개정보에 접근할 수 있어야 한다"

라고 언급했다. 또한 환경 지속성과 ESG 공시의 중요성을 강조하면서 환경 문제를 외면하는 기업에는 투자를 하지 않겠다는 강력한 의지를 표명했다.

2020년에는 기후 변화와 지속 가능성이 투자 의사 결정에 가장 중요한 의제임을 선언하며 ESG의 중요성을 강조했다면, 2021년에는 기후 변화에 대한 기업의 대응 전략과 ESG 정보 공시를 강조하며 ESG 경영을 위한 실질적인 노력을 요구하고 있다.

'ESG 투자'라는 용어를 처음 사용한 것은 2006년 유엔 산하 책임투자원칙기구(PRI)이다. PRI(Principles of Responsible Investment)는 '책임 투자'라는 개념에 대해 환경, 사회, 지배 구조 요소를 투자 결정에 통합해 위험을 보다 효율적으로 관리하고 장기 수익 창출을 목표로 하는 투자 접근법이라고 정의한다. 이와 함께 PRI는 기관투자자의 투자 분석 및 의사 결정 절차에 ESG를 포함하도록 하고, 적극적인 주주 활동을 촉구하는 등 6가지 책임 투자 원칙을 공표했다.

〈유엔 책임 투자 원칙〉

1) 투자 분석 및 의사 결정 과정에 ESG 이슈를 반영한다.

2) 적극적 소유권을 행사하며 소유권 정책 및 행사에 ESG 이슈를 반영한다.

3) 투자 대상 기업의 ESG 이슈가 적절히 공개되도록 노력한다.

4) 투자 업계 내 책임 투자 원칙의 도입 및 실행을 증진시킨다.

5) 책임 투자 원칙 이행의 효과를 높이기 위해 협력한다.

6) 책임 투자 원칙의 이행에 관한 활동 및 진전 사항을 보고한다.

ESG에 관심이 없고 문외한이던 기업들의 인식도 점차 변하고 있다. 과거에는 ESG 경영이 추가 비용이 많이 발생하는 반면 기업의 매출이나 수익 증대와 직접적인 관계가 없다는 부정적인 인식이 많았다. 그러다 보니 ESG 활동을 안 하거나 하더라도 핵심 사업과 별개의 사업으로 인식하여 비용이나 리소스를 투자하지 않고 요식 행위 정도로 하는 경향이 많았다. ESG 경영의 중요성을 인지하고 있는 기업들조차도 ESG를 상위 경영 전략으로 포함시키거나 적극적으로 투자하기에는 주저하는 부분이 있을 수밖에 없다. 너도 나도 ESG 경영이 중요하다고 하는데 과연 ESG가 기업의 재무적 성과 또는 장기적으로 기업의 가치에 긍정적인 영향을 주는가에 대한 질문은 어느 누구도 속 시원히 대답할 수 없는 어려운 주제다.

하지만 점차 ESG가 기업의 지속 가능성과 가치를 높이고, 위험을 줄이는 등 긍정적 영향을 미친다는 결과가 데이터로 입증되면서 조금씩 공감대를 얻고 있다. 최근 발표된 ESG 경영 및 투자 성과에 대한 긍정적인 연구 결과들도 ESG 경영 추진의 당위성을 뒷받침한다. 게다가 EU, 미국, 영국, 일본, 캐나다 등 선진국은 물론 전 세계 거의 모든 정부가 ESG 대열에 동참하고 있으며, 세계적인 연기금들도 ESG 투자에 보조를 함께하고 있다. 151조 엔의 세계 최대 자산 규모를 가진 일본 GPIF(연금 적립금 관리 운용 독립 법인)는 2015년 9월 유엔 PRI에 서명했으며 ESG에 대한 입장을 명확히 했다.

비즈니스의 성과에
가치를 더하라

ESG에 대한 소비자들의 인식 또한 변하고 있다. 과거에는 ESG 라는 개념에 대해 잘 모르고 환경 문제에 관심이 없던 소비자들이 ESG 친화적인 기업 제품을 점점 더 선호하는 경향이 나타난다. 대한 상공 회의소가 2022년 4월에 MZ 세대 380명을 대상으로 실시한 'MZ 세대가 바라보는 ESG 경영과 기업 인식 조사' 결과를 보면 응답자의 64.5%가 더 비싸더라도 ESG를 실천하는 기업의 제품을 구매할 의사가 있는 것으로 나타났다. 또한 ESG 우수 기업 제품을 구매할 때 경쟁사 동일 제품 대비 얼마나 더 지불할 의향이 있는지를 묻는 질문에 48.4%가 2.5%에서 5%를 추가로 지불하겠다고 답변했고 21.6%가 5%에서 7.5% 추가 지불이 가능하다고 답변했다. '가치 소비를 반영하는 신조어 중 가장 중요하다고 생각하는 개념이 무엇이냐는 질문에는 '가심비(46.6%)'를 가장 많이 꼽았는데 가심비의 의미는 제품을 구매할때 성능보다 심리적 만족을 더욱 중요하게 생각한다는 것이다.

'착한 소비'라는 개념도 생겨났다. 기업이 생산하는 제품이 환경 문제의 해결에 기여하는지, 반대로 환경을 파괴하지는 않는지, 윤리적으로 생산되는지 등을 고려해 구매를 결정하는 것을 말한다. 시장 조사 전문 기업 엠브레인에서 2020년 실시한 '착한 소비 활동 설문 조사'에 따르면 소비자 10명 중 7명이 '착한 소비를 실천하는 사람이 늘 것이다', '착한 소비에 동참할 의향이 있다'고 답했다. 또 '착한 소비는 친환경 소비를 의미한다'는 응답이 59%로 가장 많았다. 구매 행태가 착한 소비, 친환경 소비로 바뀌면서 기업의 ESG 활동이 소비자의 구매 행위에도 영향을 주는 것으로 나타났다.

정리해 보면 가심비를 따지는 MZ 세대가 소비의 주축으로 떠오르면서 조금 비싸더라도 ESG를 실천하는 기업의 제품을 구매하는 소비가 확산되고 있다는 것이다. MZ 세대에게 환경 보호를 포함한 ESG가 힙*한 문화로 자리 잡고 있는데 이러한 모든 변화는 점점 더 ESG 소비 문화가 정착되고 기업의 역할과 책임에 대한 소비자들의 가치관이 변했기 때문이다. (*'힙스터스럽다'를 줄인 말로 새로운 것을 지향하고 개성이 강한 것을 의미한다. 2010년대 후반 '핫하다', '트렌디하다'는 의미로 확장됐다. 힙스터는 비주류 문화를 따라가는 계층을 뜻하는데 한국에서는 사실상 의미가 반대로 바뀐 셈이다.)

기업의 경제적 효익만을 추구하던 기존의 가치관에서 변화하여, 환경 오염이나 지구 온난화 같은 사회적 문제를 초래한 기업이 책임 경영 활동을 통해 이를 해결하고 우리의 삶에 긍정적 영향을 주는 행동을 해야 한다는 목소리가 커지고 있다. 그렇기 때문에 환경을 외면하는 기업은 고객들로부터도 외면당할 수밖에 없는 상황에 직면했다. 이제는 디지털 기술의 발달로 각종 SNS나 콘텐츠 플랫폼 등을 통해 기업의 ESG 이슈가 쉽고 빠르게 대중에게 공유되고 전파될 수 있기 때문에 기업들은 ESG를 실천하기 위해 다양한 노력을 하는 것은 물론이고 ESG 경영과 활동에 대해 소비자들에게 보다 효과적으로 전달하고 공감을 얻는 커뮤니케이션 전략을 세워야 한다.

ESG 경영 전략과
보고서 작성법

기업 공시 시스템의 변화도 이런 변화를 재촉한다. 유럽의 경우 2021년 3월부터 ESG 공시 의무 대상을 기존 연기금에서 은행, 보험, 자산 운용사 등 금융 회사로 확대했고 영국은 2025년까지 모든 기업이 의무적으로 ESG 정보를 공시해야 한다고 발표했다. 미국은 아직까지는 투자자들이 알아야 하는 ESG 정보만 자율 공시하고 있으나 바이든 정부 출범 이후 ESG에 대한 관심이 증대되고 있어 다양한 정책이 나올 것으로 예상된다.

한국은 자산 2조 원 이상인 유가 증권 시장 상장사는 2025년부터 친환경, 사회적 책임활동을 포함한 '지속 가능 경영 보고서'를 공시해야 한다. 이러한 공시 의무는 2030년부터 모든 코스피 상장사로 확대 적용된다. '기업 지배 구조 보고서'는 2019년부터 자산 2조 원이상 코스피 상장사부터 이미 의무화됐고 2026년부터는 모든 코스피 상장사가 이를 공시해야 한다. 이제는 ESG가 명실상부하게 기업가치를 평가하는 주요 지표로 자리매김하는 것이다.

ESG 경영이 성공하기 위해서는 다양한 요소가 필요하지만 가장 중요한 것은 바로 최고 경영진부터 직원들까지 ESG 경영에 대한 진정성을 갖고 ESG 경영을 옵션이 아니라 생존을 위한 필수 조건으로 받아들여야 한다는 것이다. ESG를 규제 회피용이나 구색 맞추기식으로 접근한다면 ESG 워싱*이라는 더 큰 위기를 초래할 수 있다. (*ESG와 White Washing(세탁)의 합성어로 제대로 된 ESG 경영을 하지 않고 공신력 있는 평가 기관으로부터 검증도 받지 않으면서 기업 이미지 제고나 홍보 등 마케팅 용도로 사용하는 형태를 일컫는다.)

ESG가 기업뿐만 아니라 해당 산업과 국가, 더 나아가서는 전 세계에 선한 영향력을 미칠 것이라는 확고한 믿음과 진정성을 갖고 장기적으로 대응하는 것이 필요하다. ESG 경영은 기업 내부의 핵심 성과 지표(KPI)를 달성하는 것도 중요하지만 더욱 중요한 것은 기업을 둘러싼 사회와 고객으로부터 인정받는 것이다. 전 세계적인 추세인 ESG 원칙에 부합하고 ESG 경영을 전략적으로 하기 위해서는 다음의 3가지 실행이 중요하다.

1. 정확한 ESG 진단 및 전략 수립

자사의 ESG 현황을 정확하게 진단하고 투자자가 요구하는 ESG 수준과의 차이를 도출한 후 이를 메울 수 있는 전략을 수립해야 한다. 이사회, 지배 구조 개선 방안 분석 및 진단, 효과적인 감독 방안, 주주 관여에 대한 대응 매뉴얼 등이 포함된다. 기업이 속한 산업의 특성, 기업만이 가진 고유의 조직 문화와 특성을 전략 체계와 연계하여 수립하는 것이 ESG의 지속 가능성을 담보할 수 있다.

2. 주요 주주와 신뢰 관계 형성을 위한 적극적인 관리 활동

이는 체계적 주주 관리로써 주요 주주의 관심 사항에 대한 면밀한 모니터링과 대응, 개별 미팅, 주주 총회 의안 사전 검토를 통한 리스크 요인 분석 및 선제적 대응, 상시 위험 저감 활동 등을 일컫는다.

이사회의 중요 의사 결정에 대한 다각적인 법적, 규범적 리스크를 포함하여 ESG 대응을 위한 시스템 구축, ESG 관련 사항에 대한 교육 등을 고려할 수 있다.

3. 전략적인 ESG 보고서 작성

전 세계적으로 ESG 관련 비재무적 요소를 고려하는 책임 투자가 확산되고 있지만, 기업들의 ESG 정보 공개는 아직 활성화되지 못하고 있다. ESG 정보 공개 요구는 공시 의무 외에도 투자자, 채권자, 거래 상대방, ESG 등급 평가 회사, 중소기업과 공급망으로 연결된 대기업 등 다양한 이해 관계자들로부터 점차 증가하고 있다. 그러나 ESG를 처음 도입하는 기업들은 가이던스에 맞추기 위해 어떻게 보고서를 작성해야 할지 막막하다. 대기업을 비롯하여 주식 시장에 상장된 다수의 기업들은 ESG 담당자나 전담 조직을 구성하여 대응하기 위해 노력하고 있지만 대부분 처음 하는 일이다 보니 많은 시행착오를 겪게 되는 것이다. ESG 보고서는 투자자를 포함한 다양한 이해 관계자들을 위한 일차적인 정보 창구이기 때문에 이해 관계자 관점에서 종합적으로 작성돼야 한다.

ESG 보고서를 작성하는 데 어려움을 겪는 기업들을 지원하기 위해 2021년에 한국 거래소에서 'ESG 정보 공개 가이던스'를 발표했다. 그중 ESG 정보 공개 원칙과 보고서의 작성 절차는 다음과 같다. ESG 정보는 목적 적합성과 표현의 충실성을 갖춰야 한다. 정보 취합 및 작성 과정에서 정확성을 확보하고 정보의 보고 범위를 명시하여야 한다. 또한 가공된 정보와 가공되지 않은 정보를 조화롭게 배치하고, 중립적 관점에서 긍정 및 부정적 영향을 모두 보고하여 편향된 해석을 방지해야 한다. 이를 위해 일반적으로 요구되는 원칙은 다음과 같다.

- 정확성: 이해 관계자가 기업의 성과를 평가할 수 있도록 정보가 정확해야 한다.
- 명확성: 이해 관계자가 쉽게 이해할 수 있는 방법으로 제공돼야 한다.
- 비교 가능성: 이해 관계자가 기업의 목표와 성과를 비교할 수 있고 이를 다른 기업의 성과와 비교할 수 있어야 한다.
- 균형: 기업에 유리한 정보뿐만 아니라 불리한 정보도 보고서에 포함해야 한다.
- 검증 가능성: 정보는 검증이 가능하도록 정의하고 수집하여 기록돼야 한다.
- 적시성: 이해 관계자들이 정보를 효과적으로 활용할 수 있도록 정보를 정기적으로 공개하며 재무 보고서 발간 이후 최대한 빠른 시기에 ESG 정보를 공개하는 것이 필요하다. 재무적 결과에 중대한 영향을 미칠 수 있는 ESG 이슈가 발생한 경우에는 이를 적시에 공개해야 한다.

ESG 보고서 작성 절차 핵심 정리

보고서 작성과 공개는 주제 선정 → 보고 기획 → 내용 작성 → 내용 검증 → 대외 공개의 순서로 진행하며 각 단계별로 주요 내용은 다음과 같다.

1. 주제 선정
- 중요성 평가를 통해 주요 이해 관계자의 의견을 수렴하여 핵심 이슈 선정.
- 핵심 이슈 선정을 위해 GRI Standards 등 글로벌 공개 표준 활용 가능.
- 선정한 ESG 이슈가 상품 및 서비스, 공급망 등에 어떤 영향을 미칠지 설명 필요.

ESG 중요성 평가 절차

경영 기초 자료 수집 및 검토 → 국내외 ESG 동향 분석 → 이해 관계자 의견 수렴 → 중요 주제 선정

2. 보고 기획
- 이해 관계자의 관심 사항, 기업 전략 등을 기본 프레임으로 전체적인 방향을 설정하고 내용을 구성.
- 기업의 사업 모델, 주요 보고 주제 등을 고려하여 가장 적절한 구조 선택.
- 글로벌 공개 표준을 참고하여 ESG 이슈의 일반적인 분류 및 구성을 적용하는 것이 효과적.

3. 내용 작성

- ESG 요소를 조직의 전략, 조직 구조, 운영 체계, 활동 및 성과 목표와 연계하여 작성.
- 조직의 경영 활동에 대한 이해 관계자의 이해를 높이고, 경영 체계를 효과적으로 보고.
- 정보 공개 원칙에서 제시된 요건을 고려해 내용을 작성하고 작성 후에는 보고 담당자, 자료 수집 담당자 등이 함께 검토 및 보완.

4. 내용 검증

- 작성된 내용에 대한 검증을 통해 정보의 품질 요건이 충족됐는지 확인.
- 검증 전에 검증의 방법, 범위 및 검증 기관 등을 고려해야 하며 해당 기업과 이해 관계가 없는 제3자를 통해 독립적인 검증을 진행.
- ESG 정보 검증 표준으로는 글로벌 표준 기관 AccountAbility의 AA1000AS와 국제감사인증기준위원회(IAASB)의 ISAE3000이 있으며, 이외에도 객관적으로 공인된 다양한 기준 활용.
- 검증 후에는 검증 범위, 방법론 등을 명시하고, 검증 의견에 따라 보고 내용을 수정 및 보완.

5. 대외 공개

- 기업의 커뮤니케이션 전략에 따라 ESG 정보 공개 채널 선정.
- 이해 관계자들이 정보를 적시에 취득할 수 있도록 각 채널의 접근성 등을 고려하여 선정.
- 한국 거래소의 ESG 공시 의무를 준수하여야 하며 평가 기관, 투자자, 소비자 등 이해 관계자들과 잘 소통할 수 있는 다양한 채널을 활용하여 전략과 성과 등을 공유.

기업 입장에서는 ESG 보고서를 작성하는 것 또한 쉬운 일이 아니다. 하지만 보고서를 작성하기 위해 경영진과 핵심 인력들이 고민하고 우선순위를 정하고 문서화하는 것이 ESG 경영을 위한 가장 기본적인 작업이 될 수 있다. ESG 경영은 단순히 금융 당국의 정책 때문에 ESG 보고서를 작성하거나 보여 주기 식으로 끝나는 것이 아니어야 한다. ESG 경영은 그 자체로 새로운 시대를 맞이하고 혁신을 추구하며 고객 가치를 창조하기 위한 기업의 핵심 전략이어야 한다.

ESG, 이제는 선택이 아니라 필수다

불과 몇 년 전만 해도 국내에서 ESG는 생소한 용어였다. 기업은 물론이고 금융 기관이나 기관 투자자들조차 다른 나라 이야기로 무관심하고 방관했던 것이 사실이다. 하지만 이제 ESG는 전 세계적으로 트렌드를 넘어 새로운 지표가 되고 있다. ESG 경영의 중요성은 이미 여러 데이터가 입증하고 있으며 중장기적으로 기업 가치에 큰 영향을 미칠 것이다. ESG 경영이 대기업에만 필요하다고 생각하는 사람들이 많은데 ESG는 기업의 규모나 산업, 상장 여부와 관계없이 대기업부터 중소기업, 스타트업, 대학, 병원, 정부 기관 등 모든 조직과 기관들까지 함께 고민하고 관심을 가져야 한다.

글로벌 선도 기업들은 이미 발 빠른 대응을 통해 ESG를 새로운 성장 동력의 기회로 적극 활용하고 있다. 우리 기업들도 하루빨리 ESG

경영을 단순한 리스크 대응 차원으로 보는 것이 아니라 기존 비즈니스를 혁신적으로 전환할 수 있는 새로운 기회로 인식하고 능동적으로 대처하여 ESG 비즈니스 모델과 경영 전략을 갖춰야 한다. 또한 지속성장의 기반으로서 자사의 핵심 사업과 ESG를 연계한 비즈니스를 전략적으로 개발해 나가야 한다.

ESG 경영은 한순간에 유행처럼 번졌다가 사라지는 일시적인 현상이 아니며 이미 거스를 수 없는 세계적인 추세가 됐다. 환경과 사회적 가치를 중시하는 문화로 변화되는 세계적인 흐름에서 ESG는 기업의 장기적인 생존과 번영에 직결되는 핵심적인 가치로 자리매김할 것이다. 또한 포스트 코로나 시대에 ESG 경영은 리스크 관리를 넘어 새로운 가치를 창출하는 기업의 성장 동력이 될 것이다. 따라서 ESG 경영을 선제적으로 내재화하는 기업이 급변하는 경영 환경에서 생존과 지속 가능한 성장에 대한 해답을 찾을 수 있다. 미래 경영 환경에서 새로운 기회를 잡고 주도권을 잡기 위해서는 지금 바로 ESG 경영을 시작해야 한다.

대한민국의
문샷을
기대하며

인류는 다양한 위기 속에서 혁신을 통해 생존하고 성장해 왔다. 142만 년 전 초기 인류인 호모 에렉투스가 불을 처음 사용하면서 추위와 포식자로부터의 위기를 극복할 수 있게 됐고 야간 활동이 가능해졌으며 날것보다는 익힌 것이 더 좋다는 사실도 깨달았다. 그 밖에도 농업 기술, 증기 기관, 전기, 자동차, 스마트폰의 발명 등과 같은 혁신적인 기술과 제품들을 통해 인류는 위기를 극복하고 더욱 풍요로운 삶을 살 수 있게 됐다.

인류 역사상 혁신적인 사건들이 수없이 많았다. 내게 그중에서도 가장 혁신적인 일을 꼽으라면, 우주 탐사의 시작이라고 생각한다. 1957년 미국과 소련이 냉전 중이던 시절 소비에트 연방이 먼저 인공

위성 스푸트니크 1호 발사에 성공한 것에 충격을 받은 미국 정부는 미국항공우주국(NASA)을 창설하여 인간을 달에 보내는 '아폴로 계획'을 추진했다. 당시의 기술로는 불가능에 가까운 목표였지만 미국은 새로운 도전과 끊임없는 시행착오를 거치면서 1969년 최초로 인간을 달에 착륙시켰다.

인류는 냉전 시대의 달 탐사를 시작으로 현재는 화성을 넘어 토성까지 탐사를 하고 있으며 점점 더 거리가 늘어나고 있다. 또한 그동안에는 우주 탐사가 국가 차원에서 군사 목적이나 미래 패권을 차지하기 위한 전략적인 목적으로 진행되어 민간인들이 참여하기 힘들었는데 테슬라의 일론 머스크가 설립한 스페이스X, 버진그룹 회장 리처드 브랜슨이 설립한 버진 갤럭틱, 아마존의 창업자 제프 베이조스가 설립한 블루 오리진 등의 회사에서 경쟁적으로 민간인을 위한 우주여행 사업을 시작했고 2021년 7월에 최초로 민간인을 태운 우주여행을 성공적으로 마쳤다.

우주 탐사에 관련된 많은 단어 중에 문샷(Moonshot)이라는 단어가 있다. 문샷은 사전적으로는 우주 탐사선을 달에 보낸다는 뜻이지만, 최근에는 불가능에 가까운 일에 도전하거나 혁신적인 방법으로 인류가 안고 있는 어렵고 거대한 과제를 해결하려는 시도로 의미가 확장됐다. 비슷한 맥락으로 세계적인 혁신 기업 중 한 곳인 구글에는 '문샷 프로젝트'가 있다. 이 프로젝트는 인간의 미래를 바꿀 거대한 아이디어를 현실로 바꾸는 작업이라고 한다. 세계가 직면한 거대한 문제점 중에서 근본적인 해결이 가능하고, 이를 가능하게 하는 기술의 조합이 있으면서 강렬한 도전 의지를 불러일으킬 수 있어야 문샷 프로젝트에 포함될 수 있다고 한다. 한마디로 '미션 임파서블' 수준의 험난한 과제를 해결하는 것을 목표로 한다는 것이다. 실패로 끝난 구글 글라스와 대기권에 거대한 풍선을 띄워 전 세계를 인터넷 망으로 연결하겠다는 '프로젝트 룬', 현재 진행 중인 자율 주행 자동차 등이 대표적인 문샷 프로젝트다.

지금 이 순간에도 구글뿐만 아니라 수많은 기업에서 유사한 프로젝트들이 진행 중일 것이다. 비록 기업에서 진행되는 혁신을 위한 모든 도전과 시도가 성공하지는 못하겠지만 그런 노력과 경험이 쌓여 언젠가 새로운 혁신을 만들어 내는 데 큰 밑거름이 될 것이라 믿어 의심치 않는다. 한 치 앞을 알 수 없는 치열한 경쟁 환경에서 혁신을 만들어 내는 기업은 리더가 될 것이고, 혁신을 받아들이면 생존자가 되지만, 혁신을 거부하면 살아남기 힘들 것이다.

지금까지 혁신에 대한 다양한 담론과 혁신이 실패하는 이유, 지금 이 순간에도 혁신을 만들어 내기 위해 고군분투하는 한국의 혁신가들과 이미 다가온 미래 트렌드에 대해 살펴봤다. 좀 더 다양한 산업의 혁신 사례와 혁신가들에 대한 내용을 담고 싶었지만 지면의 한계로 그러지 못한 점에 아쉬움을 느낀다. 많이 부족하지만 이 책을 통해 독자들이 혁신에 대해 조금 더 친숙하게 이해하고 혁신의 필요성에 대해 깨닫게 되길 진심으로 바란다. 또한 단 한 명의 독자라도 이 책을 통해 본인이 몸담고 있는 조직에서 혁신을 만들어 내거나 새로운 회사를 창업하여 세상에 없던 혁신적인 제품이나 서비스를 만들어 내는 창업가가 탄생하기를 진심으로 바라며 글을 마친다.

도서

- 《ESG 혁명이 온다》, 김대필, 한스미디어, 2021.
- 《거대한 가속》, 스콧 갤러웨이, 리더스북, 2021.
- 《구독경제》, 전호겸, 베가북스, 2021
- 《구독경제는 어떻게 비즈니스가 되는가》, 닛케이 크로스 트렌드, 한스미디어, 2020.
- 《그들은 어떻게 디지털 트랜스포메이션에 성공했나》, 김형택·이승준, 윌컴퍼니, 2021.
- 《당신이 알던 모든 경계가 사라진다》, 조용호, 미래의창, 2013.
- 《디지털 트랜스포메이션 어떻게 할 것인가》, 김진영·김형택·이승준, e비즈북스, 2017.
- 《디지털 트랜스포메이션, 조직의 습관을 바꾸는 일》, 황재선, 좋은습관연구소, 2021.
- 《디지털 트랜스포메이션》, 권병일, 도서출판청람, 2018.
- 《디지털 트랜스포메이션》, 조지 웨스터먼·디디에 보네·앤드루 맥아피, e비즈북스, 2016.
- 《디커플링》, 탈레스 S. 테이셰이라, 인플루엔셜, 2019.
- 《메타버스 비긴즈》, 이승환, 굿모닝미디어, 2021.
- 《메타버스》, 김상균, 플랜비디자인, 2020.
- 《빅블러 시대》, 서용구·이상엽·조철휘·김병기, 범한, 2021.
- 《언스케일》, 헤먼트 타네자·케빈 매이니, 청림출판, 2019.
- 《위대한 기업은 변화하는 고객 니즈에 집중한다》, 수만 사카르, 시크릿하우스, 2020.
- 《자본주의 사회주의 민주주의》, 조지프 슘페터, 북길드, 2016.
- 《제3의 물결》, 엘빈 토플러, 한국경제신문사, 2002.
- 《초격차》, 권오현, 쌤앤파커스, 2020.
- 《클라우스 슈밥의 제4차 산업혁명》, 클라우스 슈밥, 새로운현재, 2016.
- 《피터 드러커의 위대한 혁신》, 피터 드러커, 한국경제신문, 2006.
- 《혁신기업의 딜레마》, 클레이튼 크리스텐슨, 세종서적, 2020.
- 《혁신의 시작》, 김병연·김소영·박지형·안동현·이근, 매일경제신문사, 2021.

보고서

- 〈4차 산업 혁명을 위한 디지털 트랜스포메이션-업무 영역에서 클라우드 서비스 활용 방안〉, 조재영, 정보 통신 기술 진흥 센터.
- 〈A strategy for a digital age, McKinsey&Company〉, 2017.
- 〈Digital Reinvention, McKinsey&Company〉, 2017.
- 〈Digital Tech로 변화할 기업의 미래〉, 삼정KPMG경제연구원, 2018.
- 〈ESG Handbook Basic〉, 김슬기 · 이동현 · 정운채, 사회적가치연구원, 2021.
- 〈ESG 정보공개 가이던스〉, 한국 거래소, 2021.
- 〈ESG의 부상, 기업은 무엇을 준비해야 하는가?〉, 삼정KPMG경제연구원, 2021.
- 〈KB지식비타민_새롭게 시도되고 있는 자동차 구독 서비스〉, 채희근, KB금융지주경영연구소, 2019.
- 〈KB지식비타민_선택이 아닌 필수가 되어버린 디지털 트랜스포메이션〉, 박교순, KB금융지주경영연구소, 2021.
- 〈KB지식비타민_위기를 기회로, 유통업의 디지털 트랜스포메이션〉, 오상엽, KB금융지주경영연구소, 2019.
- 〈KB지식비타민_지금은 메타버스에 올라탈 시간〉, 이동훈, KB금융지주경영연구소, 2021.
- 〈Sanaz Namdar, Ryan Fuller, A Look into Microsoft's〉, 2018.
- 〈The Discipline of Innovation〉, 피터 드러커, 하버드비즈니스리뷰, 2002.
- 〈글로벌 구독경제 현황과 우리 기업의 비즈니스 전략〉, 심혜정, 한국무역협회 TRADE FOCUS, 2021 6호.
- 〈디지털 구독경제 트렌드와 비즈니스 기회〉, 삼정KPMG경제연구원, 2021.
- 〈디지털 트랜스포메이션 시대, 지속 성장하는 기업의 전략〉, 김보경, 한국무역협회 TRADE FOCUS, 2019 41호.
- 〈디지털 트랜스포메이션과 그림자규제〉, 안택식, 법학논총 36(2): 203-227, 2019.
- 〈디지털 트랜스포메이션에 따른 비즈니스모델 혁신 메커니즘〉, 이웅배 · 이선웅 · 정진섭, 메커니즘 저널 제1권 제1호:1-22.
- 〈비즈니스 전략으로서 디지털트랜스포메이션에 관한 연구: 유통의 '토탈 디지털 비즈니스 프레임워크' 구축 전략〉, 이완형, 유통경영학회지 22(3): 85-99, 2019.
- 〈빅블러 시대, 현상과 대응방향〉, 김선재, 대한상의 브리프 제142호, 2021.
- 〈빅블러(Big Blur) 가속화의 파급효과: 자동차 산업을 중심으로〉, 정선영 · 이솔빈, BOK 이슈노트, 한국은행, 2021.
- 〈소비자가 본 ESG와 친환경 소비 행동〉, 손광표 · 황원경, KB트렌드보고서, KB금융지주

경영연구소, 2021.

- 〈시장을 선도하던 기업이 무너지는 이유〉, 김범열, LGERI리포트, 2013.
- 〈우리 기업의 인공 지능(AI)을 활용한 비즈니스 모델〉, 심혜정 · 김건우, Trade Focus 3 월호: 1-17, 2018.
- 〈제4차 산업 혁명과 디지털 트랜스포메이션의 이해〉, 김민식 · 손가녕, 정보통신연구원, 제29권 3호 640호, 2017.
- 〈제조업의 기술 활용 플랫폼 전략〉, 정기대, POSRI보고서, 포스코경영연구원, 2015.
- 〈중소, 중견 기업 CEO를 위한 알기쉬운 ESG〉, 대한상공회의소 & 삼정KPMG, 2021.
- 〈지속 가능한 業의 진화를 위한 글로벌 B2B 기업들의 전략 분석〉, 민세주, POSRI보고서, 포스코경영연구원, 2019.
- 〈탈규모 시대의 제조업, 플랫폼 비즈니스로 도약한다〉, 황혜정, LG경제연구원, 2018.
- 〈한국 기업들의 ESG 경영을 위한 변화I〉, 이준희, 딜로이트안진회계법인, 2020.
- 〈혁신 기업, 아마존의 明과 暗〉, 김호인, POSRI보고서, 포스코경영연구원, 2019.

데스밸리를 넘어 위대한 기업으로 도약하기까지

한국의 스타트업
혁신을 혁신하는 법

ⓒ 임성준 2022

인쇄일 2022년 6월 23일
발행일 2022년 6월 30일

지은이 임성준
펴낸이 유경민 노종한
책임편집 이현정
기획편집 유노북스 이현정 임지연 류다경 **유노라이프** 박지혜 장보연
기획마케팅 1팀 우현권 **2팀** 정세림 금슬기 유현재
디자인 남다희 홍진기
기획관리 차은영
펴낸곳 유노콘텐츠그룹 주식회사
법인등록번호 110111-8138128
주소 서울시 마포구 월드컵로20길 5, 4층
전화 02-323-7763 **팩스** 02-323-7764 **이메일** info@uknowbooks.com

ISBN 979-11-92300-17-7 (03320)